新网络营销推广实战从入门到精通
（双色图解版）

谭贤 著

人民邮电出版社
北京

图书在版编目（CIP）数据

新网络营销推广实战从入门到精通：双色图解版 /
谭贤著. -- 北京：人民邮电出版社，2015.11（2022.8重印）
ISBN 978-7-115-40287-5

Ⅰ．①新… Ⅱ．①谭… Ⅲ．①网络营销 Ⅳ．
①F713.36

中国版本图书馆CIP数据核字(2015)第209343号

内 容 提 要

本书从纵横两条线系统全面地介绍了互联网+背景下的网络营销推广实战方法。横线是方法线，介绍了最流行的10种网络推广方法、16种网络营销方式，通过丰富的案例，向读者展示了网络营销的方法；纵线是技术线，深入剖析了网络推广和营销的步骤、渠道、模式、平台、要点、策略、技巧等，帮助读者玩转网络营销，实现品牌推广和精准营销。

书中的10种网络推广方法包括论坛推广、软文推广、SNS推广、百度推广、RSS推广、IM推广、友情链接、问答推广、图片推广、资源合作推广；16种网络营销方式包括O2O营销、APP营销、微信营销、微博营销、新闻营销、事件营销、软文营销、大数据营销、二维码营销、口碑营销、病毒营销、饥饿营销、SEM营销、SEO营销、电子邮件营销、微视频营销。

本书结构清晰、语言简洁、图表丰富，适合于网络营销行业的从业者、创业者，同时也可以做为大中专院校网络营销的指导教材。

◆ 著　　谭　贤
　 责任编辑　恭竟平
　 责任印制　周昇亮

◆ 人民邮电出版社出版发行　北京市丰台区成寿寺路11号
　 邮编　100164　电子邮件　315@ptpress.com.cn
　 网址　http://www.ptpress.com.cn
　 北京虎彩文化传播有限公司印刷

◆ 开本：720×960　1/16
　 印张：23
　 字数：436 千字　　　　　　　2015 年 11 月第 1 版
　　　　　　　　　　　　　　　2022 年 8 月北京第 23 次印刷

定价：59.80 元

读者服务热线：(010)81055296　印装质量热线：(010)81055316
反盗版热线：(010)81055315
广告经营许可证：京东市监广登字 20170147 号

FOREWORD 前言

✏️ 写作驱动

如果问中国近10年来最蓬勃发展的行业或产业是什么,答案是非电商莫属。阿里巴巴、百度、腾讯三大巨头首当其冲,风起云涌的小米、苏宁、京东等也让人咂舌。电商的盛行,让中国数千万家中小企业备感巨大压力和生存的艰难,特别是实体店,如何在电商竞争激烈的情况下保有一条活路?与其埋怨,不如改变,借网络时代的各种营销手段,施展十八般武艺,杀出一条血路。

这十八般武艺,正是网络时代的各种营销方法,如O2O营销、微信营销、二维码营销、大数据营销、QQ推广、软文推广、论坛推广、SNS推广、问答推广、百度推广、RSS推广、图片推广、活动推广、资源合作推广、新闻营销、软文营销、论坛营销、博客营销、微博营销、事件营销、口碑营销、病毒营销、饥饿营销等。

本书紧扣网络营销,从"落地"的角度,系统地总结了网络营销的手段、技巧、策略,并通过大量案例来辅助说明,为各类企业从网络推广方式和营销方法中掘金提供绝佳指导、实战策略,上手即用。

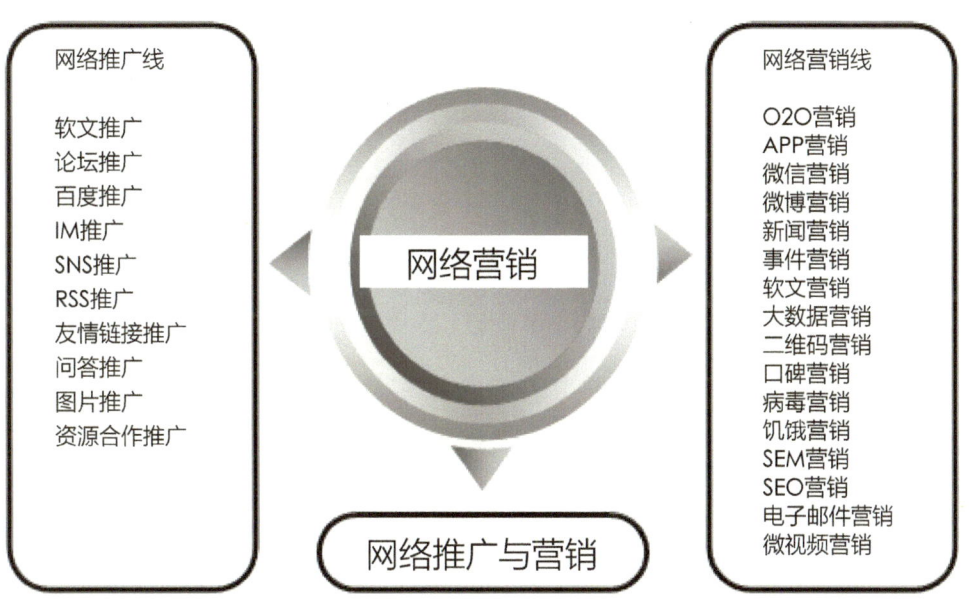

本书特色

（1）**实战性最强**：书中通过100多个实战案例，全面讲解了网络营销推广技巧和营销实战方法。

（2）**案例最热**：320多张实战操作图表，结合最新、最热的网络营销推广和营销案例，紧跟市场趋势，第一时间发放网络营销秘籍。

（3）**模式最新**：采用"纵横结合"的模式，通过纵向技术线深入挖掘网络营销的商业模式，通过横向方法线专注于各类企业的网络营销攻略，双管齐下，发布真经。

读者定位

本书适合：广大网络推广和营销人士、移动互联网营销从业者、移动营销相关人士；希望通过网络营销、微营销获得第一桶金的投资者、创业者；希望通过网络推广和营销实现企业跨界、转型的企业与企业家；作为营销专业或营销培训的教材。

作者售后

本书由谭贤著，参与编写的人员还有董婷等人。由于作者知识水平有限，书中难免有错误和疏漏之处，恳请广大读者批评指正。联系邮箱：itsir@qq.com。

CONTENTS 目录

入门篇

第 1 章 | 网络营销入门 1

1.1 网络营销的内涵 2
   1.1.1 什么是网络营销 2
   1.1.2 适合网络营销的行业 3
   1.1.3 网络营销与传统营销 6
1.2 网络营销的特点 10
   1.2.1 传播的超时空性 11
   1.2.2 交互的便捷性 12
   1.2.3 个性化 13
   1.2.4 成长性 13
   1.2.5 整合性 14
   1.2.6 超前性 16
   1.2.7 高效性 17
   1.2.8 经济性 18
1.3 网络营销的功能 21
   1.3.1 信息搜索功能 21
   1.3.2 信息发布功能 24
   1.3.3 商情调查功能 26
   1.3.4 销售渠道开拓功能 27
   1.3.5 品牌价值扩展和延伸功能 29
   1.3.6 特色服务功能 31
   1.3.7 客户关系管理功能 32

第 2 章 | 营销环境进阶 34

2.1 网络营销环境 35
   2.1.1 网上人口环境 35
   2.1.2 第三方认证环境 36
   2.1.3 电子支付环境 37
   2.1.4 虚拟营销环境 40
2.2 宏观营销环境 41
   2.2.1 政治法律环境 42
   2.2.2 经济环境 43
   2.2.3 人文与社会环境 44
   2.2.4 科技与教育水平 45
   2.2.5 自然环境 46
   2.2.6 人口 46
2.3 微观营销环境 48
   2.3.1 企业内部环境 48
   2.3.2 供应者 48
   2.3.3 营销中介 49
   2.3.4 顾客或用户 50
   2.3.5 竞争者 51

推广篇

第3章 | 软文推广 ... 52

3.1 软文推广概述 ... 53
- 3.1.1 什么是软文推广 ... 53
- 3.1.2 软文推广的作用 ... 54
- 3.1.3 软文推广的优点 ... 56

3.2 软文的写作形式 ... 57
- 3.2.1 悬念式 ... 57
- 3.2.2 故事式 ... 58
- 3.2.3 情感式 ... 58
- 3.2.4 恐吓式 ... 59
- 3.2.5 促销式 ... 60
- 3.2.6 新闻式 ... 60

3.3 软文的写作技巧 ... 61
- 3.3.1 吸引力十足的标题 ... 61
- 3.3.2 紧跟时事流行话题 ... 63
- 3.3.3 文章结构脉络清晰 ... 63
- 3.3.4 广告内容自然融入 ... 64

3.4 软文的实战发布 ... 65
- 3.4.1 问答软文发布 ... 65
- 3.4.2 新闻软文发布 ... 65
- 3.4.3 论坛软文发布 ... 67
- 3.4.4 微博软文发布 ... 68

第4章 | 论坛推广 ... 74

4.1 论坛推广概述 ... 75
- 4.1.1 什么是论坛推广 ... 75
- 4.1.2 论坛推广的特点 ... 75

4.2 论坛推广的操作方法 ... 77
- 4.2.1 筛选人气论坛 ... 77
- 4.2.2 注册论坛账号 ... 78
- 4.2.3 论坛个性签名 ... 80
- 4.2.4 论坛新人报道 ... 82
- 4.2.5 帖子软文撰写 ... 83
- 4.2.6 掌握发帖时间 ... 84
- 4.2.7 积极参与互动 ... 85

4.3 论坛推广实战技巧 ... 87

第5章 | 百度推广 ... 90

5.1 百度推广概述 ... 91
- 5.1.1 什么是百度推广 ... 91
- 5.1.2 百度推广的优势 ... 92

5.2 百度推广三大方式 ... 93
- 5.2.1 百度竞价推广 ... 94
- 5.2.2 百度优化推广 ... 95

5.2.3 百度免费推广	96	5.3.4 优化：数据分析与优化	104
5.3 百度推广四部曲	103	5.4 百度推广成本计算	105
5.3.1 目标：营销目的和策略	103	5.4.1 推广价格	105
5.3.2 分析：关键词和历史数据	104	5.4.2 计费方式	105
5.3.3 执行：推广实施及监测	104		

第 6 章 | IM推广　　　　　　　　　　　　　　106

6.1 IM推广概述	107	6.2.2 QQ设置技巧	109
6.1.1 什么是IM推广	107	6.2.3 QQ沟通技巧	113
6.1.2 QQ推广的特点	107	6.2.4 加群注意事项	115
6.2 QQ推广技巧	109	6.2.5 建群注意事项	117
6.2.1 QQ推广的范围	109	6.2.6 群内推广技巧	118

第 7 章 | SNS推广　　　　　　　　　　　　　121

7.1 SNS推广概述	122	7.2.3 利用网站功能多重推广	128
7.1.1 什么是SNS推广	122	7.3 SNS推广技巧	129
7.1.2 SNS推广的特点	123	7.3.1 自动回复	130
7.1.3 SNS的分类	124	7.3.2 投票	131
7.2 SNS推广三部曲	125	7.3.3 建群	132
7.2.1 分析推广主战场	125	7.3.4 转帖	134
7.2.2 注册账号加好友	126	7.3.5 状态	135

第 8 章 | RSS推广　　　　　　　　　　　　　136

8.1 RSS推广概述	137	8.1.1 认识RSS及其推广	137

8.1.2 RSS推广的特点　　138
8.2 RSS推广实战　　139
　　8.2.1 RSS推广方法　　140
　　8.2.2 亚马逊用RSS推送营销信息　141
　　8.2.3 羊城网友周刊的RSS订
　　　　 阅服务　　141
8.3 其他聚合推广平台　　142
　　8.3.1 网摘站　　142
　　8.3.2 Digg站　　142
　　8.3.3 收藏夹网站　　143

第9章 其他推广方式　　145

9.1 友情链接　　146
　　9.1.1 认识友情链接　　146
　　9.1.2 优质链接　　147
　　9.1.3 劣质链接　　148
　　9.1.4 获取链接渠道　　149
9.2 问答推广　　150
　　9.2.1 什么是问答推广　　151
　　9.2.2 问答推广的方法和技巧　　151
9.3 图片推广　　153
　　9.3.1 什么是图片推广　　153
　　9.3.2 图片推广的形式　　154
　　9.3.3 图片推广的技巧　　156
9.4 资源合作推广　　157
　　9.4.1 什么是资源合作推广　　157
　　9.4.2 资源合作推广的基本步骤　158
　　9.4.3 常用的资源合作推广方式　158

营销篇

第10章 O2O营销　　160

10.1 初识O2O营销　　161
　　10.1.1 O2O的基本概念　　161
　　10.1.2 O2O营销的优势　　162
　　10.1.3 O2O营销模式的多元化　162
10.2 O2O营销的4种方法　　164
　　10.2.1 体验营销　　164
　　10.2.2 直复营销　　164
　　10.2.3 情感营销　　165
　　10.2.4 数据库营销　　167
10.3 O2O营销秘籍　　168
　　10.3.1 O2O营销模式的企业　　168
　　10.3.2 适合O2O营销模式
　　　　　的产品　　169
　　10.3.3 O2O营销内容的定制　　170

10.4 O2O营销案例　171
　10.4.1 卖座电影——省去排队的烦恼　171
10.4.2 阿里巴巴收购高德地图　174
10.4.3 南方卫视"绿色南方'换'然一新"　175

第11章 APP营销　177

11.1 APP营销时代来临　178
　11.1.1 认识APP营销　178
　11.1.2 APP营销为什么会火　179
　11.1.3 APP营销的方法　180

11.2 APP营销模式　183
　11.2.1 广告营销模式　183
　11.2.2 APP植入模式　183
　11.2.3 用户营销模式　184
　11.2.4 内容营销模式　185
　11.2.5 购物网站模式　186

11.3 APP营销技巧　188
　11.3.1 APP营销的3个关键点　188
　11.3.2 APP营销的七大创意捷径　189

第12章 微信营销　194

12.1 微信营销时代来临　195
　12.1.1 生活因微信而改变　195
　12.1.2 微信提供了新的营销模式　196
　12.1.3 微信营销的7种方法　198

12.2 微信公众账号营销　202
　12.2.1 公众账号简介　202
　12.2.2 公众账号运营策略　203
　12.2.3 公众账号运营技巧　205

12.3 微信营销的技巧　206
　12.3.1 最吸引用户的内容　207
　12.3.2 最用心的推送方式　207
　12.3.3 最具亮点的用户对话　208
　12.3.4 最具创意的微信活动　208
　12.3.5 最实用的宣传技巧　209

第13章 微博营销　211

13.1 微博营销概述　212
　13.1.1 什么是微博营销　212

13.1.2 微博营销的作用　213
13.2 微博营销技巧　213
　13.2.1 基本设置技巧　213
　13.2.2 推广内容技巧　216
　13.2.3 标签设置技巧　217
　13.2.4 提高粉丝量的技巧　217
　13.2.5 品牌营销技巧　218
　13.2.6 互动营销技巧　220
　13.2.7 硬广告营销技巧　220
　13.2.8 公关服务技巧　221
　13.2.9 话题营销技巧　223
13.3 微博营销案例　223
　13.3.1 可口可乐微博体验　224
　13.3.2 凡客诚品利用微博传播信息　225

第14章 新闻营销　227

14.1 新闻营销概述　228
　14.1.1 什么是新闻营销　228
　14.1.2 新闻营销的要点　229
14.2 新闻营销策略　231
　14.2.1 名人攻略　231
　14.2.2 体育攻略　232
　14.2.3 时政攻略　233
　14.2.4 活动攻略　234
　14.2.5 挑战攻略　235
　14.2.6 概念攻略　236
14.3 新闻营销的步骤　237
　14.3.1 新闻策划　237
　14.3.2 新闻撰稿　239
　14.3.3 媒体发布　240

第15章 事件营销　242

15.1 事件营销概述　243
　15.1.1 什么是事件营销　243
　15.1.2 事件营销的特点　244
15.2 事件营销5张技巧牌　244
　15.2.1 美女牌　245
　15.2.2 情感牌　246
　15.2.3 热点牌　247
　15.2.4 争议牌　249
　15.2.5 公益牌　250
15.3 事件营销4大要点　250
　15.3.1 对事件的敏锐性　250
　15.3.2 学会创造事件　251
　15.3.3 讲究抓住时机　252
　15.3.4 抓住事件的切入点　253

第 16 章 软文营销 256

16.1 软文营销概述 257
16.1.1 什么是软文营销 257
16.1.2 软文营销的特点 257
16.1.3 软文营销三要素 258
16.1.4 软文营销的策略 260
16.2 软文营销实例分析 263
16.2.1 故事性软文 263
16.2.2 新闻性软文 264
16.2.3 创意性软文 265
16.3 软文营销注意事项 266
16.3.1 操作注意事项 266
16.3.2 软文写作注意事项 267

第 17 章 大数据营销 272

17.1 大数据营销技术概述 273
17.1.1 大数据营销的定义和特征 273
17.1.2 大数据营销的结构特征 274
17.2 大数据营销八大技巧 274
17.2.1 用户行为与特征分析 275
17.2.2 大数据精准营销信息推送支撑 276
17.2.3 引导产品及营销活动投用户所好 277
17.2.4 大数据营销竞争对手监测与品牌传播 278
17.2.5 企业重点客户筛选 279
17.2.6 大数据营销可用于改善用户体验 280
17.2.7 大数据营销需要客户分级管理的支持 281
17.2.8 市场预测与决策分析支持 282
17.3 大数据营销案例 284
17.3.1 工商银行大数据精准营销 284
17.3.2 Enevo 利用大数据营销减少成本 285
17.3.3 视频网站利用大数据营销制作自制剧 286

第 18 章 二维码营销 288

18.1 二维码营销入门必读 289
18.1.1 什么是二维码营销 289
18.1.2 二维码营销业务分类 289
18.2 二维码营销技巧 291
18.2.1 吸引用户 291
18.2.2 圈住用户 294

18.2.3 增加用户 296	18.4.1 信息储存 301
18.3 二维码营销渠道 298	18.4.2 清查盘点 302
18.3.1 微信 298	18.4.3 信息保密 303
18.3.2 企业名片 299	18.4.4 证件调用 303
18.3.3 微博 300	18.4.5 地图导航 303
18.3.4 宣传单 300	18.4.6 报纸资讯 304
18.4 二维码营销的方法 301	

第19章 其他营销方式 306

19.1 口碑营销 307	19.4.1 什么是SEM营销 315
19.1.1 什么是口碑营销 307	19.4.2 SEM营销5大关键 316
19.1.2 口碑营销四大原则 308	**19.5 SEO营销** 317
19.1.3 口碑营销步骤 308	19.5.1 什么是SEO营销 317
19.2 病毒营销 310	19.5.2 SEO营销的步骤 317
19.2.1 什么是病毒营销 310	**19.6 电子邮件营销** 319
19.2.2 病毒营销的特点 311	19.6.1 电子邮件营销的特点 320
19.2.3 病毒营销与口碑营销 312	19.6.2 电子邮件营销的技巧 320
19.3 饥饿营销 313	**19.7 微视频营销** 322
19.3.1 什么是饥饿营销 313	19.7.1 什么是微视频营销 322
19.3.2 饥饿营销的步骤与技巧 314	19.7.2 微视频营销的技巧 323
19.4 SEM营销 315	

实战篇

第20章 实战案例——《APP营销实战》图书的推广与营销 327

20.1 百度推广 328	**20.3 论坛推广** 333
20.2 问答推广 332	**20.4 IM推广** 334

20.5 软文推广和营销	336	20.9 微博营销	348
20.6 O2O视频营销	338	20.10 二维码营销	350
20.7 微信营销	340	20.11 大数据营销	352
20.8 APP营销	342		

入门篇

网络营销入门

第 1 章

学前提示

网络营销是促使企业开辟广阔市场,获取效益的发动机;是企业进军电子商务的切入点;是提升企业核心竞争力的一把金钥匙!

要点展示

- 什么是网络营销
- 适合网络营销的行业
- 网络营销与传统营销

1.1 网络营销的内涵

网络营销是一种直复营销方式，是企业整体营销战略的一个组成部分，是为实现企业整体经营目标所进行的以互联网为基础手段营造网上经营环境的各种活动。网络营销作为在Internet上进行的营销活动，它的基本营销目的和营销手段是一致的，只不过在实际操作中与传统营销方式有着很大的区别。

1.1.1 什么是网络营销

网络营销（on-line marketing/cyber marketing）的全称是网络直复营销，属于直复营销的一种形式，是企业以电子信息技术为基础，以计算机网络为媒介和手段而进行的各种营销活动（包括网络促销、网络分销、网络服务等）的总称。

狭义地说，网络营销是指组织或个人基于开放便捷的互联网，对产品、服务所做的一系列经营活动，从而达到满足组织或个人需求的全过程。例如在淘宝、京东、当当等网站上销售。如图1-1所示。

图1-1 网络营销平台

广义地说，网络营销贯穿于企业开展网络活动的整个过程，包括信息收集、信息发布等。可见网络营销具有很强的实践性特征，从实践中发现网络营销的一般方法和规律，比空洞的理论讨论更有实际意义。

网络营销好比一个系统工程，涉及很多方面，需要结合企业自身的实际情况，对市场进行需求分析，做好网络营销计划，最终才能够实现网络营销对企业宣传推广的作用。

例如，可口可乐公司凭借着独特的创意，推出"歌词瓶"，从周杰伦到范玮琪，歌词瓶上的歌词大多出自人们耳熟能详的歌曲,如图1-2所示。此外,消费者扫描瓶上的二维码,便可观看小段音乐动画,并在社交平台上分享,让年轻人通过瓶上的歌词或音乐来表达自己的心情。可口可乐公司先是利用名人效应在微博上发布与歌词相关的内容,进行定制化产品投放,使消费者熟知,然后在自身的微博上发布与歌词相关的内容,与产品配合,于是未过多久,我们便看到不少朋友也在自身的社交平台上晒起了有意思的歌词瓶。

图1-2 可口可乐"歌词瓶"

由此可见,网络营销只要抓住时机,找到属于自己的市场,就能在这个新时代的大蛋糕里,拥有归属于自己的一份!

1.1.2 适合网络营销的行业

随着时代的进步,网络营销已经受到了企业的热捧。网络营销作为一种特殊的营销方式,并不是所有企业都能取得成功的,有一定局限性。因此,企业的首要任务是了解网络用户的特征,确定网络营销适用的产品。

据调查,当前网络用户一般具有以下总体特征:喜欢创新,乐于尝试,注重自我。他们的具体要求各不相同,越来越独特,越来越变化多端,对铺天盖地的官方广告轰炸也有相当的抵抗力。

因此,对信息的组织和整理,成为网络营销的当务之急!那么什么行业的产品利用网络营销会给企业带来宝贵的财富?据此我们通过网上调研得出了以下8种适合网络销售的行业产品。如图1-3所示。

图1-3 网络营销行业

1. 服装

时代在进步,现在不止女性喜欢买衣服打扮自己,男性也不甘落后,对服装的要求越来越高了。无论是淘宝,还是以前只卖图书的当当,服装买家都很多。琳琅满目的服装,容易勾起人们的购买欲望,且邮寄比较方便。

2. 书籍

世界头号书籍电子商务是美国的亚马逊,国内的旗手则是当当网。书籍之所以适合在网上销售,最主要原因是基本要素(如封面、作者、出版社、目录等)能够清晰地发布在网页上,以便读者详细了解书本信息。

3. 计算机及其配件

计算机及其配件在网上的销售一直很活跃。其主要原因有以下3点。

(1)计算机软件通过网络传输非常便利。可以采用试用或免费赠送等方式引起消费者的兴趣,在使用过软件网上试用版后,再决定是否购买整个软件。

(2)网络销售中很多计算机厂家,在销售过程中都会突出省去中间环节的费用进行推广,从而使计算机价格比市面上的低。

(3)网络用户大多数对这类产品信息最为热衷,而且产品的升级、更新换代使得这一市场有着永不衰退的增长点。

很多人都会误认为,计算机价值不菲,邮寄起来不不方便,应该不适合网上销售。事实上,计算机(尤其是二手笔记本计算机)的销量一直都在各C2C平台上排在前列。也许现在是新数字时代,计算机必不可少。所以计算机是网络销售的一块大蛋糕!

4. 日化用品

日化用品属于日常生活常用品，如牙刷、牙膏、毛巾、洗发水、沐浴露等，都是跟我们生活息息相关的，很多宅男宅女，在互联网上看到喜欢的物品并且价格适中，就会动动手指收入囊中。

5. 化妆品

淘宝网等网站相关数据表明，当前网购人群中，无论从购买频率、消费额，还是从其他方面看，女性都是商家要特别重视的一个购买群体。其中女性购买化妆品的比重占比非常大。

现在是个看脸的社会，爱美之心人人有之。而且今天再也不是只有女性才用化妆品。男性也学会了保养自己的皮肤。在这个看"脸"的社会，化妆品是必不可少的生活用品。

6. 服务等无形产品

服务类产品包括：宾馆预定、鲜花预定、演出票订购、旅游线路的挑选、储蓄业务、电子机票预定和各类咨询服务等。借助于网络，这类服务显得更具有人性化，更加有效快捷。

7. 母婴用品

如今，"80后"女性逐渐成为"人母"，母婴市场将迎来消费主力军。网络销售可以让妈妈们很快捷地找到世界各地的奶粉，并且这一代女性舍得为孩子花钱，她们看重的是产品的质量、售后服务及购买的快捷方便，而价格方面多有忽略，因此"80后"女性将成为各大电子商务网站眼中的一块"肥肉"。

由于母婴市场发展空间巨大，各大资本开始"围猎"母婴市场，如联想投资童装企业、DCM注资绿盒子、红木杉注资十月妈咪等，掀起轩然大波。

8. 创意型产品

我们在节假日、亲朋好友生日、结婚等日子里，总是觉得没有什么特别的礼物可送，都是一些老掉牙的商品，如杯子、娃娃、存钱罐等。

利用网络沟通的广泛性、便利性，使创意独特的新产品可以更主动地向更多的人展示，充分满足那些品味独特、需求特殊的顾客。如今，一款"礼物说"软件（如图1-4所示），利用其APP扫描任意商品条形码、二维码，即可存入声音、照片、视频，送出一份会说话的礼物。朋友收到礼物后，扫码就能听到你的语音祝福，特别适用于旅游纪念、惊喜祝福。其中的"最全礼物攻略"，大受年轻人欢迎。也正是凭借"礼物说"这个创意型网站，"90后"温城辉成为创业年轻富翁。

图1-4 "礼物说"软件

 专家提醒

不是什么都适合网络营销,如不适合长途运输的、容易腐烂变质的、加上运费比在实体店内昂贵的。还包括一些国家明令禁止网上销售的商品。例如:

- 2004年7月8日开始实施的《互联网药品信息法规》明令禁止网上售药;
- 根据烟草法规定,香烟是不能通过网络和自动售货机等渠道销售的。

1.1.3 网络营销与传统营销

网络营销是未来营销发展的重要组成部分。与传统营销比较,了解网络营销的发展优势和劣势,与传统营销整合,协调发展,可以更有效率地满足顾客需求。

从营销方面讲,传统营销是一种交易营销,强调将尽可能多的产品和服务提供给尽可能多的顾客。经过长期的发展,已经形成比较扎实的理论和实践基础,消费者已经习惯了这种固定的模式。

从理论范畴来讲,传统营销的理论思想没有受过互联网技术冲击。因此,传统营销的定义其实就是互联网技术出现之前营销的定义。而网络营销的产生是科技的发展、消费者观念的转变以及商业竞争等多方面因素作用的结果。

1. 与传统营销相比，网络营销的优势

网络营销的优势是显而易见的，就目前来看，其主要优势如图1-5所示。

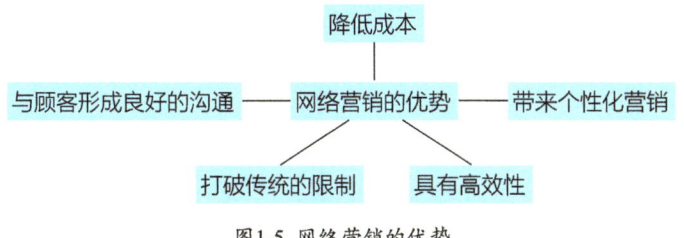

图1-5 网络营销的优势

（1）降低成本

网络营销与传统营销相比，可节省一部分的成本。

- 企业采购原材料是一项烦琐、复杂的工作，而运用网络可以使采购产品与制造相结合，简化采购程序。
- 传统店铺促销需要投入很多的资金和人力进行市场调查，而网上促销的成本只相当于直接邮寄广告花费的1%，利用网络发布广告的平均费用仅为传统媒体的3%，这样从成本和销售方面就可以很好地降低企业的成本。
- 网络营销能为企业节省传统营销方式不得不花费的巨额流通费用，从而使商品成本和价格下降成为可能。

（2）带来个性化营销

网络营销是一种以顾客为主、强调个性化的营销方式，它比起传统市场营销中的任何一个阶段或方式更能体现顾客的"中心"地位。而营销的本质是排除或减少障碍，引导商品或服务从生产者转移到消费者的过程。

它避开了中间环节，注重产品设计创新、服务管理、企业资源的整合经营效率，实现了市场的形成和裂变发展，是企业制胜的武器。特别是随着信息技术的发展，个性化营销的重要性日益凸显。

（3）具有高效性

网络营销结合快捷、方便的特性，提高了商家进行营销活动的效率。把这种高效性充分运用到销售活动的各方面，综合运用对企业有用的许多信息，对企业的发展起到了指导作用。

在传统的店铺销售中，企业与消费者之间的沟通较为困难，而在网络环境下，企业可根据公告版、网站论坛、E-mail等形式，加强企业与顾客之间的联系，有效了解顾客的需求信息，提高消费者与企业之间的互动，帮助企业实现销售目标。

（4）打破传统的限制

网络销售可以全年无休，随时随地等候消费者的"佳音"，打破了时间的限制。网络销售还可以使消费者利用闲暇时间购买自己想要的东西，不用那么麻烦地寻找哪里有自己需要的东西，即使深夜想买东西，也可以立即用鼠标在网上查询购买。地点上则利用互联网技术实现远程服务和移动服务。

（5）与顾客形成良好沟通

网络营销能够从各方面满足顾客的需要，避免不必要的浪费。而顾客对参与设计的产品会备加喜爱，如同是自己生产的一样。商家可设立专人解答疑问，帮助消费者了解有关产品的信息，使沟通人性化、个性化。

2. 与传统营销相比，网络营销的主要劣势

网络营销的劣势也是显而易见的。如图1-6所示。

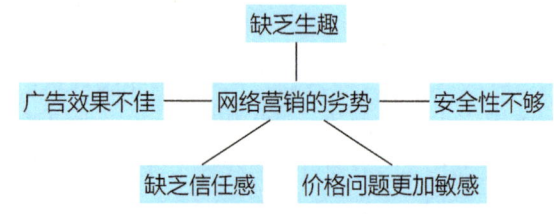

图1-6 与传统营销相比，网络营销的劣势

（1）**缺乏生趣**

网络营销使顾客面对的是冷冰冰、没有感情的机器，它没有商场里优雅舒适的环境氛围，没有精美的商品可供欣赏，缺乏三五成群逛街的乐趣。

有时候，逛街的目的不一定非得是购物，它可以是一种休闲和娱乐。网上购物还存在着试用不便，消费者没有实地感受，也没法从推销者的表情上来判断真假，实物总是比图像来得真实和生动。所以，对于许多人来说，网上购物缺乏生趣。

（2）**安全性不够**

随着我国网络发展水平的逐渐提高，通过电子银行或信用卡付款已经成为主流。虽然现在有一些安全保护软件（如支付宝、财付通等），但安全性还是会有一些漏洞。一旦密码被人截获，消费者的损失将会很大，这也是网络购物发展所必须解决的重要课题。

（3）**价格问题更加敏感**

网上的信息充分，消费者只需浏览一下商家的站点即可货比三家。而对商家而言，这样易引发价格战，使行业的利润率降低。对一些价格存在一定灵活性的产品，

如有批量折扣的，在网上不便于讨价还价，可能贻误商机。

（4）缺乏信任感

尽管时代在进步，但眼见为实的观念还是深深地刻在消费者心中，买东西还是要亲眼瞧瞧、亲手摸摸才放心。大多数人都习惯在网络消费之前货比三家，怕发生商品有毛病、商品没有售后服务等问题。

（5）广告效果不佳

虽然网络广告具有多媒体的效果，但由于网页上可以选择的广告位以及计算机屏幕等限制，其色彩效果不如杂志和电视，声音效果不如电视和广播，创意受到很大的限制。

3. 传统营销与网络营销整合的内容

传统营销与网络营销实质上是企业营销战略的两个有机组成部分。传统营销为网络营销创造前提条件，网络营销则依靠其廉价、即时、互动的特征成为企业实现营销目标的主要手段，二者缺一不可，必须整合才能发挥最大功效。

（1）顾客整合

网络营销中，企业最重要的顾客是与产品购买和消费直接有关的个人或组织，在传统市场营销中，顾客也是这样定义的。

如今的网民相比前几年，地域分布与年龄特点等方面都有很大的不同，同时网民人数占总人口的比例呈不断上升趋势。现在企业开展网络营销应进行全方位、战略性的市场细分和目标定位。

（2）产品的整合

网络营销一方面将产品定义为提供到市场上引起注意、需要和消费的东西，另一方面又继承了传统营销中产品的定义，即将产品解释为能够满足某种需求的东西，并认为完整的产品是由核心产品、形式产品和附加产品构成的，这是整体的产品概念。

网络营销主张以周全的方式为顾客提供完美的服务，进一步细化整体产品的构成。可以用5个层次来描述整体产品的构成：核心产品、一般产品、期望产品、扩大产品和潜在产品。

（3）企业营销思想的整合

网络营销带来的整合不仅仅是营销形式的转变，还包括营销思想的整合，而企业营销思想的整合具体又包括以下4点。

- 产品和服务满足消费者个性需求。
- 以消费者能够满足的较低成本定价。
- 分销渠道以方便消费者购买为主。

- 促销强调与消费者联络。

（4）营销组合的整合

营销组合概念因产品性质的不同而不同。对于知识产品，企业直接在网上完成其营销过程。在这种情况下，市场营销组合发生了很大的变化。

- 传统电子商务与网络电子商务的产品、渠道和促销已经到了不可区分的地步。
- 价格以顾客意识到的产品价值来计算，而不是以生产成本为基础。
- 顾客对产品的选择和对价值的估计很大程度上受网上促销的影响，网上促销的作用备受重视。
- 由于网上顾客普遍知识水平较高，因此网上促销的信息含量大大提高。

（5）企业组织的整合

在企业组织再造过程中，将会在销售部门和管理部门中衍生出一个负责网络营销与公司其他部门协调的网络营销管理部门。它区别于传统的营销管理，主要负责解决网上疑问、新产品开发、创新以及网上顾客服务等事宜。在网络营销时代到来之际，形成与之相适应的企业组织形态十分重要。

现阶段，网络营销带动了企业理念及企业内部网络的发展，形成了企业内外部沟通与经营管理均以网络为主要渠道和信息源的局面。销售部门人员、经销代理与门市店数量的减少，渠道的缩短，虚拟经销商、虚拟门市及虚拟部门等内外组织的盛行，都促使企业对组织进行再造成为迫切需要。

由此可见，网络营销的产生和发展，会使营销本身及其环境发生根本变革，以互联网为核心的网络营销正在发展成为现代市场营销的主流。

长期从事传统营销的各类企业，必须处理好网络营销与传统营销的整合，只有这样，企业才能真正掌握网络营销的真谛，才能利用网络营销为企业赢得竞争优势，扩大市场，取得利润。

1.2 网络营销的特点

网络营销具有传统营销所不具备的许多独特的、十分鲜明的特点。组织和个人之间进行信息传播和交换是市场营销的本质，因而，互联网络具有营销所要求的某些特性，这使得网络营销呈现出交互的便捷性、超前性、个性化等特点。如图1-7所示。

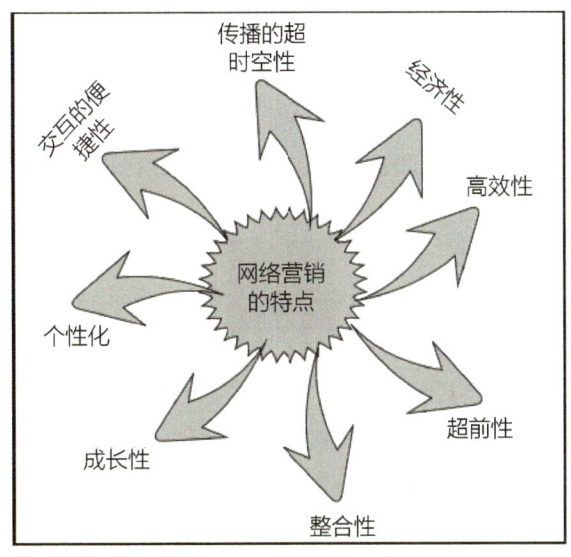

图1-7 网络营销特点

1.2.1 传播的超时空性

营销的最终目的是占有市场份额。互联网能够超越时间和空间限制进行信息交换，使得营销脱离时空限制进行交易变成可能，企业有了更多时间和更大的空间进行营销，可每周7天、每天24小时随时随地提供全球性营销服务。

网络营销除了不受空间限制之外，还不受时间的限制。如今，网络销售不是只有白天才有成交量，夜晚也毫不逊色。如图1-8所示。

图1-8 淘宝某商家夜间的销量

笔者最近对网络营销的超时空性质深有体会。笔者到手机店买手机,想要买Oppo最新款,服务员告诉我暂时没有货源,得等一个星期以后才有货。回家之后在网上逛京东,无意中发现了这款手机,价格跟实体店一样,并且可以3天到货。于是就买下了,手机果然是3天之内到货。由此可见,网络销售是没有空间限制的。

1.2.2 交互的便捷性

论坛、阿里旺旺、Blog等网络营销客服软件出现,网站在线提交表单、留言、QQ、MSN、E-mail的双向交流,使得顾客可以在产生对某种产品需求欲望时就能够有针对性地及时了解产品和服务信息。

由此商家通过提供良好的在线客服增强客户信赖感以及快捷了解消费者需求,提高成交率。例如现在很多公司都开设网上企业论坛,论坛上不光有产品的详细介绍,客户还可以向企业提出他们想了解的问题,公司可及时解答这些问题,这就提高了企业与客户之间的交互性,从而增强客户的信赖感和对企业的认可度。

去年,笔者的朋友学了一些网站运营知识和如何快速在网络上赚钱的方法,就想买一套网站建设内容系统来建个人网站,赚点外快。朋友通过百度找到了很多开发这种内容系统的公司,他发现这些系统开发公司几乎都提供免费的内容系统。

他下载了一个网站建设内容系统做网站,结果操作困难,于是咨询客服软件的用法。客服让他先看网站上的操作教程,之后如再有问题,就到论坛提问发帖。他按照网站操作教程一步步做,还是有一些特效做不出来。最后他在论坛上提问,24小时内就得到了相关答案,如图1-9所示。笔者朋友的亲身经历,让笔者充分感觉到了网络营销交互性这个特点的作用。

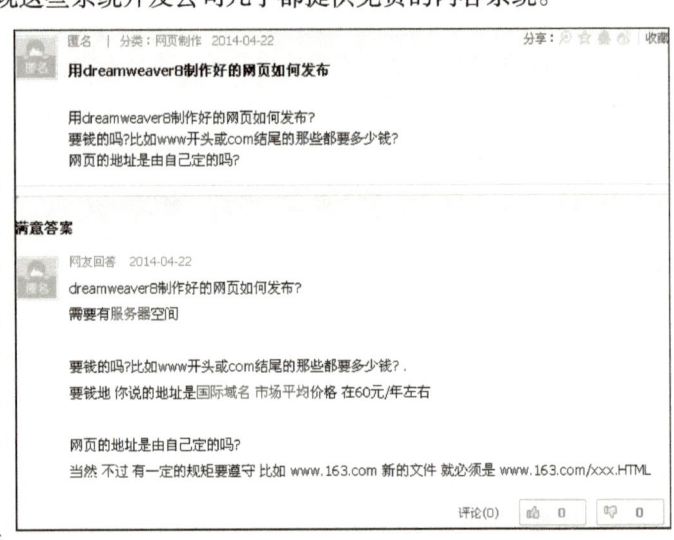

图1-9 某论坛问题的答案

1.2.3 个性化

网络营销打破了传统营销的限制,为客户提供全天候24小时的服务,客户可以根据自己的时间安排接受服务。即便客户深夜想到异地旅行,也可以立即在网上查询订票。

网络营销可根据客户需要提供产品。如客户在戴尔公司的网站购买计算机,可以自己设计,如图1-10所示。然后由戴尔公司根据客户的要求迅速组装,改变了"企业提供什么,用户就接受什么"的传统方式,变成了"用户需要什么,企业就提供什么"的新方式。

戴尔个性化订制　　　　　　戴尔传统设计

图1-10 戴尔传统计算机与个性化对比

1.2.4 成长性

网络数据无时不刻不在进行着更新、替换。这时产品的换代也更加频繁,正因为如此,企业才能及时发现自身产品的不足之处,并加以改进,使产品随着互联网的发展而不断成长。互联网用户数量快速增长并遍及全球,用户大多年轻,处于中产阶级,具有高学历,由于这部分群体购买力强而且具有很强的市场影响力,因此是一条极具开发潜力的市场渠道。

网络营销之所以具有一定的发展空间,主要是因为如图1-11所示的两点。

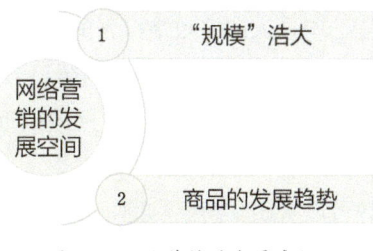

图1-11 网络营销的发展空间

1. "规模"浩大

企业过去看中的就是"规模"。建一个电子商务网站,目标是争取客户买尽可能多的东西,最好是一个网站能把全天下的东西都卖了,事实证明也确实有这样的网站做得很成功。

可是有些企业的想法不同,他们想要有专攻的电子商务系统,只卖他自己的东西。在企业眼里,是一种专卖店、连锁店,不过,开设在一个全新的世界里,企业叫它"新大洲"。

对于企业来说,互联网现在已经是一个新大洲:我国网民已达6.49亿,人均每天上网超过3.7小时,据统计,其中有60%的人曾经网上购物。此外还有4.95亿的手机用户,将近有83.4%的人利用手机上网,大概有60%的手机用户用手机购买产品。

2. 商品的发展趋势

现在,网络营销的运用很广泛,"现在卖什么东西最火,做什么网站最好"已成为每个企业进军网络营销市场的难题。其实企业只要熟悉特定的某件商品,调查这件商品的价值以及发展空间,就能挖掘出此商品的自身价值和发展前景。假如,化妆品有100倍的发展空间,而如今网络销售化妆品在社会零售总额中的比例不过20%。所以,与整个社会零售市场相比,电子商务的种类比较少,还有着80%的发展空间。

1.2.5 整合性

网络营销是对各种营销工具和手段的系统化整合,根据环境进行即时性的动态修正,以使交互双方在交互中实现价值增值的营销理念与方法。同时网络营销也可以叫作"资源整合营销"。

大家都知道美国有一个人叫贝拉克·侯赛因·奥巴马。2009年1月21日1点,这位名不见经传的黑人,成为美国历史上的第44任总统,这也是美国历史上的第一位黑人总统。

据报道,奥巴马在竞选中投入网络政治广告的支出占了美国2008年所有互联网政治广告的50%,远超其他候选人的总和。除了网络广告,奥巴马还在自己的官方网站、Facebook、Myspace等都开设个人主页,与网民拉近距离、互动交流。这些网络营销手法不仅帮奥巴马赢得捐款,还帮他赢得了选票。

从奥巴马的筹款来源可以看出,奥巴马绝大多数的支持都来自互联网。奥巴马也是美国史上第一位没有动用竞选资助金的总统,它的自筹款总额达6.2亿美元,其中超过85%来自互联网,且绝大部分是不足100美元的小额捐款。这一点充分证明了奥巴马利用网络所取得的成绩。

那么，奥巴马和他的竞选团队在大选期间是如何整合互联网资源，让他顺利登上总统宝座的呢？奥巴马和他的团队主要做了以下努力，如图1-12所示。

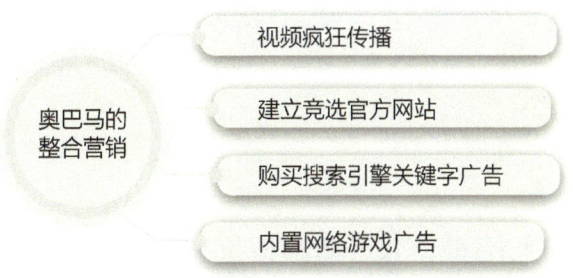

图1-12 奥巴马的整合营销

1. 视频疯狂传播

奥巴马的竞选团队在最流行的视频类网站YouTube上，一个星期内就上传了70多个奥巴马的相关视频。视频使奥巴马看起来更平易近人，这一点让这些视频所获取的关注不比那些制作精良的电视广告差。

2. 建立竞选官方网站

奥巴马的竞选官方网站内容丰富，充分利用博客、视频、投票等互动环节。这个网站的基调以"开放"为主，通过信息共享与互动来争取舆论支持。

奥巴马官网首页的两个主要内容是竞选经费的筹集和博客。网友可以在首页上很容易地找到发布自己建议和观点的新媒体工具。美国知名媒体《纽约时报》报道，2008年9月，其网站访问人数就已经超过2 000万。

3. 购买搜索引擎关键字广告

奥巴马购买Google的"关键字广告"之后，任何一个美国选民在Google中输入奥巴马的英文名字Barack Obama，搜索结果页面的右侧就会出现奥巴马的视频宣传广告以及奥巴马的博客等。因此，美国人日常搜索的关键词都打上了奥巴马的烙印，想不关注奥巴马都难。

据美国ClickZ统计，从2008年1月到8月，奥巴马在网络广告的投入达500多万美元，其中有300多万美元投入搜索引擎营销中，即有70%的费用投入搜索引擎营销中。许多搜索引擎用户在看到相关的广告并点击后，都到奥巴马相关竞选网站中注册成为志愿者，或者捐赠金钱等。

因此可以看出，搜索引擎的效果营销在美国总统竞选中发挥着重要的作用。

4. 内置网络游戏广告

如今，网络游戏是数字时代不可缺少的娱乐。在2008年，奥巴马看中了网络营销，为了进一步争取选民拉票，奥巴马竞选团队更是有史以来第一次投入了电子游戏广告。他们在美国一些最热卖的电子游戏的网络版上，置入竞选广告。

奥巴马的竞选广告出现在"NHL冰球09""疯狂橄榄球09"和"云斯顿赛车2009"等电子游戏中，对于总统大选结果极为关键的9个州的游戏玩家，在线上就可以看到那些广告。

1.2.6 超前性

毫无疑问，网络营销是功能最强大的营销方法，利用互联网的先进工具，它兼具促销、电子交易、渠道、互动顾客服务、市场信息分析与提供的强大功能。实际上，它具备的一对一营销能力，正符合定制营销与直复营销的未来趋势，也是未来主要营销手段。

20世纪80年代初，美国法律对金融业放松管制，允许银行在其他州设置分行，花旗公司预见了直复营销的未来趋势，决定打进中大西洋区的抵押放款市场。花旗广泛普及电话及邮递业务与顾客进行直接接触。由于不需要寻找地点建立分行，无须过多的营业员，而且不受地区局限，直复营销在为银行节省了人力、资金、时间的情况下，一样达到了良好的效果。花旗直复营销的步骤如图1-13所示。

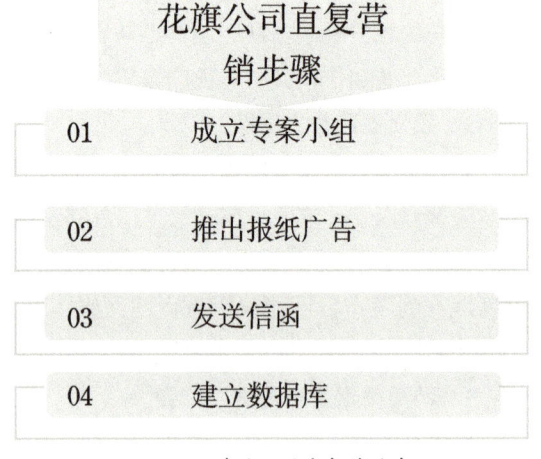

图1-13 花旗公司直复营销步骤

1. 成立专案小组

花旗公司推出金融产品换屋贷款，向有相当资产的符合条件的客户提供贷款，用于改建、增置房屋或其他用途。

2. 推出报纸广告

花旗公司在较大区域内宣传，给消费者留下深刻的印象，以此与直接信函相配合。

3. 发送信函

花旗公司给消费水平高的消费者寄发直接信函，邀请消费者在特定的时间拨打咨询，强调贷款利率富于竞争性、期限富于弹性、手续快速、方便等优点。当消费者产生兴趣拨打电话时，电话客服便在电话中给予消费者热情详尽的解答，记下愿意申请贷款的客户的地址，同时约好下次电话时间。在第二次电话中，营销员通过电话协助客户填妥申请表。填写完备的申请表被送到区域推销员处，由他进行信用审核和贷款处理，一个贷款协议便产生了。

4．建立数据库

在进行以上直接沟通的同时，花旗公司数据库的建立也同时进行。银行根据客户回复邮件和电话获得的资料，建立客户数据库，对客户的职业、收入、贷款兴趣等进行调查分析。数据库还为银行开展长期业务提供了准确动态的信息。例如，当客户需要买车，银行便可以向客户推荐成年人购车贷款。这种一对一的服务使营销活动更具人情味，更有利于银行与客户保持长期良好的关系。因此，有人认为数据库营销是直复营销更重要的部分。

花旗在马里兰本来并无知名度，由于此次成功运用直复营销，成为了中大西洋房地产生意的领导业主，为金融产品开辟了新的营销渠道，成为全美银行界广为流传的营销成功典范。

1.2.7 高效性

计算机可储存大量的信息，可传送的信息数量与精确度，远超过其他媒体，传播速度很快，能及时顺应市场需求，更新产品或调整价格，因此能及时有效地了解并满足顾客的需求。

如今，电子商务企业很容易在社交平台上展示产品图片和获得推荐、评论和大量免费的可分享内容。如果不利用网络营销，传统营销就要费很大力气去推广，以争取客源。

笔者在网上看到一个坛主用了一个特别的创意，使网民在蜡烛中寻找指环的体验。客户在蜡烛燃烧后，找到指环并主动在Facebook上发布指环展示照片或视频，在一个星期内就增加了转化率和超过280 000的新粉丝，其过程图如图1-14所示。试想一下，如果是传统销售方式，能在一个星期内增加几十万的新粉丝吗？显而易见，那是非常难的。

一位奶奶，带家人第一次来到某自助餐厅享用美食。这家人对这里的环境和食品都赞不绝口，于是经常向他人推荐这家餐厅。期间笔者听到对方年轻的儿子对其60多岁的母亲大加赞赏，称赞老人家懂得挑选团购商家。他父亲在旁边说，母亲为了买这几张团购券，很细心地浏览了这个自助餐厅的所有信息，包括其他用户的点评等。

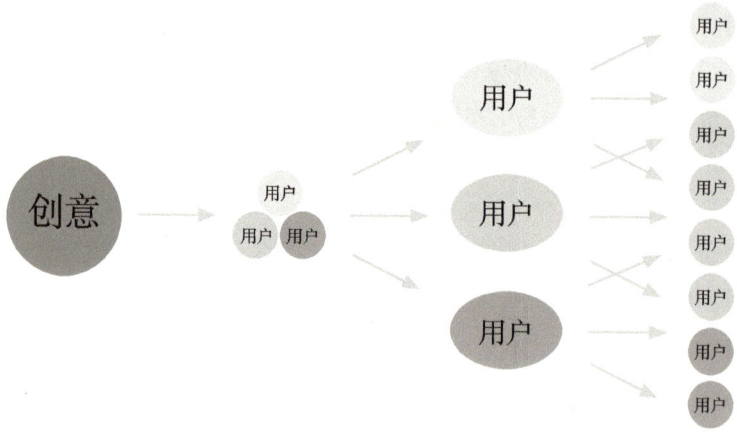

图1-14 网络营销创意高效性(1)

可见，团购商家的产品信息结合用户反馈的点评信息，才让这位老人家下决心购买这家餐厅的团购券，如图1-15所示。在以前的传统营销范围里，假设我们知道这家餐厅是通过传单的方式了解的，虽然可以轻易地从上面精美的图片了解这里的美食特点，但却没有办法很快知道这家餐厅的口味和舒适度。

然而，在网络营销时代里，我们不但可以简单快捷地了解到这家餐厅的具

图1-15 网络营销创意高效性(2)

体情况，更重要的一点是，可以从其他用户的反馈信息里得到更多实际有效的信息。聪明的团购商家已经认识到网络营销给他们带来的高效性，利用团购中点评的力量，从线上到线下再回到线上，能高效地带来一定的利润。

所以通过网络销售，能使企业高效地获得一定的回报率，以及产品如何在客户社交网络中被转化，然后充分利用。只要把网络营销的高效性充分运用到销售活动的各方面，就可以综合运用许多对企业有用的信息，对企业的发展起到指导作用，使营销的过程更加快捷和及时适应市场的发展要求。

1.2.8 经济性

网络营销的经济性也可以叫作"用户低成本营销"，通过互联网进行信息交换，代替以前的实物交换，一方面可以减少人力、物力、财力（减少印刷与邮递成本、无

店面销售、免交租金、节约水电与人工成本等），另一方面可以减少多次交换带来的损耗。

几年前，Google是一个只有十几个员工的小企业，短短几年，Google取得的巨大商业成就，得益于它秉持"用户为先"的企业价值观，坚持"用户低成本营销"思想，为顾客提供信息服务，找到了成功的商业模式，并始终与合作伙伴共赢。Google坚持的"用户低成本营销"商业模式可以帮助千千万万的中小企业找到成功之道。如图1-16所示。

图1-16 网络营销经济性

可以利用图1-17所示的几点，让"用户低成本营销"给企业节省一定的成本。

"用户低成本营销"方法

1. 建立博客
2. 利用电子邮件推广
3. 利用搜索引擎优化
4. 制订完整计划
5. 让信息无处不在

图1-17 "用户低成本营销"方法

1. 建立博客

企业可以在一个专门的博客服务网站上建立免费的博客空间，写一些与业务相关的有趣的文章或创新性的段子。为了提高流量，可以在其他相关的博客上发表评论并链接回自己的博客。

2. 利用电子邮件推广

企业可以利用邮件列表、新闻邮件、会员通信、专业服务商的电子邮件广告等推广产品。拥有潜在用户的电子邮件地址是开展电子邮件推广的前提,这些地址可以是企业从用户、潜在用户资料中自行收集整理的,也可以利用第三方的潜在用户资源。

3. 利用搜索引擎优化

搜索引擎优化,主要是通过搜索引擎的排名最大程度地提高网站的曝光率,从而提升网站的流量来实现互联网的销售。对于企业来说可以增加用户的体验。

4. 制订完整计划

网络营销一开始就要进行精确定位、详细规划以及经营,这样才能取得预期的效果。这需要在网络营销的各个环节中即时调控、即时跟进,通过后台的数据分析,不断分析用户行为,调整推广方案,把握重点,这需要经过长期详细、精心的经营才能实现预期。

5. 让信息无处不在

企业要想在网络营销这块大蛋糕里尽快让顾客看到自己的产品,除了利用好搜索引擎这把利剑以外,还需要善于利用第三方平台。现在互联网发展迅速,已经有了很多成熟的网站,可以供企业发放信息。企业可以根据产品的特性、目标顾客群,选择合适的第三方平台发布信息,如淘宝B2C/天猫B2B网站平台、社区网站、论坛、微博等,它们可以使企业广泛挖掘合作伙伴资源,进行友情链接,增加网站、产品的曝光率。

总之,我们要知道,网络营销让企业由最初的物物交换到易货交易,到以互联网为载体的信息交换,从这一过程的对比中不难发现,网络营销不但可以减少印刷宣传册的成本,还免去了店面租金、雇佣店员、店面水电费等成本。

此外,企业在网络营销里减少一定的成本是一个长期坚持、不断改进、不断调整的过程,而且对于刚刚起步的网络营销企业,需要一段时间来沉淀。

专家提醒

B2B是企业与企业之间通过互联网进行产品、服务及信息的交换。中国B2B电子商务平台有生意宝、阿里巴巴、慧聪商务网、买麦网、好望角、中国产品平台、中国商品网、中国制造网、环球资源网等。

B2C是一种按交易对象分类的电子商务,即表示商业机构对消费者的电子商务。这种形式的电子商务一般以网络零售业为主,主要借助于Internet开展在线销售活动。中国B2C电子商务平台有淘宝商城、亚马逊、凡客诚品、当当网、逛街网、京东、麦当等。

1.3 网络营销的功能

随着网络经济的不断发展，以网络为中心建立起来的网络贸易、网络营销成为了企业争相抢夺、炙手可热的经贸活动。然而由于近几年网络技术的不断成熟，传统的营销模式也开始向网络营销模式转型，这使我国的很多企业在开展网络营销的过程中吃尽了苦头。所以企业认识和理解网络营销的功能和作用是必要前提。

1.3.1 信息搜索功能

在网络营销中，企业可以利用多种搜索方法和搜索工具（SEO综合查询、PR查询、百度权重等）主动积极地获取大量有用的信息，进行决策研究，从中获得商机，可以主动进行价格比较，了解对手的竞争态势。可见，搜索功能已经成为营销主体能动性的一种表现，是一种提升网络经营能力的竞争手段。

企业想要在网络销售中如鱼得水，应了解相关的网络信息搜索方法。如图1-18所示。

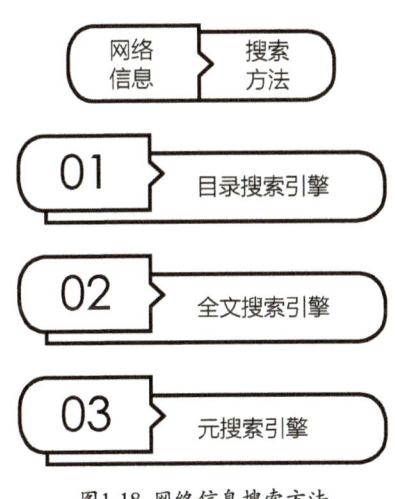

图1-18 网络信息搜索方法

1. 目录搜索引擎

目录搜索引擎又称目录指南型搜索引擎，是用于存储、查找和报道档案信息的系统化文字描述工具，是目录、索引、指南等的统称，目录搜索引擎的信息大多面向网站，是依靠专职编辑或志愿人员人工建立起来的。

目录搜索引擎的用户界面基本都采用分级结构。首页提供了最基本的几个大类的入口，用户可以一级一级地向下访问，直至找到自己感兴趣的类别。另外，用户也可以利用目录搜索引擎提供的搜索功能直接查找一个关键词。不过，由于目录搜索引擎只在数据库保存的站点描述中搜索，因此站点本身的动态变化就很难反映到搜索结果中。

由此可见，目录搜索引擎的信息因为有人工处理过程，所以死链接较少，信息准确，导航质量高；缺点是需要人工介入，维护量大，信息量少，信息更新不及时。所以，目录搜索引擎适用于学科调研的场合。

国外的目录搜索引擎代表有Yahoo、Open Directory、LookSmart等；国内代表有新浪、搜狐、网易搜索等。

2. 全文搜索引擎

全文检索系统是按照全文检索理论建立起来的，它是一个提供全文检索服务的软件系统。全文检索具备建立索引和提供查询的基本功能，现代的全文检索系统还具有方便的用户接口、面向WWW的开发接口等。

在功能上，全文检索系统核心具有建立索引、增加索引、优化索引结构等功能，而从搜索结果来源的角度来看，全文搜索引擎可细分为两种。如图1-19所示。

图1-19 全文搜索引擎

（1）蜘蛛检索程序

全文搜索引擎可拥有自己的检索程序（indexer），俗称"蜘蛛"（Spider）程序或"机器人"（Robot）程序，并自建网页数据库，搜索结果直接从自身的数据库中调用，如Google、百度等。

（2）引擎数据库

全文搜索引擎可租用其他搜索引擎的数据库，并按自定的格式排列搜索结果，如国外的Lycos。

总之，全文搜索引擎类似于字典中的检索字表查字的过程，通过扫描文章中的每一个词，指明该词在文章中出现的次数和位置，当用户查询时，检索程序就根据事先建立的索引进行查找，并将查找的结果反馈给用户，工作过程中没有人工干扰，全部由网络机器人操纵。

 专家提醒

全文搜索引擎和目录搜索引擎的区别如下。
- 全文搜索引擎属于自动网站检索，目录搜索引擎则完全依赖手工操作。
- 全文搜索引擎收录网站时，只要网站本身没有违反有关的规则，一般都能登录成功；而目录搜索引擎对网站的要求则高得多，有时即使登录多次也不一定成功。
- 全文搜索引擎中各网站的有关信息都是从用户网页中自动提取的，所以从用户的角度看，拥有更多的自主权；而目录索引则要求必须手工另外填写网站信息，而且还有各种各样的限制。

3. 元搜索引擎

元搜索引擎又称多搜索引擎，通过一个统一的用户界面帮助用户在多个搜索引擎中选择、利用合适的搜索引擎来实现检索操作，依赖于数据库选择技术、查询分派技术和结果综合技术等，它是对分布于网络的多种检索工具的全局控制机制。

世界上最早的元搜索是metacrawler。它初始网上运行时间为1995年，是由华盛顿大学的学生erik和教授oren etzin共同开发研制的。它是万维网搜索引擎metacrawler的姐妹引擎，是一个并行式的元搜索引擎。具有同时调用Google、Yahoo、LookSmart、TeomaOverture等搜索引擎的功能。它可以对网页、图像、音频、多媒体、新闻、购物等进行选择检索，还提供高级检索功能，可以提高检索的品质，具有更新页面、域名过滤、语言选择等功能。

元搜索引擎由三部分组成，即检索接口代理机制、检索请求提交机制、检索元搜索引擎工作原理结果显示机制。检索请求提交机制负责用户个性化的检索设置要求，包括调用检索时间限制、结果数量限制等。检索接口代理机制负责将用户的检索请求"翻译"成满足不同搜索引擎"本地化"要求的格式。结果显示机制负责元搜索引擎

检索结果的去重、输出处理等。元搜索引擎的出现，使得那些需要连续使用不同搜索引擎重复相同检索的用户，不用同时使用各种搜索引擎。可以使用元搜索引擎同时对几个搜索引擎进行检索，获得分级编排的检索。

企业使用以上信息搜索功能的方法，可以避免企业重复研究或走弯路，节省企业研究人员的时间，提供企业获取新知识的捷径。在德国柏林图书馆门前有这样一段话："这里是知识的宝库，你若掌握了它的钥匙，这里的全部知识都是属于你的。"这里所说的"钥匙"，就是指信息检索的方法。

1.3.2 信息发布功能

发布信息是网络营销的基本职能。无论哪种营销方式，都会利用信息发布功能，把信息传递给目标人群。而网络营销所具有的强大信息发布功能，是古往今来任何一种营销方式都无法比拟的。

网络营销可以把信息发布到全球任何一个地点，既可以实现信息的大面积覆盖，形成地毯式的信息发布链，又可以创造信息的轰动效应，发布隐含信息。信息的扩散范围、表现形式、延伸效果、穿透能力都是最佳的。

值得提出的是，在网络营销中，网上信息发布以后，可以能动地进行跟踪，获得回复，可以进行回复后的再交流和再沟通，因此信息发布的效果很明显。

企业可以利用网络社区、博客、微博、QQ的个人空间等网络软件发布信息。现在企业看中的是信息发布系统，因为利用信息发布系统相比企业自己发布信息要简便得多。下面就来了解信息发布系统的优势，如图1-20所示。

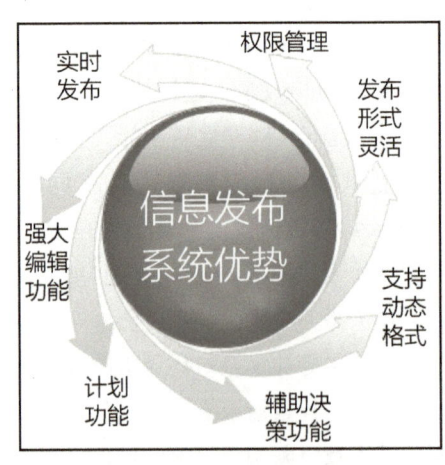

图1-20 信息发布系统的优势

1. 实时发布

信息发布系统可以即时发布突发事件，插播媒体文件，实现银行外汇、政策法规、促销活动、天气预报等即时信息的同步发布。

2. 强大的编辑功能

屏幕区域可以任意划分，通过模板可以将屏幕划分为很多区域，每个区域的窗口大小和位置可随意变化，添加素材方式简单，可以直接将素材文件拖到各个区域，还可以添加各种显示效果，使内容展现更加绚丽丰富。

3. 计划功能

根据现存条件和约束条件，提供各职能部门的计划，如生产计划、采购计划等，并按照不同的管理层次提供相应的计划报告。

4. 辅助决策功能

采用相应的数学模型，从大量数据中推导出有关问题的最优解和满意解，辅助管理人员进行决策，获取较大的经济效益。

5. 支持动态格式

支持Flash（SWF 格式）、HTML及PPT演示文稿等动态格式。可以同时在多个画面分区上播放不同的Flash内容，可以支持桌面制作，如演示文稿。

Flash、HTML、PowerPoint动态内容，只要显示屏是触摸式或者能用鼠标，就能给客户提供互动的信息搜索和查询，这样，就将单向的信息发布变为双向的互动业务查询系统。

6. 发布形式灵活

支持媒体数据的在线发布，以及网站、下载等发布。信息发布系统支持联机在线播放和本地独立播放系统，就系统稳定性来说，信息发布系统不会因服务器或者网络问题导致整个系统瘫痪。

网络信息发布系统对网络带宽要求不高，媒体数据的分发可随时进行。网络信息系统可在夜间网络带宽闲暇时间进行，而白天网络带宽占用多的情况下，可以使用独立播放。

7. 权限管理

网络信息发布系统为了保证系统在安全有效的条件下运行，执行着严格的权限管理，不管是什么人，都只能根据事先指定的权限来使用系统，确保系统安全运行。

> **专家提醒**
>
> 信息发布系统由服务器、网络、播放器、显示设备组成，将服务器的信息

通过网络发送给播放器，再由播放器组合图片、文字等信息，输送给液晶电视机、计算机等显示设备，这样就形成了一套可通过网络将所有服务器信息发送到终端的链路。

网络信息发布系统采用多级管理模式，超级管理员是具有最高权限的操作者，他可以对所有的显示端进行所有的操作工作。二级管理员只能够操作和管理管辖范围内的显示端，并对其管辖的显示端进行所有的操作工作。

1.3.3 商情调查功能

网络营销中的商情调查具有重要的商业价值。在激烈的市场竞争条件下，对市场和商情的准确把握，是网络营销中一种不可或缺的方法和手段，也是现代商战中对市场动态和竞争对手情况的一种电子侦察。

- 网络营销在激烈的市场竞争条件下，主动了解商情、研究趋势、分析顾客心理、窥探竞争对手动态是确定竞争战略的基础和前提。
- 用户运用在线调查或者电子询问调查表等方式，省去了大量的人力、物力，并且可以在线生成网上市场调研的分析报告、趋势分析图表和综合调查报告。
- 其他调查形式都没有商情调查的效率高、成本低、节奏快和范围大，它为企业提供了一种很好的市场快速反应能力，为企业的科学决策奠定了坚实的基础。

目前世界上广泛开展的商情调查主要有以下的3种类型。如图1-21所示。

图1-21 商情调查的类型

1．商情动向调查

商情动向调查是了解宏观经济总体运行状况和趋势。在我国主要是调查大中型企业，这些大中型企业数量虽然不多，但是在整个国民经济中所占的比重却相当大。

2．设备投资意向调查

设备投资意向调查主要是把握企业未来投资的基本动向。投资动向是引起宏观经济波动的重要因素，因此，这种调查对政府掌握经济动向、进行宏观调控是十分必要的。

3．消费调查

消费调查是为了获取消费者的消费态度、购买意向等消费动向。无论哪个国家，居民消费都对经济波动起着很大的影响，所以这也是政府进行宏观经济调控所关注的重要问题。

1.3.4 销售渠道开拓功能

随着网络经济时代的到来，企业想要快速发展成为一个关键问题。在网络经济的大背景下，企业不仅面对着巨大的挑战，同时又是一次大的发展机遇。在这种机遇下，企业应该时刻密切关注互联网的动向，坚信互联网对品牌的发展建设能起到至关重要的作用，应建立起属于自己的网络销售渠道。

企业在网络销售的诱惑力下，可以文图并茂、声像俱显地开拓出新产品的展示力和昭示力。企业在网络销售的路上开创出亲和力、覆盖力，快速打破传统经济时代的经济壁垒以及地区封锁、交通阻隔、信息封闭等封闭的坚冰，从而疏通各种渠道，打开进攻的路线，实现和完成市场的开拓使命。

网络销售具有极强的进击力和穿透力。不管是什么都阻挡不了网络营销信息的传播和扩散。 这种快速、坚定、态势是任何媒体都无法比拟的。网络销售渠道可分为以下两点。

1．网上直销

网上直销与传统直接分销渠道都没有营销中间商，同样包含订货功能、支付功能和配送功能。网上直销与传统直接分销渠道不同的是，生产企业可以通过建设网络营销站点，让顾客直接从网站订货。

网络直销通过与电子商务服务机构（支付宝、财付通、网上银行等）合作，可以直接通过网站提供支付结算功能，简化了过去资金流转的问题。网上直销渠道分配时利用互联网技术来构造有效的物流系统，并通过互联网与专业物流公司合作，建立有效的物流体系。

网络直销为企业促进了产品销售，提升了竞争力，全世界有数千万人从事直销，年销售额达到830多亿美元。走在比较前面的凡客、精彩人生、PPG、报喜鸟、凡妮尚品等一些电子商务企业已经取得了骄人的成绩和重大的突破。所以特步、鸿星尔克等很多传统企业也纷纷进军网上直销市场。

随着PPG衬衫将"轻公司模式"带入服装业，B2C行业一度陷入价格战、广告战的误区。传统服装企业特步、报喜鸟等在推出自家的网上直营店后，打造了包括网络直销、服务中心、目录销售、地面直营店在内的立体整合营销架构，从提高产品品质以及售前、售中及售后服务着手，增强用户黏性并跨越行业拐点。

2. 新型中间商

新型中间商又称为分销商，它是连接生产者和消费者的桥梁。由专门从事商品流通经营活动的企业或个人组成，其基本职能是作为生产和消费之间的媒介，促成商品交换。

中间商最基本的角色是实现产品从生产者到消费者流动的桥梁与纽带，它为生产者和消费者提供各种信息和服务，降低了生产者和消费者的信息搜索成本和风险，在产品销售、售后服务、产品配送等方面对商业运作起着十分重要的作用，对完成交易、扩大交易量、了解消费市场变化动向以及保护消费者利益的意义十分重大。由此可见，在网络营销中，中间商的存在是不可或缺的。

目前出现许多基于网络的提供信息服务中介功能的新型中间商，新型中间商有以下几类。

（1）虚拟商场

虚拟市场可以使企业面向全球众多潜在买家方便地发布其产品、服务信息，并通过互联网和许多潜在的购买者进行交易，降低了交易过程的复杂程度，有效提高了交易的效率，并降低了交易成本。

对于买方来说，在虚拟市场中可以更大程度地接触不同的供应商，并通过互联网及时有效地比较、筛选和沟通，大大提高了采购产品及服务的选择方位，获得更实惠的价格和更高的质量，同时简化了原本复杂的采购流程，极大地提高了采购效率，降低了采购成本。

（2）搜索引擎服务商

搜索引擎服务商为用户提供基本关键词的检索服务，如百度、Altavista等站点，用户可以利用这类站点提供的搜索引擎进行实时搜索。

（3）互联网内容供应商

互联网内容供应商是指在互联网上提供大量丰富且实用信息的服务提供商。现在，大多数互联网内容供应商的信息服务几乎都是免费的，其预期的收益主要有以下几方面。

- 互联网免费提供信息内容和促进传统信息媒介的销售。
- 降低信息传播的成本，提高利润率。
- 为其他网络商家提供广告空间，从中收取一定的广告费或销售提成。

1.3.5 品牌价值扩展和延伸功能

互联网的出现，不仅推动了品牌的拓展性和扩散力，而且带来了新的生机和活力。对于传统企业来说，企业的品牌形象在建立网站之前就已经确立了。如今，互联网改变了企业的经营方式，网络不仅用于介绍公司概况、收发电子邮件，还进入了深层次的应用。

随着互联网越来越普及，企业要想建立一个以消费者为中心的网络品牌，其费用是非常昂高的。**网络企业只有采用多种不同类型的品牌经营模式，才能以多种来源的收益，支撑企业所需的品牌忠诚力。**

要建立一个成功网络品牌，关键是要保持以下三方面的一致性。

- 向消费者作出的承诺。
- 网上发送这些承诺所必要的网络设计。
- 要求转化成利润的经济模型。

企业应该利用以下品牌营销模式，进行整合，体现出3种基本模式的具体化和提供有效的可操作性。企业想要在线品牌获得成功，就要综合运用其中两个或三个，甚至更多的模式。

1. 眼球营销模式

眼球营销模式是依靠吸引公众注意力获取经济收益的一种经济活动，在强大社会力量的推波助澜下，眼球营销比以往任何一种营销都要活跃。电视需要眼球，只有收视率才能保证电视台的经济利益；网站更需要眼球，只有点击率才是网站价值的集中体现。

说到眼球营销，就不得不提"加多宝对不起：悲情营销开山之作"的微博。加多宝在与王老吉商标争夺战中输掉官司之后，在微博上发布了一组兼具视觉力和传播力的"对不起"系列图片，这组图片选取了4个哭泣的宝宝，并配以一句话诉说自己的弱势，图片表面悲情。如图1-22所示。

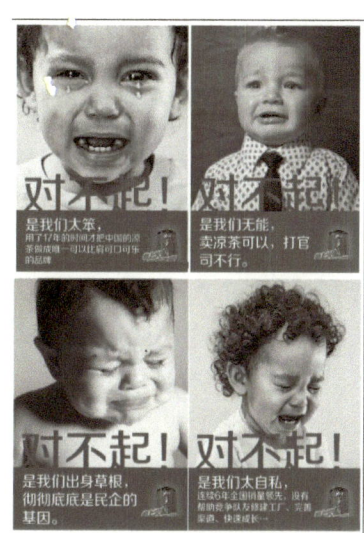

图1-22 加多宝眼球营销

加多宝的悲情牌一经打出，立刻博取大量网民的同情，其官方微博上的4张图片获得了超过4万的转发量，加多宝也一举将输掉官司的负面新闻扭转为成功的营销事件。从加多宝对抗王老吉的策略来看，其利用"悲情"来夺取眼球，使人们在茶余饭后还能娓娓道来。

2. 自己动手模式

自己动手模式是指网络企业帮助消费者进行自我服务。消费者有时希望自己寻找所希望得到的信息、进行交易、查询订单处理进度之类的互动方式。为了提供顾客服务，网络营销企业应掌握下列重点。

- 让消费者自行解决问题。
- 让消费者自行选择互动媒体。
- 查询订单处理进度、付款或使用其他服务。
- 让消费者在线上取得信息并进行交易。

3. 社区模式

企业开发并运用社区模式，不能只从顾客的利益出发，应经长时间的持续投入，才有可能领先创造规模优势，获得成果。否则，不仅浪费投资，欲速不达，还有可能经营崩溃。

如今虚拟社区在网络上算是元老级的人物，是扩展网络品牌的一把利剑。传统营销企业原先掌握在提供产品和服务的商人手中的权力，慢慢移至购买这些产品和服务的顾客之手。在虚拟社区驱使下，不仅可以获得众多的品牌忠诚度，还必将获得可观的经济回报。建立并运作社区模式的要点主要有以下几点。

（1）对成员负责

要确保社区有一定的人气。互动是社区的中心所在，如果社区不热闹，没几个人在社区里发言，那么社区就有可能变成只是单向的沟通。

（2）不断吸收新成员

核心成员可以让社区更具稳定性，但新的成员则为社区带来自发与活泼的生命力。新朋老友的融和，可以让社区不至于在同一项主题上持续着完全相同的发声。

（3）将个体与社区联结起来

社区是个人的集合。有机会让个人能够公布其首页或个人资料，成为社区的一部分，不仅让成员有机会分享他人的意见，也可以让别人分享他们自己。

4. 资本运营模式

网络经济的背后有对未来经济的预期和对品牌的注意力。在现实经济中，大致有以下两种产业运营模式。

- 实体经济模式，是指人通过思想使用工具在地球上创造的经济，包括物质的、精神的产品和服务的生产、流通等经济活动。
- 虚体经济模式，是相对实体经济而言的，是经济虚拟化（西方称之为"金融深化"）的必然产物。经济的本质是一套价值系统，包括物质价格系统和资产价格系统。与由成本和技术支撑定价的物质价格系统不同，资本价格系统是以资本化定价方式为基础的一套特定的价格体系，这也就是虚拟经济。如中国香港的TOM.com、新意网等。

简单地说，就像吃东西一样，虚体经济的方式是，先把东西做好了，然后一点点地吃；而实体经济是边做边吃。从实际生活来说，就是中国香港盈科数码动力对中国香港电讯的收购，用虚体经济吃掉了实体经济，通过实体经济的运营产生利润，冲掉泡沫膨胀的空间。这是现代企业运营的一种新思路、新方式。

1.3.6 特色服务功能

网络营销具有特色服务功能。顾客可以获得形式最简单的常见问题解答、邮件列表、BTB等各种即时信息服务，还可以获取在线收听、订购、付款等选择性服务。

全年全天候的服务、信息跟踪、信息定制和智能化的信息转移、手机接听服务、网上选购、送货到家等服务以及服务之后的跟踪延伸，不仅极大地提高顾客的满意度，使以顾客为中心的原则得以实现，而且客户成为了商家的一种重要的战略资源。

网络营销特殊服务具有以下特点。

- 网络营销特殊服务能增强顾客对企业服务的感性认识。将服务通过一些有形方式表现出来，以增强顾客的体验和感受。
- 网络营销特殊服务提供比传统营销服务更高级的服务，能最大限度满足顾客的个人需求。
- 网络营销特殊服务，可增强顾客自助寻求服务的主动性。顾客通过互联网可以直接向企业提出要求，企业必须针对顾客一对一服务。
- 网络营销特殊服务不受空间和时间的限制。基于互联网的远程服务可以突破服务的时空限制。

网络营销提供的特殊服务也可以称为订制服务/个性化服务，它就是网站经营者根据受众在需求上存在的差异，将信息或服务化整为零或提供定时定量服务，让受众根据自己的喜好选择，使网站在为大多数受众服务的同时，还能变成能够一对一的针对受众需求的市场营销工具。

网络特殊服务将传统信息服务"我提供什么，用户接受什么"的传统方式转变成了"用户需要什么，我提供什么"的个性化方式。网络特色服务能获得客户信息，了解客户的需求和爱好，与客户双向沟通，将公司的服务个性化、私人化，从而增强客户和企业之间的稳定性。

> **专家提醒**
>
> 实现网络特色服务的措施有以下几种。
> - 个性化的咨询服务、礼品、提示服务。
> - 客户分组、公告牌、聊天室。
> - 个人化网页、虚拟会议室产品定制、提供个性化及人性化产品和服务。
> - 建立双向沟通交流机制；为客户提供更多资讯、共享的招聘启事等。

1.3.7 客户关系管理功能

客户关系管理源于以客户为中心的管理思想，是一种旨在改善企业与客户之间关系的新型管理模式，是网络营销取得成效的必要条件，是企业重要的战略资源。

网络营销由于信息传递比较快，客户获取信息的途径比较多，客户一般只会选择价值比较大的商品，他们在选购时的不确定性比较多，企业要是能够管理好客户，及时提供客户所需的服务，就很容易提高客户满意度，也就相对提高了客户的忠诚度。

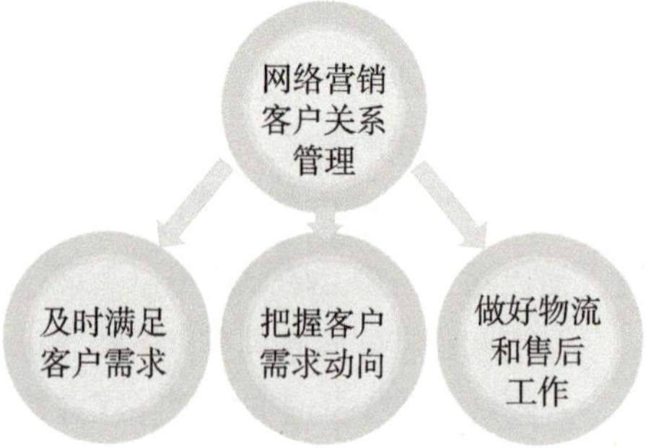

图1-23 网络营销客户关系管理方法

企业要在留住老客户的同时，通过口碑宣传吸引更多的新客户，这样，企业的客户关系管理就能够为企业的网络营销贡献很大的力量，帮助企业提高市场竞争力。但是，企业该如何开展网络营销客户关系管理？下面介绍网络营销客户关系管理的方法。如图1-23所示。

1. 及时满足客户需求

客户在网上购买产品时，不能像在实体店一样看到产品实物，因此，企业在发布信息时应该站在客户的角度考虑，尽可能详细全面地将客户可能需要的信息罗列出来，使客户充分了解产品，从而决定是否购买。

就像平常网购时一样，用户首先会自己点击产品进入网页了解产品，有疑问就咨询卖家，要是很久都没有回应或者是看了很久都不了解产品信息，可能就不会考虑购买这家的产品了。

因此，想要进行有效的客户关系管理，首先要及时满足客户需求。

2．把握客户需求动向

企业要想把网络营销运营好，就要时刻捕捉客户信息，收集并分析客户的活动情况，主要分析网页上客户的访问量、成交量等各方面的数据，从而知道客户的需求、产品或者服务的满意度以及需要改进的地方，企业也可以直接电话回访客户，咨询客户的意见和建议，这样企业才能不断进行自我完善，提高服务质量，赢得客户的满意度和忠诚度，增加客户数量，实现企业的效益。

3．做好物流和售后工作

在网络营销中要注意物流的配送问题。在网络经济快速发展的时代，物流环节早已成为影响客户满意度的重要因素。

企业在开展网络营销时，必须确定是自己进行物流配送还是选择第三方物流。

- **如果企业的规模足够大，且要经常进行物流运输，企业有足够的实力来建设自己的物流系统，那么企业可以自己做物流（如京东）。**
- **如果企业规模小，资金少，运输时段不确定，运量小，那么企业可以选择第三方物流来运输（如淘宝）。**

企业选择了正确的物流配送方式，就可节省客户的等待时间，提高客户的满意度。不管是企业自己做物流还是选择第三方物流，都要以客户为中心，保证货物及时完整地送达，为客户带来便利。

售后服务和物流都是企业应该特别重视的。很多客户在网上交易时心存顾虑的很大一个原因就是客户害怕买到的货物有问题，而卖家又不提供相应的售后服务，因此，企业要想留住老客户并吸引新客户，做好售后服务是一个关键的环节。

做好物流配送和售后服务，是在货物离开卖家之后为客户提供的必要服务，这样能够使消费者更加满意此次网上交易，对企业的信誉和形象建设具有很好的推动作用。

第2章 营销环境进阶

学前提示

认识营销环境是做好网络营销的首要任务,如果连网络营销环境都不了解的话,那么怎么可能在互联网上大放光彩。本章引领读者了解营销的三大环境:网络营销环境、宏观营销环境、微观营销环境。

要点展示

- 网络营销环境
- 宏观营销环境
- 微观营销环境

2.1 网络营销环境

网络营销环境是指对企业的生存和发展产生影响的各种外部条件,即与企业网络营销活动有关联因素的部分集合。它是一个综合的概念,由多方面的因素组成,随着社会的发展,网络技术在营销中的运用,使得环境更加变化多端。

虽然对营销主体而言,环境及环境因素是不可控制的,但它也有一定的规律性,可以通过分析营销环境对其发展趋势和变化进行预测和事先判断。消费者需求、企业的营销观念和购买行为,都是在一定的经济社会环境中形成并发生变化的。因此,对网络营销环境进行分析十分必要。

2.1.1 网上人口环境

人口是企业营销活动的直接和最终对象,市场是由消费者构成的。所以在其他条件固定或相同的情况下,人口的规模决定了市场的容量和潜力,对消费品市场有明显的影响。

企业想要实行网络销售,可以从以下两方面着手。

- 收集一手资料,通过分析网民数量、结构等内容发现营销机会。
- 收集二手资料,了解网络营销人口环境,从而制定行之有效的营销策略。

据报道,截至2014年12月,我国网民规模达6.34亿人,互联网普及率为47.9%,较2013年年底提升2.1%,网民数量的增加逐渐推动了网络销售的发展。如图2-1所示。

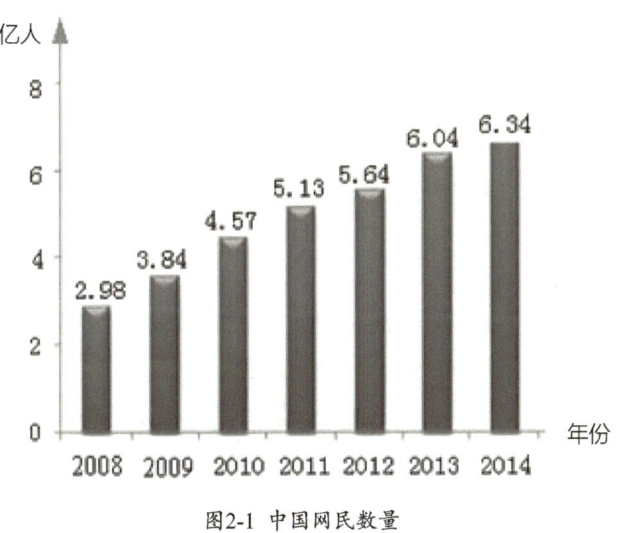

图2-1 中国网民数量

而据调查显示,中国男性网民占61.3%,女性占38.7%,其中,已婚者占41.5%,

未婚者占58.5%。在年龄分布上,网民主要集中在18~30岁,这一年龄段的网民占总体的52.9%,其中又以18~24岁这一年龄段的网民最多,占网民总数的36.8%。

网民主要集中在商业贸易、娱乐、科研教育等行业,低收入者仍然占据网民的大多数,人均月收入3000元以下的网民占到网民总体的75.1%,其中无收入者占13.3%,这和网民群体中的学生和年轻人比例较高有较大关系。

就拿2014年的除夕来说,中央电视台牵手微信推出的"羊年春晚摇一摇"的活动,使得微信红包一炮而红。想必有很多人都像笔者一样守着春节联欢晚会且狂摇红包,而网上也出现了深受网友热捧的抢微信红包攻略。据报道,在10点30分的央视春晚最大一次"红包暴雨"中,微信摇一摇总次数为72亿,峰值为每分钟8.1亿次,送出微信红包1.2亿个。而春晚现场直播公示的数据则显示,春晚期间,共有110亿人次参与了春晚的互动。如图2-2所示。

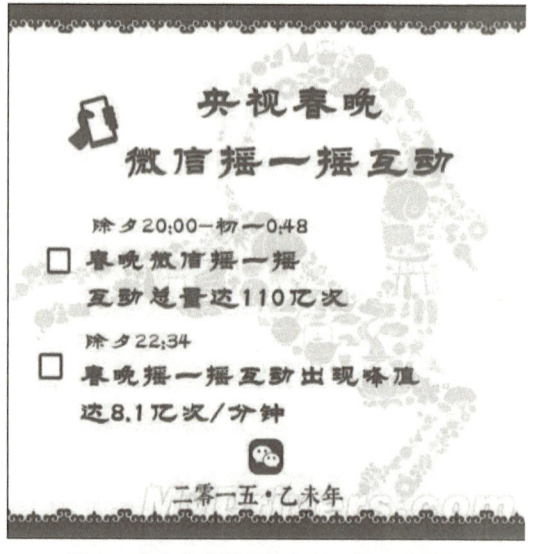

图2-2 除夕春晚微信红包摇一摇互动数据

试想一下,如果没有如此多的网民,后面哪里来的"110亿次"关注春晚、关注微信红包。如果没有人关注这些,怎么会有"微信红包"这个大热潮给微信支付带来新客户。

由此可见,网络已经成为人们谈话中必不可少的内容,企业应抓住网络提供的人口环境,制定出一系列适合自身的产品、推广、销售的方案。

2.1.2 第三方认证环境

我国第三方认证中最重要的成员就是数字证书机制,其是通过数字证书来完成交易实体的身份鉴别,以PKI技术为基础的信息安全机制。

数字证书是一种权威性的电子文档,提供在Internet上验证身份的方式,其作用类似于驾驶执照或身份证,人们可以在互联网交往中用它来识别对方的身份。在数字证书认证过程中,要让人信赖必须具有唯一性、可靠性和方便性,为了达到这一目的,需要采用很多技术来实现。目前,数字证书认证主要分为以下几种。

1. 个人身份证书

个人身份证书是用于标识证书持有人的个人身份，证书中包含个人身份信息和个人的公钥。个人身份证书可用于个人在网上进行合同签订、下单、录入审核、账单支付等活动中标明身份。

2. 企业或机构身份证书

企业或机构身份证书用于标识证书持有企业的身份，证书中包含企业信息和企业的公钥，可以用于企业在电子商务方面的对外活动，如签订合同、交易支付信息等方面。

3. 企业或机构代码签名证书

代码签名证书是 CA 中心签发给软件提供商的数字证书，包含软件提供商的身份信息、公钥的签名。软件提供商使用代码签名证书对软件进行签名后放到 Internet 上，当用户下载该软件时，可以确信软件的来源、是否遭到修改或破坏。代码签名证书还可以对 exe、ocx、class 等程序和文件进行签名。

4. 电子邮件证书

电子邮件证书是通过 IE 或 Netscape 申请，用 IE 申请的证书存储于 Windows 的注册表中，用 Netscape 申请的存储于个人用户目录下的文件中，用于安全电子邮件或向需要客户验证的 Web 服务器（HTTPS 服务）表明身份。

5. 个人代码签名证书

个人代码签名证书是 CA 中心签发给软件提供人的数字证书，包含软件提供个人的身份信息、公钥及 CA 的签名。软件提供人使用代码签名证书对软件进行签名后放到 Internet 上，当用户下载该软件时，会得到提示，确信软件的来源、是否遭到修改或破坏。代码签名证书可以对（exe、ocx、class 等）程序和文件进行签名。

> **专家提醒**
>
> PKI 也叫公共密钥设施，是一个实施公钥技术和提供安全服务的具有普适性的安全基础设施，是一种新的安全技术。它由公开密钥密码技术、数字证书、证书发放机构（CA）等部分组成。

2.1.3 电子支付环境

电子支付是指网上交易的当事人，包括消费者、厂商和金融机构，使用安全电子支付手段通过互联网进行货币支付或资金流转。

现代互联网已迅速普及，进入入千家万户，其功能也从信息共享演变为一种大众化的信息传播手段。企业争先恐后地想要吃掉这个"聚宝盆"，主要是因为使用Internet降低成本，还造就了更多的商业机会，企业网络营销技术从而得以发展，使其成为了互联网应用的最大热点。为适应网络营销这一市场潮流，电子支付随之发展起来。

如今，我国电子支付已经发展成为了支付方式新的潮流，企业铺天盖地地开发电子支付类软件，从中得到利润与推广。目前，国内主要有三大主流电子支付软件。

1. 支付宝

支付宝是全球领先的电子支付平台，其与国内外180多家银行以及VISA、MasterCard国际组织等机构建立战略合作关系，成为金融机构在电子支付领域最为信任的合作伙伴。

支付宝成立于2004年12月，致力于为用户提供"简单、安全、快速"的支付解决方案。旗下有"支付宝""支付宝钱包""余额宝"三个独立品牌。自2014年第二季度开始，成为当前全球最大的移动支付厂商。

如今，支付宝涉及面很广，不管是吃饭、坐公交，还是买东西（见图2-3），支付宝都为买家提供简单、安全、便捷的购买和支付流程，最大限度地减少买家的流失，提高成交支付转化率。

图2-3 便捷的支付宝

支付宝主要应用于网购担保交易、网络支付、转账、信用卡还款、手机充值、水电煤缴费、个人理财等多个领域。在进入移动支付领域后，为零售百货、电影院、出租车等多个行业提供服务，还推出了余额宝理财服务。

2. 微信支付

微信支付是由移动社交软件微信和电子平台财付通联合推出的移动支付创新产品。微信支付客服2008年1月6日正式上线，其宗旨是为广大微信用户及商户提供更优质的支付服务。

2015年微信通过打车、红包派送等病毒式推广方式，积累了规模庞大的个人用户群。目前，微信支付与财付通的集成还在继续完善之中，已经集成的功能包括在线支付、小额支付（电影票和滴滴打车）、个人收款（AA收款）、个人转账（新年红包）等。

例如，滴滴打车投入10亿巨额补贴打营销战，众多中小规模的打车软件纷纷落马。滴滴打车与微信支付合作（见图2-4），不仅将立减的金额从5元涨回到了10元，还推出了新用户首单立减15元的优惠。而且在去年的情人节、感恩节等节日里发出大量红包，着实使价格战中的乘客和司机得到了实惠，用户活跃度高居不下。

图2-4 滴滴打车微信支付

3. 快钱支付

快钱是国内领先的独立电子支付企业，旨在为各类企业及个人提供安全、便捷和保密的综合电子支付服务，如图2-5所示。快钱推出的支付产品包括外卡支付、神州行卡支付、联通充值卡支付等众多支付产品，支持互联网、手机、电话和POS等多种终端，满足各类企业和个人的不同支付需求。其特点如下。

- 只要有E-mail，就可以收钱、付钱。
- 保证支付安全和快捷。
- 支持几乎所有的银行卡。

图2-5 快钱支付

2.1.4 虚拟营销环境

虚拟营销从网络特征和消费者需求变化这一基础出发,运用网络整合营销、"软营销"及网络直复营销等新营销理论,进行营销策略的创新。

而虚拟营销环境是互联网提供的网络信息服务。

- 固定信息服务,包括电子邮件、新闻组和文件传输服务等。
- 在线实时通信,包括远程登录、在线交谈、多人在线实时交谈系统和视频会议、网络电话等。
- 检索服务,包括互联网、使用者查询等。

由此可见,虚拟营销环境可以给企业带来竞争优势。如图2-6所示。

图2-6 虚拟营销环境的竞争优势

1. **营销成本低**

利用虚拟营销的环境，企业可以将商品信息发布在网上，随时接受需求者的查询，减少广告促销费用，还可以很好地实现"零库存"，节省了潜在开支。

2. **创造市场机会**

虚拟营销环境是一个虚拟的全球化贸易环境，它提高了商务活动水平和质量，赋予企业一种全新的经营方式。企业可以便捷地把产品和服务推向市场，实现跨区域、跨国界经营，并且利用互联网来从事市场营销活动，可以把触角延伸到传统销售不能达到的市场。因此，虚拟营销为企业创造更多新的市场机会。

3. **方便顾客**

企业可以利用虚拟营销将产品介绍、订货情况等信息放到网上，顾客可根据自己的需求随时随地了解有关信息、订货、支付等交易环节。

4. **便于收集信息**

企业收到客户订单后，服务器会自动汇集客户信息并存入数据库中，对收到的订单和意见进行分析，引导新商品的生产、销售和消费。企业也能及时得到市场反馈，减少了流通环节，增加了客户和企业的联系，使双方均可获得最新数据信息，加强彼此间的合作。

此外，虚拟营销还具有以下特点。

- 满足消费者对购物方便性的需求，省去了去商场购物的距离和时间的消耗，提高消费者的购物效率。
- 以消费者为导向，强调个性化的营销方式。
- 使企业和消费者具有极强的互动性，提高了消费者的满意度。
- 能为企业节约促销和流通费用，使产品成本和价格的降低成为可能，实现让利给顾客。

2.2 宏观营销环境

宏观营销环境（macro-environment）是指一个国家或地区的政治、法律、人口、经济、社会文化、科学技术等因素影响企业进行网络营销活动的宏观条件。分析宏观营销环境的目的在于更好地认识环境，通过企业营销努力来适应社会环境及变化，达到企业营销目标。宏观营销环境的诸因素如图2-7所示。

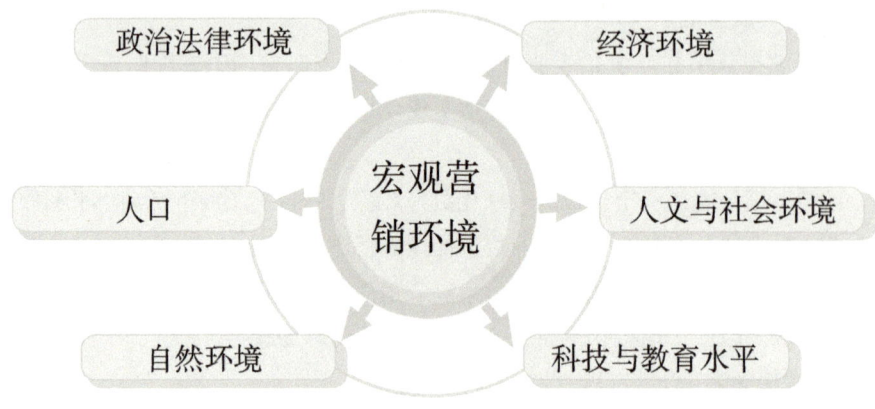

图2-7 宏观营销环境

2.2.1 政治法律环境

政治环境是一个国家社会秩序稳定和经济发展的必要条件，一个国家的方针政策及重大政治经济措施，如人口政策、能源政策、物价政策、财政政策、货币政策等，都会影响到企业的行为规范、消费需求、观念以及生活方式，从而间接地影响企业的营销活动。

我国政府早已敏锐地意识到信息技术对经济增长和企业竞争力的巨大影响，为网络营销的发展，营造适宜环境。目前，我国政府增加对互联网商务的支持与投资力度，对电子商务给予了极大的关注。**我国电子商务发展的总体框集包括整体战略、发展规划、技术体制标准，相关法律、法规也陆续出台，这将给我国网络营销带来更加规范、有序的法律环境。**

> **专家提醒**
>
> 法律环境是指国家所颁布的各项法规、法令和条例等，企业只有依法进行各种营销活动，才能受到国家法律的有效保护。近年来，我国针对信息网络安全的法律、法规及行政规章有《关于维护互联网安全的决定》《中华人民共和国电信条例》《互联网信息服务管理办法》等。

法律对网络环境的犯罪、破坏社会秩序等行为实施监督和打击。目前各国网络环境普遍采取指导性为主的较为宽松的管理方式，但是对于不同国家间企业网络商务贸易而产生的税收、合同纠纷问题，各国政府都十分关注，都希望通过多方协商、共同探讨规范网络商务环境的办法解决这些问题。

总之，企业的营销管理者具有熟知有关的法律条文，才能保证企业经营的合法性，运用法律武器来保护企业与消费者的合法权益。

然而，网络营销作为一种新型交易手段和商业运作模式，它的成长绝不单单取决于计算机和网络技术的发展状况和成熟程度，在很大程度上还取决于政府能否营造出有利于网络营销的适宜环境。

2.2.2 经济环境

经济环境是影响企业营销活动的主要环境因素，它包括收入因素、消费结构、产业结构、政府支出等因素，其中收入因素、消费结构对企业营销活动影响较大。

1. 消费者收入分析

消费者收入主要形成消费人口的购买力，收入水平越高，购买力就越强，但消费者收入不会全部用于消费。因此，企业必须从市场营销的角度来研究消费者收入，通常从以几个方面进行分析。如图2-8所示。

图2-8 消费者收入分析

（1）个人可支配收入

个人可支配收入是指个人收入扣除各种直接税以及非商业性费用等以后的余额。这部分收入可由个人任意支配，形成实际的购买力。个人可支配收入被认为是消费开支最重要的决定性因素，也是企业开展营销活动所要考虑的主要对象。

（2）家庭收入

家庭收入是以家庭为单位，家庭成员的工资性收入、经营净收入、财产性收入、转移性收入的总和。家庭收入的高低会影响很多产品的市场需求，家庭收入高，对消费品需求大，购买力随之提升；家庭收入小，对消费品需求小，购买力随之降低。

（3）国民生产总值

国民生产总值是最重要的宏观经济指标，是指一个国家（地区）所有常驻机构单位在一定时期内（年或季）收入初次分配的最终成果。它是衡量一个国家经济实力与购买力的重要指标，国民生产总值增长越快，对商品的需求和购买力就越大，反之，就越小。

（4）人均国民收入

人均国民收入水平是衡量一个国家经济实力和人民富裕程度的一个重要指标。它综合反映国家的经济发展水平、经济实力、人民生活水平。人均国民收入大体反映了一个国家人民生活水平的高低，也在一定程度上决定商品需求的构成。一般来说，人均收入增长，对商品的需求和购买力就增强，反之就降低。

2. 消费者支出分析

消费者的支出与收入是成正比的，消费者的支出可以使一个国家的消费结构发生变化。

（1）恩格尔系数

恩格尔系数是指食品支出总额占个人消费支出总额的比重，是衡量一个国家、地区、城市、家庭生活水平的主要标准之一。

- 恩格尔系数越小，食品支出所占比重越小，表明生活富裕，生活质量高。
- 恩格尔系数越大，食品支出所占比重越高，表明生活贫困，生活质量低。

企业可以从恩格尔系数中了解当前市场的消费水平，分析消费形势以及对企业营销活动的影响。然而，要特别注意以下几点。

- 恩格尔系数是一种长期趋势，时间越长，趋势越明显。
- 因为地方间消费习惯不同，恩格尔系数会有一些不同。所以，要注意个人消费支出的实际构成情况，注意到运用恩格尔系数反映消费水平和生活质量会产生一定误差。

（2）消费结构

消费结构研究的是居民随着其总消费支出的增加而变化的，消费结构有利于企业掌握和探索消费者的变动趋势，及时调整产业结构和产品结构，衡量和检验人们的需求获得满足的状况。

2.2.3 人文与社会环境

人文与社会环境是指在一种社会形态下已经形成的价值观念、风俗习惯、宗教信仰等的总和。人文与社会环境的内容很丰富，不同国家、地区、民族之间的差别非常明显，企业必然处于一定的社会环境中，不可避免地受到社会环境的影响和制约。

为此，企业应充分了解和分析人文与社会环境，针对不同的环境制定不同的营销策略。企业对人文与社会环境的研究应该从以理方面入手。如图2-9所示。

图2-9 人文与社会环境

1．价值观念

价值观念是基于人的一定思维感官之上作出的认知、理解、判断或抉择，不同文化背景下，人们的价值观念会有很大的差异，企业营销必须根据消费者不同的价值观念设计产品，提供服务。

2．消费习俗

消费习俗是指人们在长期经济与社会活动中形成的一种消费方式与习惯。不同的消费习俗具有不同的商品要求，企业可以根据人们的消费习俗，了解目标市场消费者的禁忌、习惯等。

3．宗教信仰

宗教是构成社会文化的重要因素，不同的宗教有自己独特的对节日礼仪、商品使用的要求和禁忌。企业要清楚宗教中的禁忌，在营销活动中注意不同的宗教信仰，避免由于矛盾和冲突给企业营销活动带来影响。

2.2.4 科技与教育水平

科学技术对当代社会发展起了很大的作用，科技的基础是教育，因此，科技与教育是宏观环境的基本组成部分，在如今的网络营销时期，科技与教育两者之间的联系很密切，随着科技的突飞猛进，每一种新技术的发现、推广，都会给有些企业带来新的市场机会。

- 科技发展使新产品不断涌现，导致产品的市场寿命周期缩短，企业必须关注新产品的开发，加速产品的更新换代。
- 科技的发展可使企业降低产品成本，快速掌握价格信息，及时做好价格调整工作。
- 科技发展促进了流通方式，企业可以采用顾客自我服务和各种直销方式。
- 科技发展使企业推广多样化、信息传播快速化、市场范围广阔化。

在高新技术产业中，教育水平的差异是影响需求和用户规模的重要因素，受教育程度的高低，影响到消费者对商品功能、包装、服务等要求的差异。企业想在网络营销上进行市场开发、产品定位、促销等活动，需要考虑消费者所受教育程度的高低。

因此，企业营销开展的市场开发、产品定位和促销等活动都要根据社会的科技水平与人们教育程度的高低，采取不同的策略。

2.2.5 自然环境

自然环境是指一个国家或地区的客观环境因素，主要包括自然资源、气候、地形地质、地理位置等。随着人类社会的进步和科技的发展，自然环境受到一定的影响，如资源短缺、环境污染等，从而使得企业受到一定的限制。对企业来说，应该关注自然环境变化的趋势，并从中分析企业营销的机会和威胁，制定相应的对策。

1. 自然资源短缺

自然资源短缺对企业来说既有利又有弊。一方面，资源短缺会使许多企业面临原材料价格大幅度上涨、企业成本提高；另一方面，可以迫使企业研究出更合理地利用资源的方法、开发新的资源和代言品，打开企业营销的新路程。

2. 政府干预

自然资源短缺和环境污染问题的加重，使政府加强了对环境保护的干预，颁布了一系列有关环保的政策法规，这将制约一些企业的营销活动。如今企业需要制定有效的营销策略，既要支付环境保护的必要成本，又要在营销活动中挖掘潜力，保证营销目标的实现。

2.2.6 人口

人口是市场环境的第一要素，人口数量直接决定市场规模和潜在容量，人口的性别、年龄、婚姻状况、职业等影响着企业的营销活动。企业应重视对人口环境的研究，密切关注人口特性及其发展动向，适应人口环境的变化。企业该从以下方面进行分析，从而调整企业的营销策略。

1. 人口数量分析

人口数量是决定市场规模的关键要素，没有人口，就不可能产生企业，没有庞大的人口规模，企业哪里来利润。人口越多，收入水平不变，对食物、衣着、日用品的需求量也会越大。因此，企业营销首先要关注所在国家或地区的人口数量，推测出人们生活必需品的需求内容和数量。

2. 人口分布分析

人口有地理分布上的区别。人口在不同地区的密集程度不同，则市场大小、消费需求特性也不同。企业应该提供更多的适销对路产品，满足人口的需求。

3. 人口结构分析

人口结构是指将人口以不同的标准划分而得到的一种结果，构成这些标准的因素主要包括年龄、性别、教育、家庭、民族等。

（1）年龄结构

不同年龄的消费者对商品和服务的需求不同，不同年龄结构就形成了具有年龄特色的市场。反映人口年龄结构特征的指标有很多，主要分为年轻型、成年型、老年型，如表2-1所示。企业可以根据人口年龄需求特点，决定企业产品的投向，寻找目标市场。

表2-1 年龄结构具体划分

类型	0~14岁人口比重	65岁及以上人口比重	老少比	年龄中位数
年轻型	40%以上	4%以下	15%以下	20岁以下
成年型	30%~40%	4%~7%	15%~30%	20~30岁
老年型	30%以下	7%以上	30%以上	30岁以上

（2）性别结构

性别差异会给人们的消费需求带来显著的差异，市场就会区分出男性用品市场和女性用品市场。企业可以针对不同性别的不同需求，制定营销策略，避免企业市场产生局限。

（3）教育与职业结构

人口的教育程度与职业不同，对市场的需求表现也不同。随着高等教育规模的扩大，导致人口受教育程度提高、收入水平增加、人均素质上升，企业应该重视这类人群对科技产品、书籍、视频等商品的需求变化。

（4）家庭结构

家庭是商品购买和消费的主要单位。一个国家家庭的多少、家庭平均人员的多少、家庭人员的需求，都会直接影响企业商品的销量，不同类型的家庭往往有着不同的消费需求。

（5）民族

我国是一个多民族的国家，各民族在饮食、居住、服饰、礼仪等方面都有自己的风俗习惯，企业应该注重研究各民族消费的特点，开发受欢迎的具有民族特点的商品。

2.3 微观营销环境

微观营销环境是直接制约和影响企业营销活动的力量和因素，企业可以利用微观环境协调企业与相关群体的关系，实现企业营销目标。微观营销活动的内容如图2-10所示。

2.3.1 企业内部环境

企业开展营销活动要充分考虑到企业内部的环境力量和因素，企业内部环境包括市场销售部、企业最高管理层、财务、研究与开发、采购、生产等部门，做好整个营销活动，需要企业内部各职能部门相互之间的协调与合作。

企业各部门之间协调的最大难题就是各部门的工作重点不同，有些矛盾往往很难协调。例如，企业生产部门关注的是长期生产的定型产品，要求较稳定的质量管理，而营销部门注重的是能适应市场变化、捕捉消费者需求、满足目标消费者需求的"短、平、快"产品，要求特殊的质量管理。

因此，企业在制订营销计划时，要进行有效沟通、协调、处理好各部门的关系，营造良好的企业环境，更好地实现营销目标。

图2-10 微观营销内容

2.3.2 供应者

供应者是指向企业及其竞争者提供生产经营所需原料、能源、资金等生产资源的公司或个人。企业对供应者的依赖性和合作性都很强，为了适应网络营销的要求，企业与供应商的关系主要表现出下述变化。

1. 供应商分析的必要性

供应商既可以是生产性的企业，也可以是流通性的企业。供应商为企业提供各种资源，而资源的变化会直接影响到企业产品的产量、质量、利润，以及企业营销计划和营销目标的完成。

2. 供应商对企业营销的影响作用

供应商不仅仅是给企业提供货物这么简单，还影响企业的很多方面，对企业的营销作用主要体现在以下3个方面。

（1）供货的质量保证

供应商能否供应质量有保证的货物，会直接影响销售量、利润及企业信誉。例如2014年3月，无锡市公安局查出，"南长区优美特休闲食品店"先后7次从金桥优派休闲食品购入外包装标注名称为"香记牛肉粒"，经过鉴定"香记牛肉粒"实际上为猪肉制品，以次充好。南长工商部门依法对当事人作出没收相关商品100盒、没收违法所得3 418元、合计罚款6.4万元的行政处罚。此事一经报道，这家店以及供应商都相继倒闭了。由此可见，企业必须了解供应商的产品，分析其产品的质量标准，从而保证自己产品的质量，赢得消费者和市场。

（2）供应的及时性和稳定性

货源的保证供应是企业营销活动顺利进行的前提。为了保证货源的持续供应，企业必须和供应商保持良好的关系，时时刻刻都要掌握供应商的情况，分析其状况和变化。

（3）供应的货物价格变化

随着时代的改变，供应货物的价格会摇摆不定，其变动会直接影响企业产品的成本。如果供应商提高货物价格，企业成本就会提高，销售价格也随之变高，市场销路就会减少，企业若不变动价格，就会减少企业的利润，甚至亏本。为此，企业必须随时关注和分析供应商的货物价格变动趋势，从而使自己应变自如，能够积极应对。

2.3.3 营销中介

营销中介是指为企业营销活动提供各种服务的企业或部门的总称。营销中介的主要功能是帮助企业推广和分销产品，只有通过有关营销中介提供的服务，企业才能把产品顺利地送达到目标消费者手中。

营销中介的主要对象如图2-11所示。

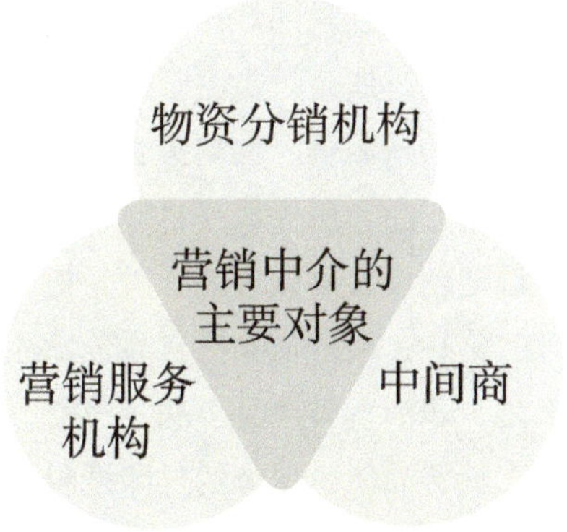

图2-11 营销中介的主要对象

1. 物资分销机构

物资分销机构是指帮助企业保管、储存、运输的物流机构，包括第三方物流公司（申通、天天等）、仓储公司等。物资分销机构的主要任务是协助企业将产品安全完整地运往销售目的地，到达目的地之后，还要协助保管和储存。这些物流机构是否安全、便利、经济，直接影响企业服务。

2. 中间商

中间商是指将购入的产品再销售或租赁，以获取利润的厂商，如批发商和零售商。中间商对企业营销具有极大的影响，它能帮助企业产品打开销路、寻找目标顾客、节省企业寻找顾客的时间。为此，企业需要精挑细选适合自己的中间商，了解和分析中间商的经营活动，并与中间商建立良好的长期合作关系。企业可以采取一些激励性措施来推动中间商开展业务活动。

3. 营销服务机构

营销服务机构是指企业营销中提供专业服务的机构，包括广告公司、广告媒介经营公司、市场调研公司等。

这些机构对企业的营销活动有很大的帮助，它们的主要任务是协助企业确立市场定位，制作有力的广告宣传。一般大企业都有自己的广告部、市场调研部门，但大多数企业则找专业公司来办理有关业务。为此，企业只有关注、分析这些服务机构的真实性以及实力，才能为企业带来更多的客户。

2.3.4 顾客或用户

很多人对于顾客和用户这两个概念分不清，下面详细讲解这两个概念的区别。

用户通常是指某种"非消费品类产品或服务"的使用者。例如，最近很流行美拍，想拍一段有创意的视频，从而赢得一票粉丝，造就名气，那么只有先在美拍APP上注册一个账号，才能把自己的小视频放到网上。注册了美拍账号，就代表是美拍用户了；再如，最近"微信红包"被互联网炒得漫天飞舞，让笔者不得不申请个微信账户，来证明自己没有跟时代脱轨，那么只要注册微信账户，就代表是微信的用户。

顾客通常是指"消费类产品或服务"的购买者或潜在购买者，也是企业营销活动的最终目标市场。任何企业的产品和服务最终目标只有得到了顾客的认可，才能成为市场的霸者。现代营销强调把创意做进顾客的心里，把勾起顾客的好奇心并符合顾客的需求作为企业营销管理的核心，很多企业把"顾客就是上帝"作为企业员工标杆。

那么就有人问，什么是"非消费类产品"和"消费产品"？用个很简单的比喻，老百姓家里买的卫生纸叫"消费品"，单位的复印纸叫"非消费品"。用电子商务术语解释，前者是"B2C"，后者是在"B2B"里买了东西的人。

总之，不管是顾客还是用户，都是企业的大金主，企业都会对你无微不至、细心呵护，因此，顾客或用户都是企业营销的核心。

2.3.5 竞争者

竞争者一般是指那些与本企业提供的产品或服务相似并且所服务的目标顾客也相似的其他企业。前段时间流行一句话"往往最了解你的，是你的敌人"。由此可见，对于企业来说，竞争者就是企业的敌人，竞争对手的产品价格、广告宣传、促销手段的变化，以及产品的开发、销售服务的加强都将直接对企业造成威胁，只有打败了敌人，才能解除威胁。

就用2014年11月在网络走红的一组妈妈打女儿耳光和母女间对话的4个漫画图片来说明。近年来，也许是天猫"双十一"把其他电子商务销售网站给逼急了，在"双十一"期间，被苏宁易购取材改成"妈妈再打我一次"的广告"'双十一'你该多一个选择"。

不得不说，这次的广告非常有针对性，海报中的主角天猫与苏宁"互扇""互掐"，让网友们直呼"过瘾"，脑洞大开的文案真的不一般。用天猫的红对比苏宁易购的蓝，既有嘲讽又有真相，大家"其乐融融"，引发网民大量转发和围观热议。有网民表示，这边用的天猫红，那边回敬苏宁蓝，果然隔空吵架不过瘾，滚在一起才是好朋友！

推广篇

第3章 软文推广

学前提示

软文推广是网络营销方式的一种，它贯穿于网络营销的每个角落，只有先把软文推广学好了，之后的推广方式和营销方法，才不会有很大的困难！

要点展示

- 软文推广概述
- 软文的写作形式
- 软文的写作技巧
- 软文的写作实战

3.1 软文推广概述

软文推广就是由企业市场策划人员或者广告公司的文案人员，用精妙的文字撰写的"文字广告"。与硬广告相比，软文之所以叫作软文，其精妙之处就在于一个"软"字，好似化骨绵掌，外现绵柔，爆发迅猛，无形之中就嵌入人的骨子里，一发不可收拾，等你发现这是一篇软文推广之后，也不会大骂被欺骗了，只会大赞其精妙之处，其广告的最终目的，也会不知不觉地印入读者的脑海中。

软文是网络营销中最重要的推广手段，它是贯穿网络营销中所有方法（如论坛营销、新闻营销等）的一把好手，在所有营销手段里混得如鱼得水，稳住了脚跟。可见，软文推广是多么重要。

很多人向笔者反映，说不知道怎么写软文。其实写软文并没有想象中的那么难，开动脑筋，发挥奇思妙想，只要内容合理、生动、形象，就算记流水账也没人说你的不是。

3.1.1 什么是软文推广

简单直白地说，软文推广就是以文字的形式推广企业产品来促进销售。软文推广有广义的和狭义的两种。

1．广义的软文推广

广义的软文是指企业通过策划，在杂志、网络、APP、报纸、手机短信等宣传载体上刊登的可以提升企业品牌形象和知名度或可以促进企业销售的一些宣传性、阐释性文章，包括特定的新闻报道、付费短文广告、媒体访谈等。如图3-1所示。

图3-1 宣传性软文

2. 狭义的软文推广

狭义的软文推广是指企业花钱在报纸或杂志等宣传载体上刊登的纯文字性的广告，也就是所谓的付费文字广告。如图3-2所示。

图3-2 付费类广告

3.1.2 软文推广的作用

软文推广就是以文字的形式对要营销的产品进行推广，以促进产品的销售，其本质还是广告，只不过是以文章形式出现。软文不仅要为企业网站带来大量流量，还要使其具有较大的商业价值，这也是软文推广的最终目的。目前，软文推广主要有7种作用。如图3-3所示。

1. 提高品牌知名度

企业使用软文推广，通过大量的文章写作，宣传公司的形象、专业的领域、洞察用户存在的实际问题，无疑是为企业自身信誉度增加砝码。如果软文写得好，能激起读者内心的涟漪，则能非常有效地获得读者的信赖，影响读者的内心想法并有效地说服读者。

2. 导入引流

企业可以在各大网站、论坛等地方发送软文，在软文中放置企业链接，如果有人点击，那么这样的点击行为，可以为推广者的网站带来基础流量。这样的流量可能不是企业的最终目的。不可置疑的是，在网站初期发展时就开始应用软文推广来引入流量了,而且站在SEO(搜索引擎优化)的角度来看,如果网站在初期就有部分稳定的流量来源,并且网站结构和内容设置合理,排名就会慢慢升上来。

图3-3 软文推广的作用

3. 传播作者价值观

软文不同于广告,很大程度上带有个人情绪、主见、建议等看法在里面。例如,"我今天才知道减肥的正确方法",然后在文章中加入网站链接,分享给网民,这不仅可以表达自己的观点,还可以宣传产品、吸引消费者的眼球。

4. 传递口碑效应

一篇好的软文,会让网民不知不觉地拿来作为话题,这样的效果比广告要强很多。如今,社会越来越进步,产品种类越来越多,类似的也很多。软文也是如此,网络上有各式各样的软文,网民只会选择点"赞"多的、转发量高的、评论多的来阅读。

5. 带来群体效应

在一个网站看到的企业软文推广,都可以在其他网站上看到,世界各地的网民也可以看到同一篇报道。众口铄金,消费者想不相信都很难,不知不觉就在消费者心中留下了深刻印象,下次买东西,自然而然会选择该商家。

6. 树立企业形象

现在同类竞争是企业生存的最大危机。很多企业都有相同的产品和服务,消费者只能记住印象最深刻的,这个印象就要由好的软文来为企业树立一个诚信的品牌和不同的服务形象,让消费者记住,这比再多的广告效果都要好。

3.1.3 软文推广的优点

软文广告不像硬性广告一样给人乏味的感觉，软文更加贴近用户的心灵，更容易给用户灌入"心灵鸡汤"，使用户无比信赖，深陷其中不能自拔。

软文推广的优点如图3-4所示。

1	成本低
2	增强信任度
3	具有隐蔽性
4	内容丰富
5	吸引力强

图3-4 软文推广的优点

1．成本低

软文广告不像硬性广告的门槛那么高，湖南卫视黄金档《快乐大本营》插播5秒广告就要120 000元。而软文推广几乎不花一分钱，只要写得奇妙、契合、与读者产生共鸣，效果比硬性广告好很多。

2．增强信任度

对于软文来说，只要传播者能用一颗柔情真心来撰写软文，哪怕一句话、一个观点对受众有启发，受众都愿意接受，帮助你传播。

以新闻性的软文为例，在生活中新闻有权威性、真实性、客观性、容易被消费者信赖等特点，新闻性软文无疑可以产生很强的推动作用，帮助企业快速提高消售。

3．具有隐蔽性

软文不同于网络广告，没有明显的广告目的，而是将要宣传的信息嵌入文字，从侧面描述，属于渗透性传播，让受众在潜移默化中受到感染。如今网络媒体的各个角落（新闻、博客、论坛等）都充斥着商业性文章，读者可能到了最后都很难分辨哪些是软文，哪些是平常的文章。

4．内容丰富

软文文字资料丰富，表现形式多样，如论坛帖子、博客文章、网络新闻、电影、游戏等，因此，大部分的网络用户都是其潜在消费者。

5．吸引力强

软文的宗旨是吸引读者、得到读者信赖。撰写中应用极具吸引力的标题或话题来吸引网络用户，然后用细腻、具有亲和力或者诙谐、幽默的文字，以讲故事等方式打动消费者。而且文章内容应处处为消费者着想，分析消费者的内心，使读者易于接受。尤其是新闻类软文，消费者从关注新闻的角度去阅读，信任度就很容易获得提升了。

3.2 软文的写作形式

软文虽然千变万化,但万变不离其宗,企业只要掌握了软文写作的6种形式,就能在软文的世界里大放异彩,获得大片的粉丝。如图3-5所示。

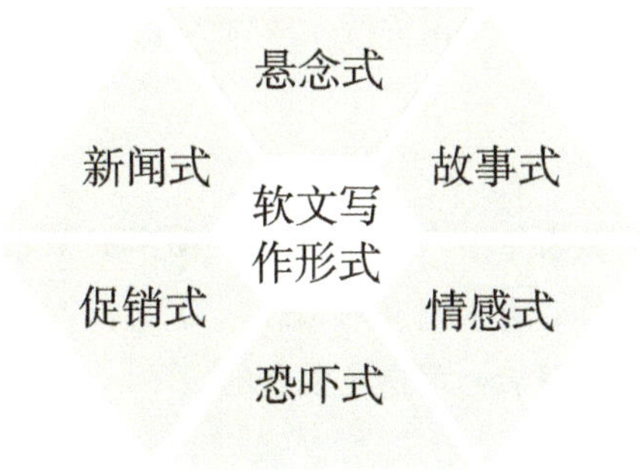

图3-5 软文写作形式

3.2.1 悬念式

悬念式广告是充分利用人们的好奇心理,先把问题设置好,让大家去猜测、关注,到一定的时候再公布答案,它属于自问自答式。例如,"你知道面膜的十大品牌吗""什么使她重获新生"等。2014年热门的悬念式广告莫过于"谁私藏了全长沙最优质的空气"。如图3-6所示。

图3-6 悬疑式广告

这个广告其实是长沙中铁·水映加州房地产商推广房子做的"悬疑式"软文广告。此广告利用空气质量问题，突出房产位于环境最优的北城，慢慢引出中铁·水映加州仅0.46的容积率、超越长沙99%的别墅、45%的绿化率等特点，适宜人们选择居住。

现在是快消费时代，阅读是一件非常需要耐性的事情，何况是阅读广告。悬念式广告或许能激发公众的好奇心，也可能在挑战公众的耐性。

3.2.2 故事式

通过讲一个完整的故事带出产品，是一个循序渐进的过程，一步步带领读者进入软文的思想，加重产品的"光环效应"，给消费者心理造成强烈的暗示，从而使销售成为必然。

而需要注意的是，故事式的软文必须具备新颖而且富有创意的标题，例如"江湖中失传多年的38条营销秘籍""印第安人的秘密""猜谜其实有那么一个传说"等。除此之外，还有一些网店用自己的品牌故事作为广告，虽然其广告呈现得很直白，但也有很多读者被那些文艺句子俘虏，例如韩都衣舍的品牌故事。如图3-7所示。

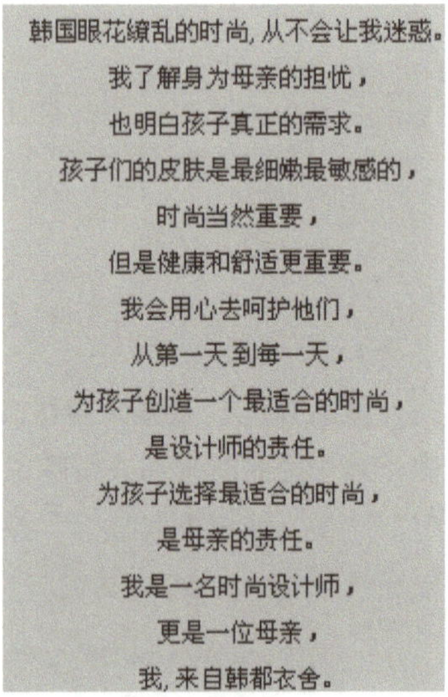

需要注意的是，讲故事不是目的，故事背后的产品线索是文章的关键。因为听故事是人类最古老的知识接受方式，所以故事的知识性、趣味性、合理性是软文成功与否的关键。

图3-7 故事式广告

3.2.3 情感式

情感式软文一直是大受传播者喜爱的方式，也是广告的一个重要媒介，软文的情感表达由于信息传递量大、针对性强，更能与人心灵相通。情感最大的特色就是容易打动人，容易走进消费者的内心，如果传播者把软文写成像给女孩子的情书那样，动之以情，就有很大可能感动对方，受到大众的青睐。

例如，"talk to her？你知道怎么跟姑娘说话了吗？"这样的标题很容易受到男性同胞的关注。其内容是先给出几个技巧，最后让读者去看"情感说""非诚勿扰"等相亲类综艺节目，增强与女孩子的交流技巧。这篇软文的伏笔就是推广"情感说"。

下面再讲一个经典案例,看看其他企业的软文写法。

"随着年龄的成长,久而久之你或许会突然被这样的一个问题问倒:你是谁?

"如果说对于这样的问题注定无解,那么心里的你总有一些正能量是为找寻真正的自己。不久前,我的前同事遇到我,半开玩笑地跟我说:'小菲,真难以相信现在这个热情活泼的人是你,先前我们都在暗地里讨论你是不是太孤傲了!'这话把我给吓到了,孤傲?要知道,我天性乐观随和、爱打闹、爱嬉戏,会不会是因为平时跟工作上的朋友太有板有眼,给他们留下了'孤傲'的印象呢?

"但这的确就是曾经的我,因为担任一些比较重要的岗位,工作量大且烦琐,上班时精神太过紧绷,下班后太过疲劳,丁点大的失误都有可能延误整个方案的执行,然后满脑子还在思考第二天的工作,导致睡眠质量特别差。只是这个认真、负责、拼命三郎的样子真的是我吗,毕竟我还是正当花儿一样的年纪。

"出于莆田电商行业的大潮势头,我加入了买买鞋的电子商务平台。刚入职时,我依然保留原来工作中的严肃,但很多伙伴用她们的热情开始慢慢地融合了我,我也慢慢地改变了自己。渐渐地,我的严肃开始瓦解,与工作伙伴亲密起来,可以在茶余饭后与同事们谈笑风生,团队协作能力也大大提高了。

"我无比喜欢现在的自己,每天无忧无虑,轻松快乐地工作,我想当内心快乐下来之后,真的会遇见一个未知的自己,而加入买买鞋的平台,他的整个团队确实让我体验到幸福原来可以如此简单!

"在买买鞋,每个人都在出发,都在寻找,每个人都在一个全新的起跑点上,在岁月的无限静好中,遇见一个无限精彩,一个不可思议的自己。"

这是一篇不算长的情感式软文,传播者以自身的工作历程为例,把"买买鞋"很贴切地融入文章,让人不觉得植入广告很突兀,至少是娓娓道来的,比较容易让读者接受。

3.2.4 恐吓式

恐吓式软文是反情感类软文的一种诉求。情感式软文表达的是美好的、温馨的情感,而恐吓式正好相反。例如,"你正走向死亡的边缘!""高

图3-8 恐吓式广告

血脂、瘫痪的前兆!""一天睡不好,等于三天衰老"等。如图3-8所示。

  切记此类软文要把握火候,不要起到相反的效果,这种方式要谨慎使用。不过,实际上恐吓式软文给消费者留下的印象会比情感式软文更深刻。

3.2.5 促销式

  促销式软文与上述几种软文的效果差不多,如"一天断货三次,厂家告急""全场包邮""新春限时抢购"等软文,通过"攀比心理""影响力效应"多种因素来促使读者产生购买欲,这种促销式的软文比比皆是。如图3-9所示。

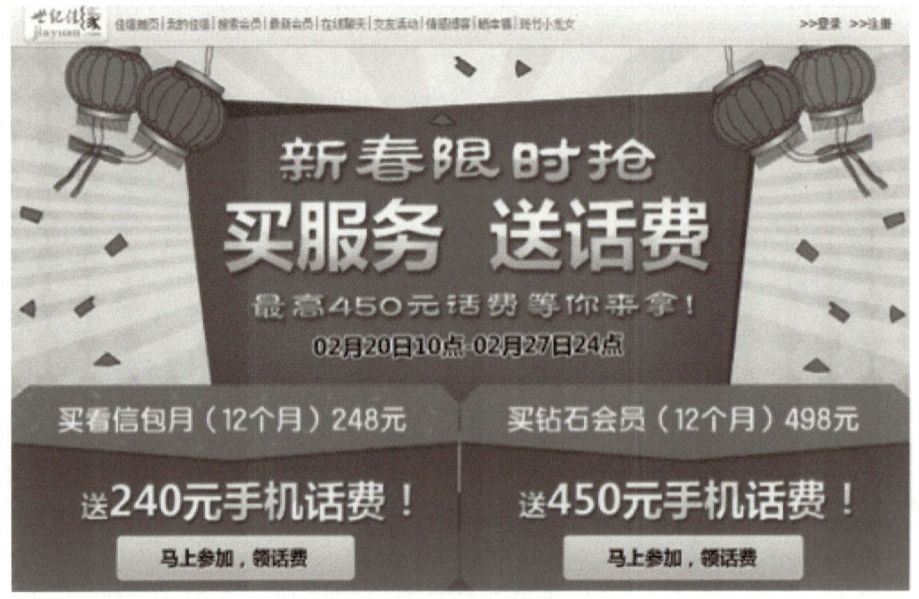

图3-9 促销式广告

3.2.6 新闻式

  新闻式软文通常模仿新闻媒体的口吻来撰写文章,给人一种权威的感觉,并不是所有的企业都被媒体新闻看重,所以,企业应以"你不来关注报道我们,我们就自己报道自己"的姿态,推出了新闻式的软文。不管企业要发布什么,都可以通过软文形式写出来,进行发布。新闻式软文具有很大的权威性,可以让读者信服文章中提到的广告内容。如图3-10所示。

图3-10 新闻式广告

3.3 软文的写作技巧

软文是一种具有伪装性的软性广告。它具有灵活多变的伪装性,以各种形式出现在读者面前。要想通过软文提升商家的知名度、美誉度,甚至促成交易的达成,就必须知道软文的写作技巧。如图3-11所示。

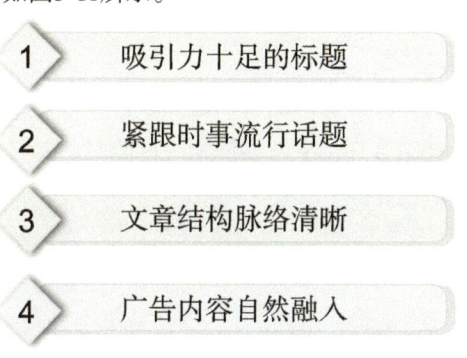

图3-11 软文的写作技巧

3.3.1 吸引力十足的标题

把软文写好的第一步就是立一个有创意、新颖、吸引力十足的标题,标题是第一时间被读者看到的文字,应该仔细斟酌。如何写软文才能吸引读者呢?由于软文标题是抓住读者第一印象的文字,例如"神秘的尼古拉",这一标题很容易让读者联想起尼古拉的神秘性,或者使读者想要知道尼古拉到底为什么神秘。由此可见,标题是否新颖是软文成功的关键点。目前,软文标题的写作技巧如图3-12所示。

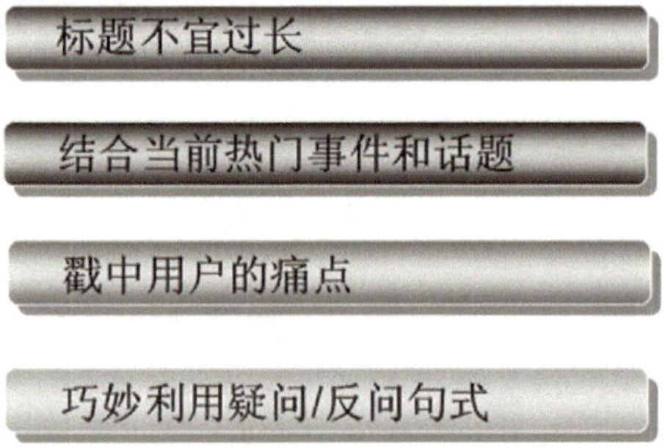

- 标题不宜过长
- 结合当前热门事件和话题
- 戳中用户的痛点
- 巧妙利用疑问/反问句式

图3-12 软文标题技巧

1. 标题不宜过长

标题一般12~15字,不要把标题弄得很长,读者不会记忆,反而还会产生厌倦心理。例如《2015年1月3日老婆带我去岳母家看到了一只美丽的天鹅》,这个标题就太长了!切记不要只记得规定字数,而忘却了标题本身的内涵了,一个好的标题一定是精而短的。

2. 结合当前热门事件和话题

在写标题时,适当结合当前的热门事件和话题,当网民在搜索这些相关话题、信息时,文章就有可能排在搜索引擎靠前的位置。不仅用户可以浏览到他们想要的信息,还会增加网站的人流量。

在写标题时,适当结合当前的热门话题和事件,会让你的文章收到意想不到的效果。切记把握好度,在结合热门事件和话题写标题时,要与内容相吻合,否则就变成了"标题党"。

专家提醒

标题党是互联网上利用各种颇具创意的标题吸引网友眼球,以达到某种目的一小撮网民的总称。其主要行为是标题写得严重夸张,而帖子内容通常与标题完全无关或联系不大。

3. 戳中用户的痛点

所谓痛点,就是网民心中的不满、愤慨和伤心处等。在营销学中有一种叫痛点营销的方法。痛点营销是指消费者在体验产品或服务过程中没有达到期望值,从而造成了心理落差，这种心理落差最终在消费者心智模式中形成负面情绪爆发，让消费者感觉到痛。

为什么在营销时要戳中用户的痛点呢？因为只要戳中用户的痛点，就会使用户心中泛起涟漪，让用户感同身受，更好地吸引用户点击。简单来说，就像一个肥胖的女生，看到任何减肥的信息都会两眼放光，不由自主地点进去看。由此可见，写标题时用点小技巧是特别容易成功的。

4. 巧妙利用疑问/反问句式

巧妙地在标题上"卖关子"，可以引起读者的好奇心，让人回味，激发其阅读欲望。结合网络热点来设置悬念是比较常用的做法。例如"'睢'怎么读？Huai？Ju？Sun？都错，是sui！"这一广告刊登后，立即引起热议。

广告作为一种宣传手段，采用"悬疑"方式出现未尝不可。这种新颖的广告也许能加深对"睢"字的认识和理解，说不定对招商有一定好处。不过，如此"悬疑广告"，仍然值得一"疑"。**标题在一开始设置了悬念，必然激发阅读的欲望，从而点击进去，在起标题时，要尽所能地考虑到用户的习惯。**

3.3.2 紧跟时事流行话题

在写软文时，要想与网民拉近关系，就要紧跟时事流行话题，利用时事吸引读者的阅读。自从网友恶搞"duang"之后，各大网站、报纸媒体都有"duang"的存在，搜索引擎的搜索量随即增加，所以谁最先抓住时事热点，谁就成功了。

时事热点顾名思义就是，那些具有时效性、最新鲜、最热门的新闻。例如，"我是歌手"第三季"孙楠称退赛问心无愧很坦荡"的事件，可以拿来作为软文的题材。流行词也一样，如近期较多人使用的"造吗""我只想做个安静的美男子"等，都能够捕捉到用户的心理，引起用户关注。

3.3.3 文章结构脉络清晰

文章的写作不可马虎，需要做到最基本的上下连贯，最好在每个话题上标注小标题，从而突出文章的重点，让人一目了然。

一篇连写作思路都比较凌乱的文章，容易让读者阅读困难、思路混乱，会给人以不权威的感觉。为了达到软文营销的目的，软文一定要条理清晰，切不可过早植入广告，否则会使读者产生厌恶感。

在创作软文时都会使用到一些写作结构，就好像写作文一样。软文写作结构目前常用的有3种。如图3-13所示。

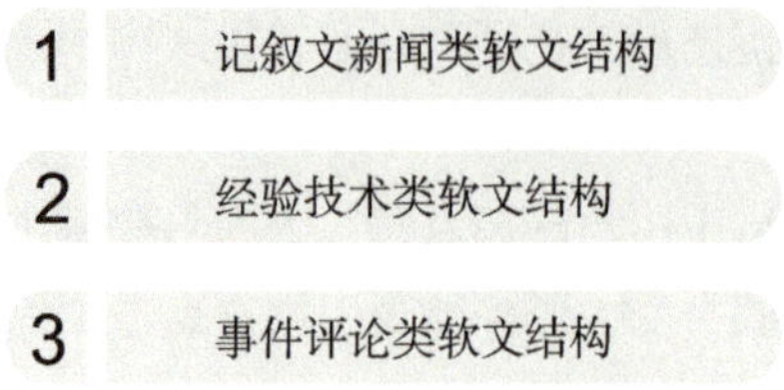

1	记叙文新闻类软文结构
2	经验技术类软文结构
3	事件评论类软文结构

图3-13 软文写作结构

1. 记叙文新闻类软文结构

记叙文新闻类软文一般是企业进行宣传、品牌活动等传播使用的结构,文章中没有太多的修辞,比较直白,广告成分很明显。这类软文常出现在网络媒体的频道中,如新浪科技、腾讯等。

这类软文使用的案例比较多,利用一些夸张手法来推广企业。这样的软文适合于对互联网比较了解,而且文笔较好的软文写手。

2. 经验技术类软文结构

经验技术类软文比较常见。互联网在不断变化,对应的事件也时常发生,评论类型结构自由,对事件发表自己的看法,这类评论在各个领域都比较常见。

3. 事件评论类软文结构

事件评论类软文是软文写手将自己的精通技术、经验,通过文章的形式进行分享,常用的结构与平常写作文差不多(总—分—总、总—分、分—总)。在写这类软文之前需要不断积累经验并总结。这类文章的好处在于目标用户比较集中,容易传播,但要注意从实际出发,切勿虚构欺骗。

3.3.4 广告内容自然融入

在软文中能自然植入广告内容是一件不容易的事情,这需要软文写手费尽脑筋,使读者读起来看不出广告的痕迹,而且还受益匪浅,认为你的文章为他们提供了不少帮助,那么文章就成功了。

在写软文之前就要想好广告的内容、目的。如果软文的写作能力不是很强的话,最好把软文放在开头第二段,使读者被第一段吸引之后掉进软文的陷阱。如果有高超的写作技巧,软文的广告可以放在最后,只要文章内容吸引人,读者就一定会看到最后。

3.4 软文的实战发布

笔者的很多朋友经常抱怨，把软文写好了，也不见成效。为什么会出现这些问题呢？其实很简单，他们选错了投放的地点，如一篇情感类的软文却投放到了政治板块中，那怎么会有人注意，又怎么会带来流量？笔者总结了4种软文发布平台。如图3-14显示。

1. 问答软文发布
2. 新闻软文发布
3. 论坛软文发布
4. 微博软文发布

图3-14 软文发布平台

3.4.1 问答软文发布

问答软文发布既能与潜在消费者互动，又能植入商家广告。**问答软文发布遵守问答站点（百度、搜狗、天涯等）的发问或回答规则，然后巧妙地运用绿色软文，让自己的产品口碑、服务口碑植入问答中，达到很好的传播效应。**

问答软文发布也是推广外链的一个好方法，一般采用自问自答的方法，在问答平台上答复问题时加上外链会显得更加真实有理。如图3-15所示。需要注意的是，企业在答复别人问题时不要出现文不对题的状况，不要掺杂敏感言语和违法信息，否则不能通过审核。

企业在回复问题时，不但可以发外链，还可以直接在最后放置电话号码、微信、QQ等联系方式。

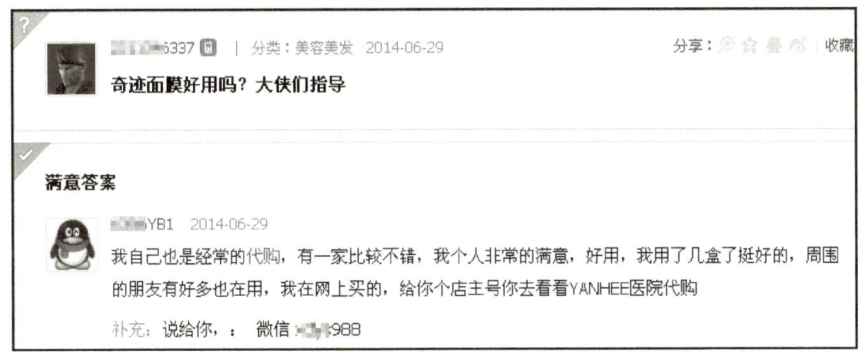

图3-15 自问自答型问答软文

3.4.2 新闻软文发布

新闻软文发布是在一些新闻类网站上发布信息（新浪、腾讯等），它通过新闻的

形式和手法，多角度、多层面地诠释企业文化、品牌内涵、产品机理，传播行业资讯，引领消费时尚，指导购买决策，在网络营销中综合运用新闻报道传播手段，是创造最佳传播的"一把好手"。

3月8日，有一篇新闻很火，其标题是"安徽'土豪'小夫妻互送玛莎拉蒂庆祝三八节"。这一篇以"土豪"夫妻互送豪车为背景，其目的是推广合肥某一奢侈品牌汽车3S店。据网上统计，超过500个大中型网站（腾讯网、新浪网、搜狐网、环球网、人民网等）转载了这篇软文。如图3-16所示。

为什么这篇软文会受到这么多网站追捧呢？那是因为它抓住了时机，利用节日气氛，最重要的是内容吸引人。各网站的编辑对有吸引力的新闻是非常迫切的，为了让网站存活下去，引入大量的流量，编辑只要碰到能吸引大众眼球的新闻，不论是策划的软文，还是真实的新闻，他们都会拿到网站上来。

由此可见，只要软文策划出劲爆、吸引大众眼球、挑战大众神经的话题，将软文发布到几个具有一定流量和知名度的媒体上，最好报纸、网站都有，让文章进入网络编辑的视线里，软文就自然而然地由编辑免费推广起来。

> **专家提醒**
>
> 新闻软文发布模式非常有利于引导市场消费，在较短时间内快速提升产品的知名度，塑造品牌的美誉度和公信力。

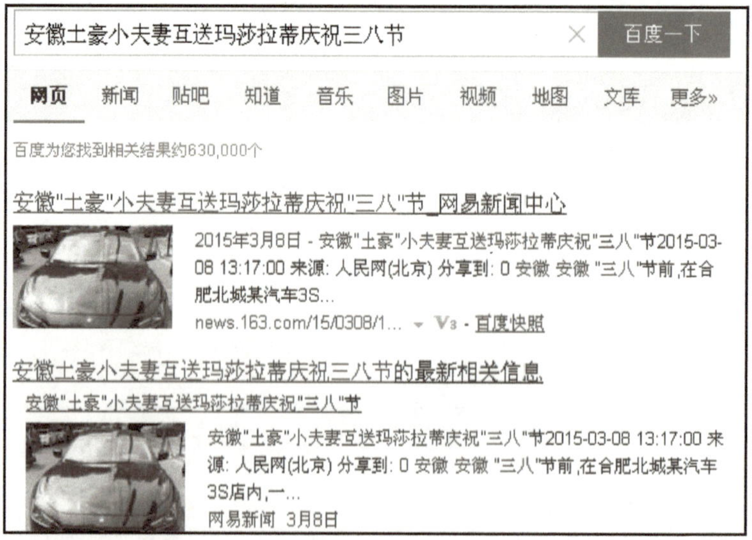

图3-16 新闻软文

3.4.3 论坛软文发布

论坛软文发布就是利用论坛，通过文字、图片、视频等绿色软文方式发布企业的产品和服务的信息，达到宣传企业的品牌、增加企业消费者等目的。

笔者总结了在论坛上发布软文的几点注意事项。如图3-17所示。

图3-17 论坛软文发布注意事项

1. 选择适合的版块

每个论坛都会区分版块，如情感版块、文学版块、医疗版块等，企业可以把软文放到相应的版块中，那样才有针对性，避免被删帖。

2. 选择高权重论坛平台

一定要选择高权重、收录快的论坛平台，这样在推广中才能收到很好的效果，不仅能够提高工作效率，而且能起到事半功倍的效果。

3. 不要发垃圾信息

在论坛推广中切勿求功心切，利用平台大量发布垃圾信息，导致被删除或者ID拉黑！

4. 注册多个账号

企业在每个论坛上最少要注册5个不同的账号，账号名称不要用没有意义的数字或者英文字母，最好特殊一些，以吸引网民眼球，不会被认为是来混水摸鱼的，每个账号要上传不同的头像和签名。

5. 提高文章质量

企业可以经常性地发布高质量的文章，自己成为论坛达人或是版主，利用个人的影响力能更好地推广自己的网站。

6. 提高关键词排名

提高关键词的排名，在内容里带有想要优化的关键词，并把这个关键词设置成锚文本，这样有利于优化网站关键词。

 专家提醒

锚文本又称锚文本链接，类似于超链接，是链接的一种形式。超链接的代码是锚文本，把关键词做成一个链接，指向其他网页，这种形式的链接就叫作锚文本。

7. 软文标题标新立异

在论坛中软文标题关系到软文的点击量，标题有新意，才能吸引网民点击观看，如"瘦就是美，给管不住嘴的胖子""duang！钱就这么飞来了！"等。吸引眼球的标题，是软文成功的基础。

8. 软文内容

笔者认为，撰写软文不要一心植入广告元素。在软文中插入无数个广告信息，网友一看就是软文，不会有人继续看下去，回帖则是一片讨伐之声，费力不讨好。相反，先满足网友的好奇心，在与网友互动的时候可以适当发联系方式。总之能给消费者带来实质内容的软文，才是有生命力的软文。

软文内容决定软文的生命力。倘若软文能引起读者的共鸣，绝对有事半功倍的效果。在很多时候，撰写软文时要抛开打广告的念头，只有实实在在从消费者的角度出发，解决他们的需求，软文才会在众多的帖子中脱颖而出。

 专家提醒

根据网上的数据，得出我国论坛平台前九强为天涯社区、百度贴吧、猫扑社区、凤凰论坛、搜狐论坛、网易论坛、凯迪社区、新浪论坛、中华网论坛。

3.4.4 微博软文发布

微博是一种热门的网络营销方式，通过每天的微博软文发布更新的内容就可以与大家交流，或者有大家感兴趣的话题，达到微博绿色软文营销的目的。其没有门槛，每一个人都可以在新浪、腾讯、网易等注册一个微博，发布信息，与网民互动，取得关注度。

　　例如，"凡客体"曾在微博上疯传，引发众多微博争相效仿和恶搞。起初，这只是个常规广告，挂在很多城市的公交车站牌上，韩寒、王珞丹作为"凡客诚品"（VANCL）的形象代言人，以80后的个性、调侃口吻为VANCL站台。如图3-18所示。但没有想到的是，这则广告却以网民"再创作"的形式疯狂传播。

图3-18 韩寒为凡客诚品代言

　　几乎一夜之间，整个微博都在用凡客体作为标签，网民互相之间发送凡客体名片也成为了一种时尚，而这种微博群体的集中推广和恶搞，使寂寞了很久的网民找到了发泄口，从而使凡客也成为了微博上一时间最响亮的名字。如图3-19所示。

图3-19 网民恶搞版"凡客体"

凡客体的成功就在于，它直接让品牌名称变成网民所乐于接受并传播的一种网络现象，而不是用单个产品直白的宣传。网民知道了凡客体，就会想要了解凡客，而凡客诚品的服装定位恰好是网民最容易接受的心理价位，用最亲民的方式来引爆网民的探知欲。

同时凡客诚品一直在强调的个性化服饰和品牌美誉度与网民的恶搞有了天然且高度的契合性，让一次本来很短暂的营销，在最短的时间内发挥了最大的品牌效果。

由此可见，在微博中不要太过直白地推广产品，要利用创新吸引网民的眼球，使网民不自觉地为企业宣传产品。笔者总结了在微博中发布信息获得品牌力度的9个技巧。如图3-20所示。

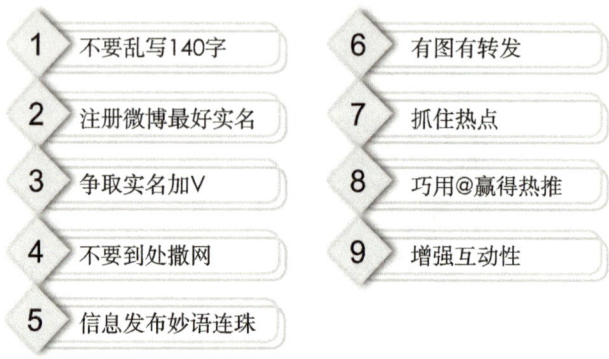

图3-20 微博软文写作技巧

1. 不要乱写140字

微博规定一条只能发140个字，有些企业为了充分利用140个字，就随便乱凑字，那是无法引起网民注意的。企业要想丰富表达的内容，加入相应的网页链接、视频、图片、音乐，图文并茂，声画一体，就可以很好地接近读者。

2. 注册微博最好实名

无论是个人，还是企业开设微博，最好都使用实名，这让所有到过你微博看过你发言的人，对你有基本的信任感。

因此，在个人微博在注册时，尽量用真人头像、真实的人名，这样网民才能感觉到你的真诚。大多数微博的案例中，微博账号都是有人名、有照片的。企业微博则尽可能使用企业LOGO和企业最为人们熟悉的名称，4个字以内为佳，如戴尔、凡客诚品等。

在实名制的基础下，无论是企业还是个人，开设微博都应尽可能提供最准确的资料，便于网民搜索，也能让个人资料更加令人信服。

3. 争取实名加V

争取实名加V可以防止假冒伪劣，不用担心有人冒用你或企业的名头在微博上胡说八道，甚至招摇撞骗。特别是对于企业来说，认证后，发布的产品或活动信息就有了公信力，别人才会敢于和乐于参与，且微博认证的门槛并不算太高。

4. 不要到处撒网

很多人开微博就如同开博客、注册论坛一样，到处撒网，只要有微博就注册，这样比较混乱，不好与网民互动，很有可能"得了西瓜丢了芝麻"。

建议在腾讯和新浪开设微博为宜，腾讯微博可以打通草根阶层的营销，新浪微博则可在精英层面以及各类媒体做好精准营销和推广，大多数相关信息的采集都是来自新浪微博，甚至可以让自己的信息由微博辐射到传统媒体。

 专家提醒

根据网络数据，得出当前主流微博网站有：新浪微博、腾讯微博、网易微博、搜狐微博、人民微博、凤凰网、做啥网、嘀咕网、同学网。

5. 信息发布妙语连珠

企业微博发布的信息如果太企业化，则很容易被看作是广告，会被选择性无视。但如果不发布企业的信息，又怎么能达到推广的目的呢？

从原则上来说，发布企业微博就是单向地把企业的内容（如企业新品发布、企业新闻等）告知给网民，以达到扩大宣传范围、提高知名度的效果。要保证这些信息有阅读价值，多发一些有趣、有特色的信息，才会得到转载，并提高企业的关注度。

在国外，一家名为52teas的茶叶公司用Twitter这种特殊且非常有趣的方式提供茶。在微博上，他们每周给茶消费者各种建议、谈论茶经等，一周之后，它的手工茶叶销售量翻了一番。

可见，微博软文可以巧妙地增强品牌名声。其实微博无论对个人也好，对企业也罢，关键就在于增强品牌力，而不是贩卖单个的产品或文章。如果信息太官方，对其他用户没有实用价值，肯定没人理睬。无论多有名的企业或个人，都应该通过微博和网民拉近关系，说点轻松幽默的话，创新，才能影响到品牌的推广力度。

6. 有图有转发

在微博上，一分钟会有数以万计的内容发出来，如果企业发一篇纯文字的微博，一定没有人去看，企业应该附上和文字相关的图片，让微博变成图片新闻，有图的微博转发率更高一些。

据统计，网民在一个小时之内，有图片的微博平均转发量为15次，而没有图片的微博平均转发量不过7次，相差一倍左右。切记图片不能滥用，图片在大多数情况下是起到画龙点睛的作用，因此图片一定要和文字契合。

此外，现在微博上大多支持视频、音乐等，图、文、视频、音乐，微博完全可以不扮演黑板报，而扮演多媒体。

7. 抓住热点

微博上网民讨论最多的就是热门话题，企业可以在软文中加入"#热门话题#"，积极参与到这些热门话题讨论之中。如图3-21所示。

图3-21 "#热门话题#"实例

这些热门话题，有成百上千的微博用户订阅，参与之后，你的言论就会展现在那些订阅用户面前，他们有可能关注你或转发你的微博，传播效率就比只面对自己的粉丝要高出许多。

8. 巧用@赢得热推

企业可以在微博中巧用@，但不要滥用，如果企业在某个领域有一定的知名度，那么可以@知名媒体、@知名明星。例如，行业名人微博或企业微博，在有一定影响力的前提下，这些媒体或名人会考虑回复你的内容，从而借助他们的粉丝扩大自己的影响力。如图3-22所示。

但大多数微博用户是不具备这个条件的，普通微博用户可以选择@以下对象。

- 互粉的听众。
- 平时经常转发你微博的朋友。

- 粉丝中被关注人数最多的几位。

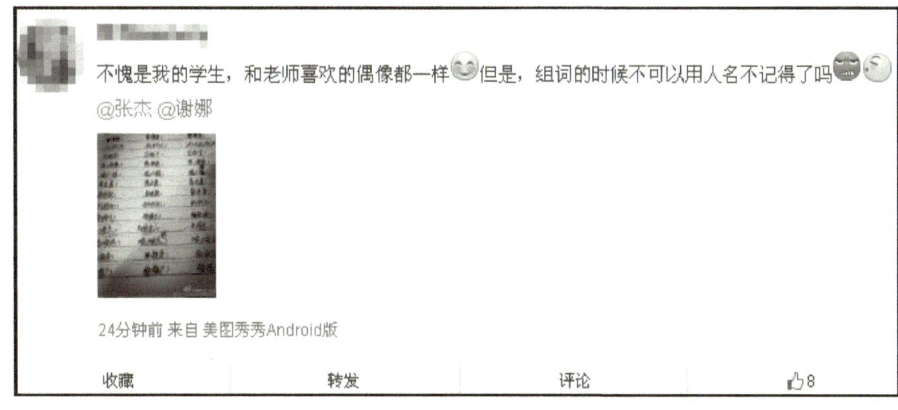

图3-22 "@名人"实例

9. 增强互动性

企业应发布一些具有娱乐性和分享价值的信息,组织一些让用户感兴趣的话题,并积极参与回复讨论微博,一定要注重与微博用户的互动性,不能唱"独角戏",在发布企业广告、产品信息时,要站在用户的角度考虑。

企业千万别和自己的粉丝拉开一道天然的鸿沟,要不断地与粉丝交流,让粉丝对企业没有那么强的戒备之心,这样企业微博就算成功了。

微博作为一种全新的互联网传播载体,应长时间潜心积累和耕耘,实现微博传播从量变到质变,只有达到六度空间理论的口碑,才是微博营销成败的关键。

图3-23 六度空间理论

> **专家提醒**
>
> 六度空间理论是一个数学领域的猜想,名为Six Degrees of Separation,中文翻译是六度分割理论或小世界理论等,如图3-23所示。理论指出:你和任何一个陌生人之间所间隔的人不会超过六个,也就是说,最多通过6个中间人,你就能够认识任何一个陌生人。

第 4 章 论坛推广

学前提示

论坛推广是指针对某类指定论坛进行系统营销宣传和长期内部渗透,包括发帖、顶贴、互动等方式,并且打造自己的论坛圈子和人气。

要点展示

- 什么是论坛推广及其特点
- 论坛推广操作步骤
- 论坛推广实战技巧

4.1 论坛推广概述

论坛推广就是企业利用论坛这种网络交流平台，通过文字、图片、视频等方式发布企业产品和服务的信息，从而让更多的潜在客户了解企业的产品和服务，最终达到宣传企业品牌、加深市场认知度的网络营销活动。

4.1.1 什么是论坛推广

论坛又叫电子公告板，简称BBS（全称为bulletin board system或者bulletin board service），是Internet上的一种电子信息服务系统。它提供一块公共电子白板，每个用户都可以在上面书写、发布信息或提出看法、讨论、聊天等。

论坛推广也称发帖推广，是指以文字、图片、视频等形式，在论坛、社区、贴吧等网络交流平台上发布帖子进行推广，以提升品牌口碑、美誉度、用户数量等。

4.1.2 论坛推广的特点

网络营销的方法有很多种，其中论坛推广资历最老，效果也是极佳的，但有很多企业认为它是最简单、最老的推广手法，不值一提。诚然，论坛推广是伴随着互联网成长起来的最早的网络推广手法之一，以易上手、实用性强一直沿用至今，但由于论坛推广比较耗费精力，而且需要一定的软文功底，这让不少企业头痛不已。那么为什么还会选择论坛推广呢？笔者总结了5点论坛推广的特点。如图4-1所示。

1. 增加品牌曝光率，提升知名度
2. 投入少，见效快，操作较简单
3. 适用范围广
4. 更易形成利润的转化
5. 针对性强

图4-1 论坛推广的特点

1. 增加品牌曝光率，提升知名度

一些知名的论坛有不少注册用户，如果企业能在论坛上把广告贴炒成热帖，引发网民的热烈回复与关注，即使不能马上在论坛上促成购买，也可以大大提升企业品牌曝光率，树立企业网站、企业品牌的光辉形象。光辉的形象在现在这个信任度不支的时候是非常重要的，通过网民的传播，会为企业提升不小的知名度。

2. 投入少，见效快，操作较简单

论坛推广几乎不需要成本，从注册到发帖都是免费的。关键还是在于写作功底和软文质量，如果能在天涯、贴吧、猫扑等大型论坛炒红一篇帖子，就能引起其他平台大量的转载，推广效果会从几十倍扩大成几百万倍。**论坛推广操作非常简单，只要需要发帖、顶贴、回复。**

3. 适用范围广

不管是什么样的产品，大部分企业都会利用论坛推广，几乎都选择热门论坛，在其中找到目标用户集中的论坛版块发布信息。很多人以为只适合在电子商务类的论坛推广，其实并不是，其他类型的论坛如果能正确使用一些方法进行推广，也会有比较好的效果。

随着论坛推广的火热，为了帮助企业快速提升企业形象，一些论坛营销推广平台辅助软件相继出现了，如论坛自动回复软件、网络营销软件等。

4. 更易形成利润的转化

现在很多人都不喜欢看广告，一见广告立马调头就走。为了避免出现这种情况，企业只要在论坛里发挥一些创意，让广告不那么直白，就能让产品宣传有一定的深度，容易激起消费者的认同，在心理上引起共鸣，从而采取购买行动。

论坛作为一个人流量比较庞大的网络平台，汇聚了世界各地的眼光，只要企业的帖子能让网民积极参与，那么利润转化都是简简单单的事了。

5. 针对性强

论坛推广可以作为普遍宣传活动手段使用，也可以针对特定目标组织特殊人群进行重点宣传。 因为论坛中有很多分类，比如可以在数码版块放置电子产品，在女性版块推销减肥产品等，每一个版块都有特定的人群，企业只要把软文放置在正确的版块中，目标人群就很容易获取了。

专家提醒

很多企业都恨不得把软文放到所有的论坛上推广，这样既费时间，又没效果，企业应该"去其糟粕取其精华"。在"论坛大全"中，我国论坛前10名如下。

- 百度贴吧：全球最大的中文社区，它的热门程度是不需要质疑的。

- 新浪论坛：新浪是我国四大综合门户网站之首，它的人气众所周知。
- 搜狐社区：与新浪差不多，四大门户网站之一。
- 天涯社区：许多爆炸性新闻的源头。
- 腾讯QQ论坛：QQ的用户有多少，就可想而知QQ论坛的狂热度。

4.2 论坛推广的操作方法

我们之前学习了什么是论坛推广和相关的理论知识，可是初学者在自己动手操作的时候却往往不知从何下手。下面带领大家一起进行论坛推广实践。

4.2.1 筛选人气论坛

论坛的人气是决定帖子能不能火起来的首要因素。文章写得再精采，如果放在一个网民少的论坛上，就算是最显眼的位置也没有多少人去看。

那么如何筛选人气论坛呢？可以通过网上一些数据侧面了解哪些论坛比较好，或者可以通过百度、搜狗等搜索引擎了解。不同的文章主题选择的论坛或论坛版块是不同的，把卖衣服的文章发到豆瓣论坛，就没人看了，而放在百度贴吧里的买衣服吧板块就合适了。可利用"站长之家"做一个筛选表格，在"站长工具"里查询论坛的百度权重、ALEXA排名、站链接、PR、建站时间、反链数等。如表4-1所示。

表4-1 人气论坛横向PK表

论坛名称	百度权重指数	ALEXA排名	站内链接数	PR值	建站时间	反链数
天涯	9	全球综合排名：64 中文排名：12	814	6	2003.03.17	2432
猫扑	6	全球综合排名：5414 中文排名：458	321	7	1999.09.18	6736

由表4-1可对比出天涯论坛比猫扑论坛的人气要稍微高一些。企业可以自己做一个人气论坛横向PK表来选择几个人气高的论坛。切记投放软文的论坛不要太多，量力而行，根据自身的能力来选择。用户群要精准，选择合适的地点投放，避免做"无用功"。

4.2.2 注册论坛账号

现在很多论坛都采用QQ、微信、微博一键登录，当然也有原始的注册登录方法。 企业在做论坛推广之前，首要任务是多注册几个账号，这些账号可以为以后暖贴、顶贴做基础。

下面以注册新浪论坛为例，介绍如何注册论坛账号。

（1）在百度搜索关键词"新浪论坛"，找到新浪论坛官网并点击进去。如图4-2所示。

图4-2 找到新浪论坛官网并点击进去

（2）找到新浪首页上的"登录"，将鼠标指针移到上面，弹出一个框，找到"立即注册"并点击。不管新浪论坛账号有多少个，只要记住"多多益善"的原则，这样便于"顶"帖子，如图4-3所示。除此之外还可以利用扫二维码、新浪微博、博客、邮箱账号直接登录。

图4-3 点击立即注册

(3) 点击邮箱注册，按照要求一步步填写注册信息，如图4-4所示。如果邮箱不够，可以在163邮箱、126邮箱、新浪邮箱等E-mail网站多注册几个，它们的注册门槛不高，利用注册邮箱连续注册多个都没有问题。笔者不建议用手机注册，因为局限性太大，手机注册账号的多少是凭借手机号码的多少，不太方便。

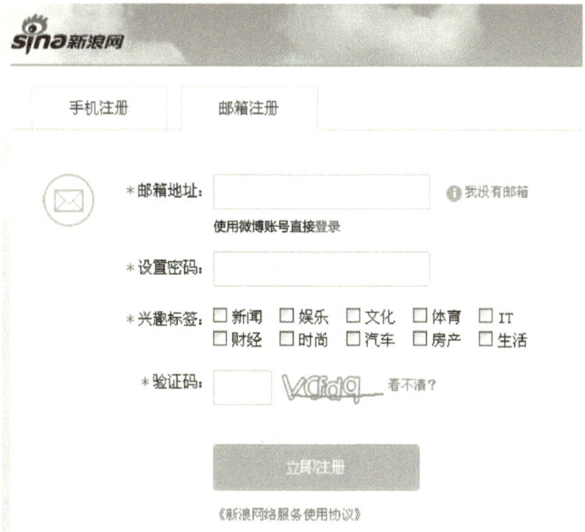

图4-4 填入注册信息

(4) 到填写的注册邮箱验证账号信息，如图4-5所示。进入自己的邮箱后点击新浪发的链接，如图4-6所示。点击链接之后，页面跳转到新浪通行证，表明注册完成，接下来完善资料。如图4-7所示。

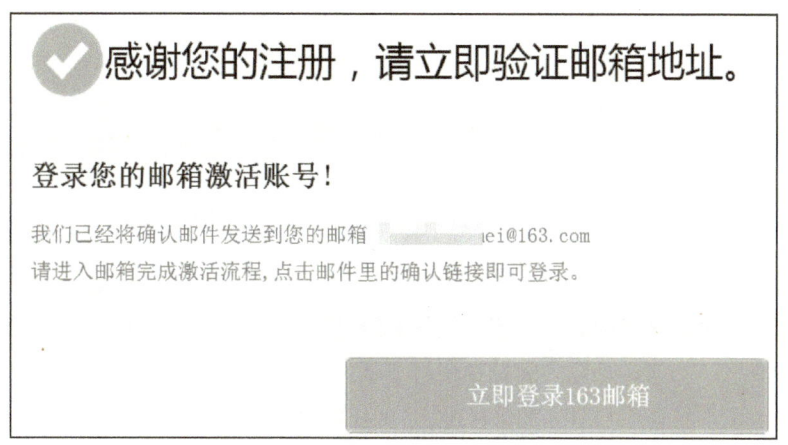

图4-5 登录邮箱验证注册信息

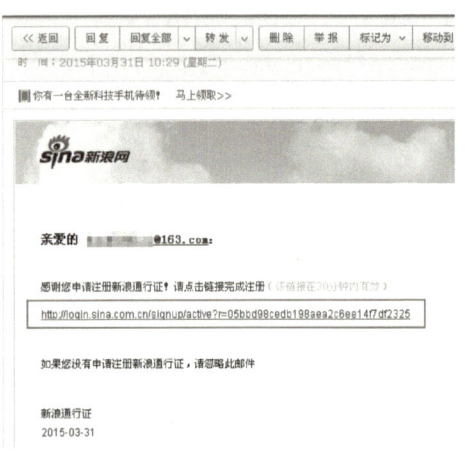
图4-6 点击认证链接

图4-7 注册完成

4.2.3 论坛个性签名

论坛个性签名是指用户在帖子底部显示的文字、图像、链接，可以发挥想象力，在签名处放置自己喜欢的文字、图片作为自己的签名。论坛个性签名可以用来彰显个性，吸引用户的注意，也可以放置外链，链接到自己的网站，以免费推广自己的网站和产品。

论坛签名一般有文本签名档、图片签名档、链接签名档3种模式。如图4-8所示。

图4-8 论坛签名模式

1. 文本签名档

文本签名档是指直接用文字写成的签名，可以把它写得幽默风趣、浪漫文艺、情感丰富、恶搞、诗情画意等。如"我只是静默地在冒泡""两情若是久长时，又岂在朝朝暮暮""八戒，别以为你站在路灯下就是夜明猪了"这些带有个性的文本，会或多或少地增加其他用户对你的关注度。

2. 图片签名档

图片签名档顾名思义，就是用图片做个性签名，还可以加文字标题。如今是个快节奏的时代,很多人都不愿意花费时间在一堆文字上,而图片更容易接受,图片做得恶搞、可爱、漂亮一些,可以更容易抓住网民的眼球。

例如宣传一个起司蛋糕,"起司蛋糕甜蜜在心口难开"这种只用文字描述一下,肯定不会有很多人注意,而用图片签名档就不一样了,把拍得很有食欲的蛋糕图片再放到网上,喜欢美食的网民绝不会放过看上去感觉要口水直流的美味蛋糕,从而吸引网民的注意力。如图4-9所示。

图4-9 图片签名档

3. 链接签名档

链接签名档顾名思义,就是在签名档处可以放置链接,这种签名档要注意描述的措辞,用一些幽默的词汇描述链接的去处,指引网民点击。注意不要太过于露骨,不然适得其反。

对于链接签名档,每个论坛根据用户级别不同有功能限制,有的论坛用户的等级和积分不够是暂时无法设置的,如果出现"Discuz! 代码禁用" "[img] 代码禁用"这样的提示,则说明你的等级比较小。遇到不能设置的情况,就只能放弃链接签名档,等到了级别够了再设置也无妨。

当账号达到了一定的等级时,就可以在签名中使用编辑器放置链接了,有些论坛的签名处没有使用超链接的符号,可以直接添加锚文本或者超链接,这时需要了解一些基本的签名代码。

设置好签名之后,使用时注意如图4-10所示的3个方面,才能使论坛链接更有效果。

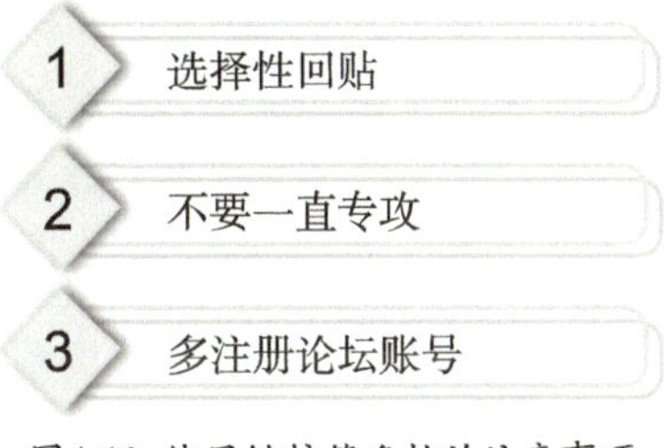

（1）选择性回帖

不要什么帖都回复,应该选一些人气高的、比较有特点的帖子回复,这样既不浪费时间,又可以获得一定的效果。

图4-10 使用链接签名档的注意事项

- 置顶帖:置顶的帖一般容易火。只要看到这样的帖,就立马抢先回帖,最好抢在第一页,因为第一页的权重比较高,也比较容易被收录。
- 版主帖:管理员、版主一般也会经常在论坛中,除了删除一些不符合论坛规定的帖之外,他们偶尔也会发一些主题帖与网民互动。看到这样的帖子,二话不说抢先回答，因为这样的帖不可能被删，并且绝对有用。
- 节日帖：一般到了节假日前几天，论坛里肯定会有动静，可以发布感情交流帖说说自己的感受，或者说说假期准备怎么过之类的话题，届时带上链接签名档参与讨论，也是个不错的选择。
- 技术帖：发布技术贴的版主一般都是在网站上有一定地位的网民，并且也有很多技术上的经验。可以带上自己的链接签名，向版主求教、互动，也能积累很多的经验和吸引力。

（2）不要一直专攻

企业都希望发出去的链接长久地不被删除，而论坛链接签名只具有短期的效果，见效虽快但掉得也很快，这就增加了工作量，必须无时无刻不在论坛里回帖、选帖，所以短期外链在人员充足的情况才能有成效。考虑人员和成本，尽量也做些其他的外链方法，不要专攻论坛链接签名档，可以同时做一些长期的外链方法，如博客、空间，以及权重高的百度知道等，这些长期外链会节省很多工作量。

（3）多注册论坛账号

在很多论坛里，只要一改签名，以前所有做外链帖签名的地方也会随之改变。为此可以先找10个不同的论坛，每个论坛都申请同样的账号，签名的地方都空着，然后每天到这10个论坛中发帖或者回帖，过一段时间，等觉得帖子数量多的时候，就可以统一修改自己的论坛链接签名，从而轻而易举地收获到很多个外链。

专家提醒

几种基本的签名代码如下。
- 加入简单的超级链接：[url]网站链接[/url]。
- 加入带有说明的超级链接：[url=网站链接]网站名称[/url]。
- 下载地址和说明：[download=http://www.bbs.com/2.zip]下载[/download]。
- 加入带有说明的电子邮件：[email]blue_dream@netease.com[/email]。

4.2.4 论坛新人报道

新注册的账号先到新人区发一篇帖子报道一下。不同论坛对新人的发帖是有限制的，有的一天内限发一篇，有的积分不够需要赚取积分才能发帖，具体得看该论坛操作提示。例如，"百度贴吧"中的"新人吧"是专门给刚注册的新人发帖子的地方，新人们可以互粉、互相学习，就算广告意图非常明显，也不会有人太多追究。如图4-11所示。

图4-11 百度"新人吧"

4.2.5 帖子软文撰写

发帖是论坛推广的重中之重,帖子是维持论坛活力不可缺少的活动,逛论坛看帖子已成了网上浏览的重要组成部分,因此只有帖子写得好,才能吸引网民阅读、回帖,甚至是转发。

软文经常被比喻为一个网站的血液,想要在论坛上推广,就得发帖子软文。在这个眼球经济的时代,网民就是企业决定在论坛上炒作软文帖子的重要因素。如何把软文帖子写得有吸引力呢?笔者总结了4种方法。如图4-12所示。

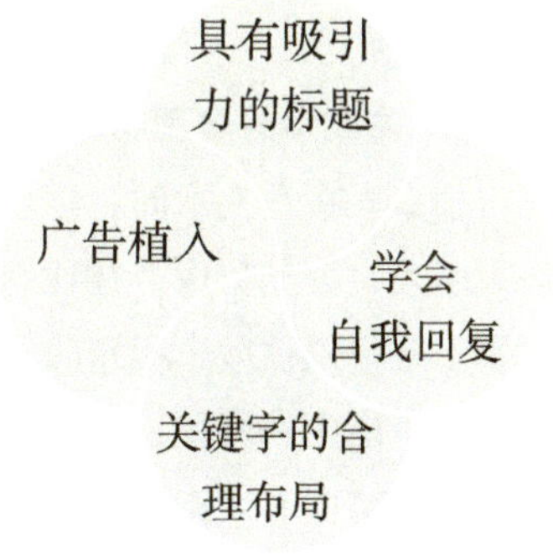

图4-12 软文帖子写作方法

1. 具有吸引力的标题

如今是一个快节奏的时代,大部分网民上网的初衷就是在互联网上寻求放松,不可能花费大量的时间在互联网这个海量资讯媒体上把所有的文章都看完。网民对信息新奇度的辨别率非常高,只有足够吸引眼球的标题,才能换来网民的高点击率。

例如,某品牌面膜产品活动营销在进行帖子炒作过程中,帖子标题由"史上最有效的面膜"改为"面膜使用方法,你知道吗""你还在用面膜杀手吗"后,点击率由每天400多飚升至每天8 000多。可见,标题措辞很重要。

在选择标题的时候,应当忘记自己推广产品的身份,而用在网上逗留的网民思想来选择标题。笔者总结了以下写标题的注意事项。

- 标题要紧扣文章内容。

- 抓住浏览者的心理。
- 注意标题中所含的数字和字母最好使用半角字符。
- 标题中尽可能不使用英文。
- 标题中尽可能省略标点符号。
- 不做标题党，切忌文不对题。
- 标题中不得出现论坛内的敏感词汇。

2. 学会自我回复

在论坛里有些帖子会出现高点击低回复的情况，这样的帖子很容易沉底，没有多大的用处。发帖者要学会自己回帖，利用自己的其他账号，在不同IP地址的情况下，给自己的帖子回复不同的内容。要知道自助者天助，只要不露出太多的马脚，不要让每个账号回复的评论语气都是一个感觉，就差不多可以让自己的帖子暖起来，从而得到人流量，吸引网民大片"围观"。当然这是在账号足够多的情况下，才能获得这种效果。如果没有多个账号，在自己暖帖的过程中就会无法正常运作，只能放弃论坛推广了。

3. 关键字的合理布局

很多人在写文章时，随着灵感的到来，进入创作的自然流露状态，只注重软文如何吸引人，一气呵成，往往忽略了关键字的密度分布，就算软文写得再好，没有几个关键字是很难被搜索引擎收录的，就算收录了，也只会与靠前位置无缘。发帖者不能只守着论坛中的网民，应该扩大阅读人数，这可以利用搜索引擎来实现，只要关键字被搜索引擎抓取，阅读人数就会越来越多。

有人说过，一篇好的软文，不是用华丽的辞藻堆砌而成的，而是关键字贯穿于整篇软文，却让网民在阅读时很难发现。

4. 广告植入

为企业宣传专用的广告贴一定要写得有技术含量，先满足大众再满足自己，无痕巧妙地植入广告才是最高明的手法。

4.2.6 掌握发帖时间

一篇帖子能否被关注和发帖的时间也有很大的关系。如果选择在午夜过后发表，软文推广效果就会大打折扣，因为该时间段的在线人数相比其他时段少之又少，文章自然会缺少关注。

笔者总结了一些网民的上网习惯。以一个星期为稳定期为例，周一到周四网民人数比较稳定，周五到周日网民人数逐渐增加，对于论坛的反馈积极性有明显的提高。

网民处于对周末的期待中，相对评论而言更乐意进行简单的转发。

工作日下班后的时段（18:00～23:00）营销价值大，周末午饭后（13:00～14:00）和晚饭前后（17:00～20:00）的用户互动更加积极，这两个时段用户转发和评论都比较积极。周末的23点之后仍是用户积极互动的时间，周末休息较晚，企业可以利用以上时间点，更新软文与网民互动。

4.2.7 积极参与互动

在论坛上不要做潜水人员，应该到各帖子里冒泡。在论坛上体现出活泼积极性，可以交到朋友，得到更好的回报。在论坛里积极参与互动的方法如图4-13所示。

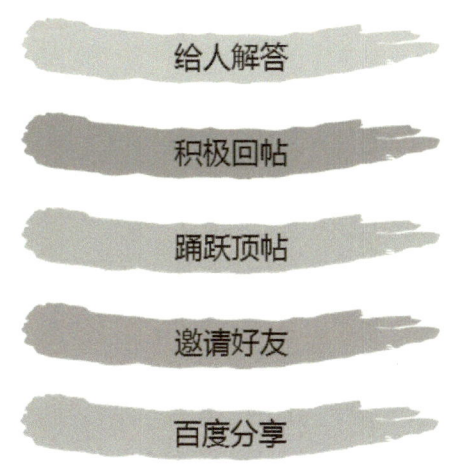

图4-13 在论坛积极参与互动的办法

1. 给人解答

在论坛中解答网友问题，可以增加经验值或者得到积分，不过可能需要花费很长的时间来解答问题，不太会被人采纳。因此，在解答网友问题之前应该选择自己比较熟悉的问题，最好是能把自己在论坛上写的文章用上，那样可以提升论坛文章的关注度。如果是站外的文章，也可以为自己的站点引来流量。

2. 积极回帖

在论坛上看到一些热门的帖子时应该多加评论，最好写出自己的感悟，不要太敷衍，如"赞""太棒了""好帖"等，只写这些客套式词语，会让人觉得你在混经验。对于自己发的帖子，最好每隔15分钟或者每隔3～5个人评论就要把帖子顶上去，也可以引用楼上的评论进行回复，以提升人气。回帖的用词不能太过于客套，如"谢谢""感谢大家的支持"等,会给评论者一种不重视他的感觉。

不管是回复别人的帖子,还是自己的帖子,应多用一些比较有创意的、精辟的、人性化的句子来回复,可以加深对方的印象,进一步拉近彼此之间的距离。

切记,积极回帖不代表疯狂回帖,不要一天24小时不管帖子内容是什么就乱回复,这会使人反感。要知道论坛推广是一个循序渐进的过程,如果一味单方面不断地推广自己的网站,不与网民互动,就很容易让人感觉这是广告帖。适当地把握好这个度,持之以恒,才会有很大的收获。

3. 踊跃顶帖

在论坛中一般可以在其首页找到比较火的帖子,应该踊跃顶贴,经常出现在网民面前,可加深网民对你的印象。此外,还可以针对自己产品的用户群,选择一些比较火的文章进行顶贴,如果比较幸运抢到沙发、板凳,那可比回复火帖有效得多。

注意,顶帖时不要回复"好帖""路过""打酱油"等一系列苍白的评论。这种情况太过于恶劣,管理员发现以后,会直接删除帖子。顶帖越多,并且处于持续被管理员删除的状态,就很容易使网站降权。

4. 邀请好友

帖子发布完毕之后,最好第一时间就邀请你的论坛好友或者QQ好友参与话题,以增加文章的浏览量和给予好评。

5. 百度分享

现在每一个论坛中都安装了百度分享插件,可以通过百度分享把文章传递到站外,如QQ空间、微博等,以让更多人参与到主题当中。

专家提醒

各大论坛的火帖规律都不同,想提高回帖的质量,就要观察各大论坛什么样的帖子才能火。笔者常漫步的论坛火帖规律如下。

- A5杂谈:点击超过130,回复超过35为火帖。
- 站长之家:回复超过20为火帖。
- 28推推广交流:点击超过55,回复超过10为火帖。
- SEO论坛:点击超过150,回复超过35为火帖。

4.3 论坛推广实战技巧

论坛推广看着很简单，但是想要做好、做出效果却是有难度的，写篇文章不停地复制粘贴就行了这是错误的想法。论坛推广也有一定的技巧和方法。如图4-14所示。

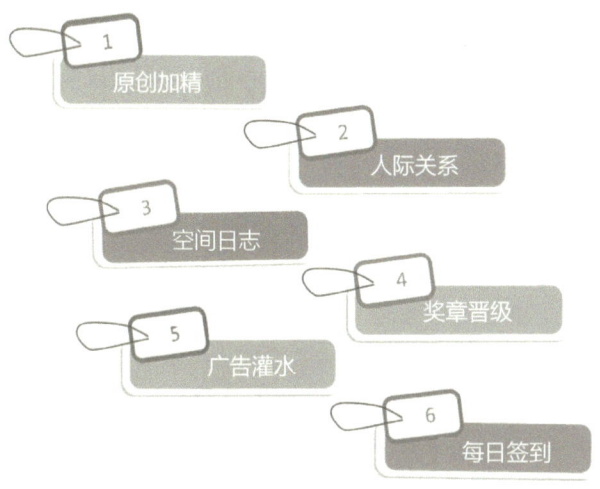

图4-14 论坛推广的方法

1．原创加精

首先解释什么是"加精"： 加精是个网络论坛术语，在网络论坛里，论坛管理员会将一些精华帖子或受关注的帖子设置为精华贴，这个操作就称为加精。一般来说，加精帖子更容易被搜索引擎收录，比普通的帖子更容易受到网民的关注。

原创的文章更容易被管理员注意，管理员一般不会以自己的水平作为标尺来看帖子，而是会尽量用大众的眼光和尺度去判断和衡量帖子，只要帖子超过了大部分人的水平，那加精就是必然的事。

加精帖在论坛推广中扮演着功臣的角色，有了加精的标志，可以给推广带来以下好处。

- 比较醒目，容易让网民在茫茫帖海中找到你的帖子。
- 帖子竞争范围小。
- 有很多网民只会找加精帖阅读。
- 给了大家学习的信心。
- 更具有说服力。
- 促进网络营销目的的进程。

- 普通帖子发表半年后会被转到历史库，而精华帖会继续留在论坛中被网民"推崇"，从而继续带来浏览量和回复量。

特别值得一提的是，千万不要坐以待毙，应该主动出击，向管理员申请给自己的文章加精。只要你的文章写得很好，对网民有很大的帮助、启发，并且是原创帖，观点新颖，视角独特，一般都会被管理员看好加精。

如果实在写不出加精帖，也不必气馁，可以多看看别人写的加精帖，并给予回复，这样既学到了知识，又给自己增加了经验值，可谓两全其美。

专家提醒

企业在做论坛推广时，不能只顾着不择手段地推广。每个论坛都有自己的规则，企业想要利用论坛推广，就要遵循论坛规则。论坛的大致规则如下。

- 注意文明形象，不要对他人进行人身攻击，这是一种不道德的行为。
- 禁忌发表反党反人民的言论，不得挑动是非引起骚乱。
- 禁忌非法推广的宣传，如色情、暴力、博彩。
- 不要用一些论坛群发软件或手动发广告。
- 用多个账号在一篇文章上回答，避免使用同一个IP回帖/发帖，否则可能会被封号。

2. 人际关系

如今，人际关系是生活中不可或缺的一部分。任何营销活动都是以人为中心展开的，用论坛平台展开网络营销也是一样，做好人际关系建设，互粉的人多了，论坛推广的效率就提高了。

人际关系是论坛推广的基础，是网络营销的组成成分，论坛热帖的建设是人际关系建立的基础。在论坛中想要吸引网友的注意力，就要重视访客体验，多发布一些思维严谨、逻辑严密、文笔闪烁着理性光芒的帖子。这些帖子应该具备以下3点才算成功。

- 帖子里的信息必须有价值、有意义。在这样一个多元化时代，信息内容要定位准确，满足用户心理需要。
- 帖子语气不要太过于沉闷，应该在发帖的过程中多与网民互动。
- 发帖的信息不但要吸引眼球，还要贴合自己的宣传点，渐渐将用户吸引到要传播的产品中。

论坛是一个信息互动平台，品牌的号召力建立在网友口口相传基础上，用户的口碑互动是论坛人际关系的延伸。要知道人与人之间的共鸣都来自于互动，有了互动，才有可能引发认知上的共鸣，有了共鸣才能与网友成为朋友，形成论坛人际关系。

论坛人际关系是随着时间而不断扩大的，它需要维护。论坛是一个开放平台，不去维护，很可能就会流失掉忠实粉丝群。维护其实就是营销工作的有规律的更新，长期有规律性地更新信息内容，论坛发帖传播效率会极高，所以要随时更新，每天发布10条左右的信息是最基本的。

总之，可以利用自己的人际关系来进行有力的推广，只要善于开发，每一个网民都会成为金矿。如果有很多好友在同时关注，帖子想不火都难。可以通过论坛站内添加一些好友、加入俱乐部等。要知道，在平时多和网民交流，混个脸熟，在关键时刻必然会有网民挺你，给你暖帖的。

3. 空间日志

现在很多论坛都给用户开通了空间日志。可以把空间日志放到帖子里，也可以把其他文章复制到空间存档，并且可留下外链指向自己的站点。论坛空间日志里的外链比论坛签名更具有生命力、长久性。

4. 奖章晋级

可以根据自己的积分申请原创先锋、论坛达人、SEO水平认证等奖章，如果有能力的话也可以申请版主。这些奖章头衔虽然在现实中并不值钱，不会代表作者的真正写作水平，但有些头衔、徽章无形之中给人一种错觉，奖章越多就越有说服力，也区分了菜鸟与元老的级别，积分等级很高，各类奖章很多，会使新手在无形之间产生一种敬重之情。

5. 广告灌水

在一些大型的论坛中会设立一个广告灌水区，它是除了一些原创、精华区允许带链接文章之外，允许带链接文章或者发布广告信息的区域，可以通过这个区域来做论坛推广。但需注意的是，广告灌水区的时间比较有限，一般只能存活两周，两周之后，发布的信息可能会被删除。

6. 每日签到

现在几乎每个论坛都设置了每日签到，可以增加用户积分，这不仅是论坛绑住用户的办法，也是我们便捷养号的方法。

第 5 章 百度推广

学前提示

百度作为最大的中文搜索引擎,推出了一系列平台,帮助企业做推广。

要点展示

- 百度推广概述
- 百度推广三大方式
- 百度推广五部曲
- 百度推广成本计算

5.1 百度推广概述

百度推广是国内首创的搜索引擎网络营销推广方式，简单便捷的网页操作可以给企业带来大量潜在客户，有效提升企业知名度。现在百度已经嵌入了人们的生活，出现难题时，人们都会随口来一句"有问题，找度娘"。百度已经与人们的生活密不可分了，每天都有很多人在百度上查找信息，只要企业在百度注册与产品相关的关键词后，就会被主动查找这些产品的潜在客户找到。

5.1.1 什么是百度推广

百度推广是由百度公司推出的一种网络营销推广方式。企业在购买该项服务后，通过注册提交一定数量的关键词，其推广信息就会提前出现在网民相应的搜索结果中。 简单来说就是当用户利用某一关键词进行检索，在检索结果页面会出现与该关键词相关的广告内容。

关键词广告只在检索特定关键词时，才出现在搜索结果页面的显著位置。例如，企业主在百度注册提交"家纺"这个关键词，当网民寻找"家纺"的信息时，企业就会被优先找到，百度按照实际点击量（潜在客户访问数）收费。如图5-1所示。

图5-1 企业提交"家纺"百度推广

5.1.2 百度推广的优势

百度是国内使用人数最多的搜索引擎。百度推广的优势如图5-2所示。

图5-2 百度推广的优势

1. 用户使用量巨大

据数据显示，百度是由每天2.5亿次访问所构筑起来的商务交易平台，每天有超过6 000万人次访问百度或查询信息，是使用人数最多的中文搜索引擎，也是网民最常使用的中文搜索引擎。

2. 针对性强

百度推广让企业注册有针对性的"产品关键字"，如企业名称、产品名称、产品特点、企业服务等。企业潜在客户在搜索企业提交的产品或者服务关键词时，可以快捷地了解产品，第一时间找到该企业的网站，帮助企业获得大量业务咨询电话、邮件、订单等，企业也会得到越来越多的客户。

3. 推广关键词无限制

企业利用百度推广做网络营销，可以同时注册多个"产品关键词"，数量无上限，使企业的每一种产品、服务，尽可能地被潜在客户发现，获得理想的推广效果。

4. 支持各种服务功能

企业可指定地区推广，只有指定地区的用户在百度搜索引擎上搜索企业注册的关键词，才能看到企业的推广信息，为企业节省推广资金。百度还为用户开设了每日最高消费限定功能，该功能使企业更好地监督自己的广告费用，企业在百度的消费额当天达到设定的每日最高消费限额时，所有的关键词将暂时搁置，排名就没有了。

5. 专业服务

百度推广有专业的服务团队，全程贴心服务。百度遍布全国的服务网络，连续550 000小时不间断为企业提供服务，提供多种多样的服务方式，如电话、上门、培训、自助工具等。百度推广具有丰富全面的服务内容，如账户快速开通、推广方案策划与咨询、流量分析评估、定期回访、网络营销专家培训会议等。

由此可见，百度是业界最大的专业客户服务中心，为用户提供全程跟踪个性化服务，链接企业的需求，及时解答企业疑问，保证客户利益。

专家提醒

这个世界没有完美的东西，百度推广亦是如此，有以下缺点。
- 价格高昂，百度推广每天每个客户平均花费为81.4元，如果是长期做，就需要长期花费如此高昂的费用。
- 管理麻烦，如果要保证位置和控制成本，需要每天都查看价格，设置最合适的价格来进行推广。

5.2 百度推广三大方式

如今是互联网的时代，很多传统企业都向网络市场进军，而网络销售是网络市场的必经之路。在网络营销中，越来越多的企业把目光转向了百度。百度不只为普通网民服务，还为企业提供了3种推广方式。如图5-3所示。

图5-3 百度推广方式

5.2.1 百度竞价推广

在网络营销中越来越多企业开始做百度竞价。百度竞价是指企业的产品、服务等通过关键词的形式在百度搜索引擎平台上推广，它是一种按效果付费的新型搜索引擎服务，企业在搜索引擎排名的高低取决于企业对百度竞价出的价格。百度竞价是一种很高效的推广方式，客户精准，见效快。

但是百度竞价对于"外门汉"来说，算是烧钱的机器。如果盲目跟风做百度竞价，估计企业只赔不赚。如果企业把关键词设为广泛匹配，成交率大大降低不说，在推广方面的费用特别多，长久下去，企业很有可能垮掉。那么怎样才能做好百度竞价呢？百度竞价的技巧如图5-4所示。

图5-4 百度竞价的技巧

1. 结构要清晰

企业在进行百度推广时，**应根据不同的目标建立不同的推广计划和推广单元**。把推广计划和推广单元分门别类，可以方便企业高效地管理账户。一个结构清晰的推广计划、推广单元可以提高关键词的质量。做过百度竞价的人都知道质量的重要性。

2. 区域不同价格也就不同

企业在做百度竞价推广时，不同地区的关键词，竞争程度和排名都不同，不要把所有关键词都设置为一个价格。例如，"网络营销"这个词在北京要二十几元才能排名前三，而中国西藏这个词几块钱就能排前三。如果全部都设为二十几元，企业不亏才怪！企业可以建立一线城市、二线城市、三线城市推广计划，分别给同一个关键词设置不同价格，再设置不同的区域。

3. 搜索页面位置

一般企业在做网络营销时都会觉得，不管做什么推广，自己产品排在靠前位置是最好的。百度竞价排名也是如此，排在第一的点击率肯定要比下面的好，但是误点击率也比较大，至少与下面的排名相比误点击率大了30%。由此可见，排名在第一固然效果比较好，但是成本很高。

笔者认为，百度竞价推广的排名在第三、第四位就很好了，网民几乎都有货比三家的心理，会习惯性地多点击几个网站进行对比和整合，而排在下面的误点击率相对来小一些，符合常人的购买心理，还能节约不少成本，何乐而不为呢？

4．创意标题

企业在网络营销中做百度竞价推广，不管关键词选择得多么合适，推广计划和推广单元规划得多么完美，如果百度竞价推广链接没有人点击，那么一切都是"无用功"。企业应该设置比较有创意的标题，吸引客户点击。设立百度竞价推广广告标题的技巧如下。

- 标题创意不能脱离企业产品理念，不能让客户误解了产品意思。
- 适当添加号召性的词语，如立即购买、疯狂抢购等。
- 利用"折扣"，激发消费者的购买欲望，如限时抢购、全场五折等。
- 避免把标题过于夸张化，这不会给客户一个信赖的环境。
- 使用网民最能接受的语言来设置标题，使其通俗易懂。
- 标题不要太长了，否则不利于网民阅读和理解。

企业如果能正确利用百度竞价推广做网络营销，会带来很大的商业利润，完全摆脱了找客户的劣势，而是让客户主动找你。

5.2.2 百度优化推广

百度优化推广也可以称为百度SEO，它讲究的是搜索引擎中的自然排名，是一种利用长期总结出的搜索引擎收录和排名规则，对网站的关键词、内容、版块、布局等进行调整，使网站容易被搜索引擎收录，不需要花费很多成本。百度优化推广的优点如图5-5所示。

1．覆盖面广

企业针对百度进行优化排名，在其他搜索引擎上的排名也会受到影响，这会在无形中给企业带来更多的有效访问者。

2．稳定性强

网站只要是用正规手段做的百度优化，并且维护得当，排名就会非常稳定，所在位置数年时间也许都不会变动。

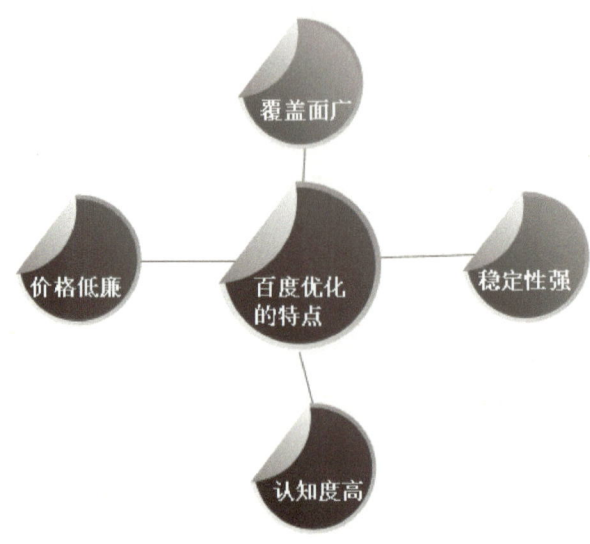

图5-5 百度优化的特点

3．认知度高

随着网络营销的发展，各种广告充斥着互联网，大部分网民看到"推广"字样的广告几乎都是无动于衷，而面对自然排名出现的广告，网民就没有那么排斥，反而对其认知度有了很大的提升，无形中可以提供企业品牌形象。

4．价格低廉

百度优化推广几乎不需要花费成本，除非新手实在不知道怎么操作，可以找网站优化服务商帮忙代理优化。

5.2.3 百度免费推广

百度不仅提供企业有效的付费推广，还提供了很多免费推广的平台。

1．百度百科

百度百科是百度推出的一个内容开放、自由的网络百科全书平台，它可以满足大部分网民迅速获取知识的需求，而且向所有人开放了一个免费获取知识的途径，其强大的内容生产力，可以为网民提供权威、可信的知识。

企业可以通过百度百科，介绍企业品牌、产品等信息，让广告打得理所当然。百度百科的操作步骤如下。

（1）进入百度百科官网

在百度搜索栏中输入"百度百科"，找到百度百科官网并且点击进入。如图5-6所示。

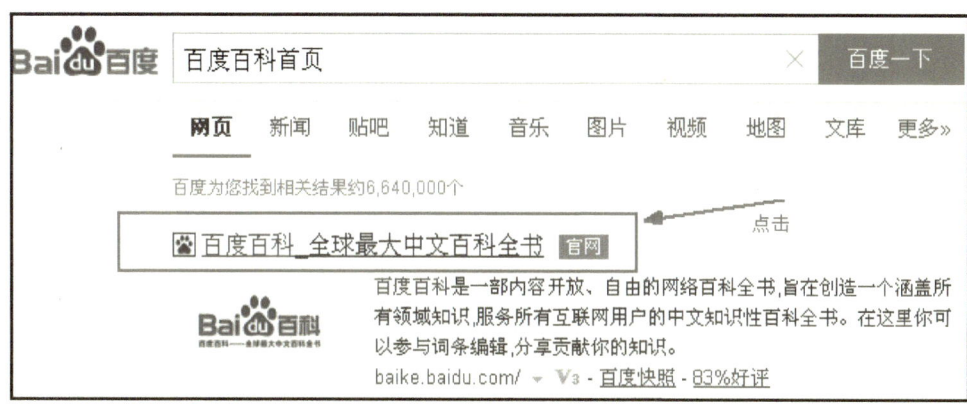

图5-6 找到百度百科官网并点击

（2）登录/注册百度账号

如果没有百度账号，则点击"注册"，按照百度百科给出的步骤注册；如果之前有百度账号，就不需要重新注册，直接点击登录。

（3）搜索关键词

登录百度百科后，在其搜索栏搜索企业要放置信息的关键词，如输入"会声会影X6从入门到精通（第2版）"后，点击"搜索词条"。如图5-7所示。

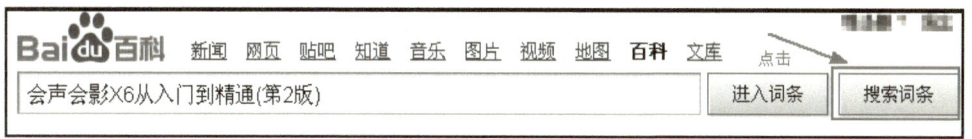

图5-7 点击"搜索词条"

（4）选择创建词条方法

点击"搜索词条"后会出现两种情况，一种是百度文库没有收录到此词条，需要自行创建，这时可点击"我来创建"，如图5-8所示。另一种是百度文库已经收录了该词条，这时可以点击"编辑"，在原本词条的基础上完善词条。

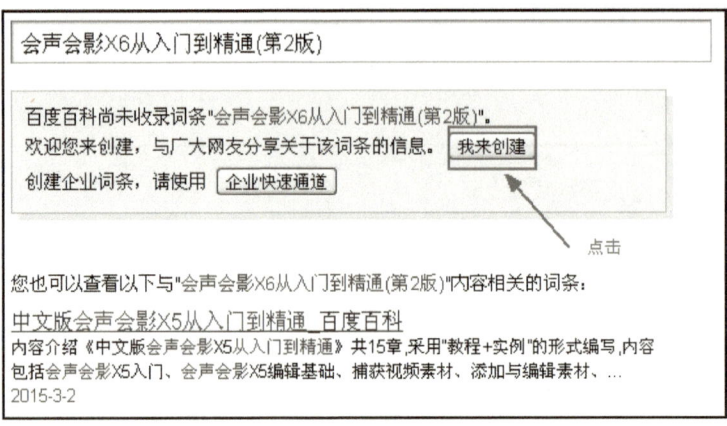

图5-8 创建词条

（5）选择词条模块

点击"我来创建"后出现"编辑词条模块"，选择适合所建词条的模块，便于网民查找。如将"会声会影X6从入门到精通（第2版）"设置到软件模块，找到"软件"之后，点击"确定"。如图5-9所示。

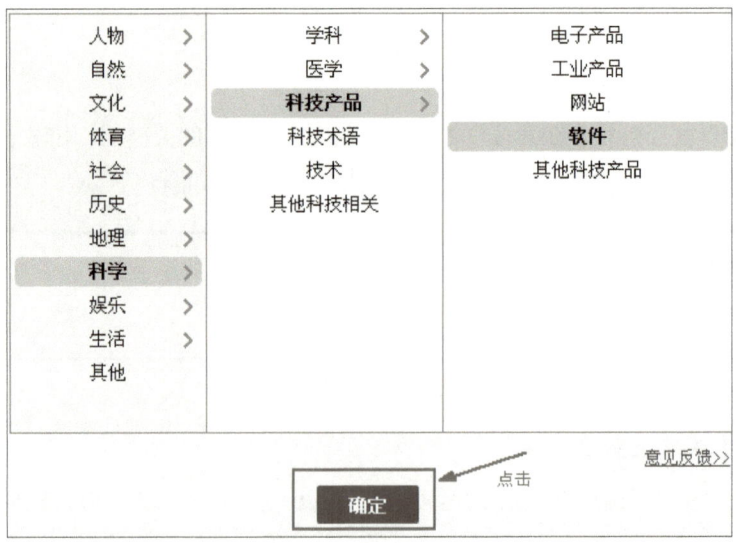

图5-9 选择词条模块

（6）编辑概述模块

在"概述"模块上概述词条的主要内容和关键信息，还可以放置有关图片。如图5-10所示。

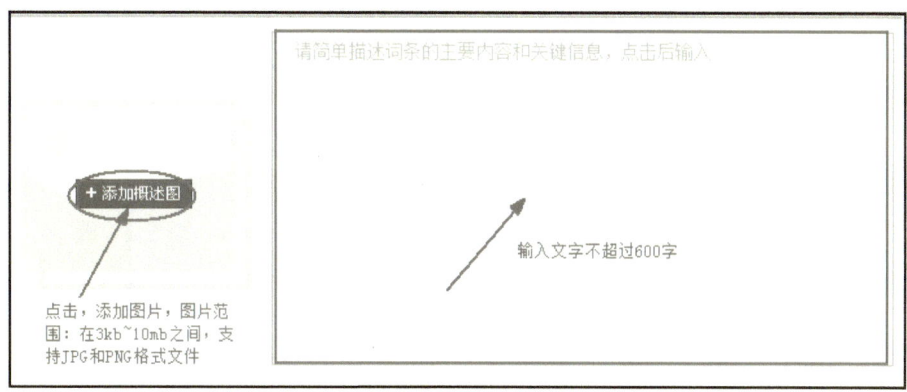

图5-10 选择词条模块模板

（7）编辑基本信息模块

在填写基本信息栏的时候，可点击"添加自定义项"，创建新的子栏目，没有填写的子栏目将不会出现在完善好的词条上。如图5-11所示。

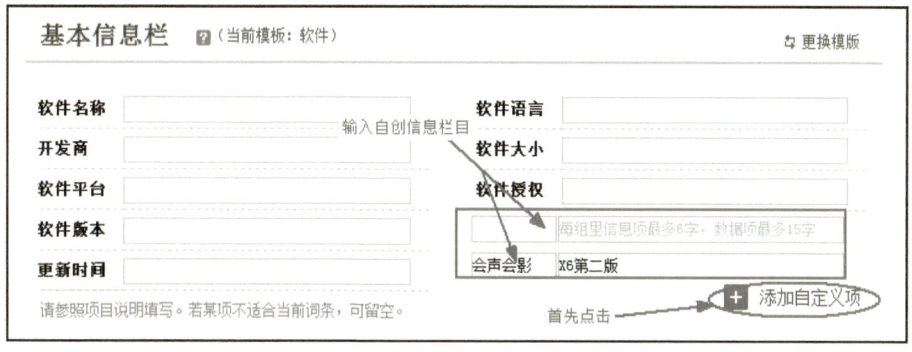

图5-11 编辑基本信息模块

（8）编辑正文模块

在正文模块处创建目录，点击"目录"，右边出现选择框，点击"应用"出现一级目录，然后在目录下填写相应的正文。如图5-12所示。

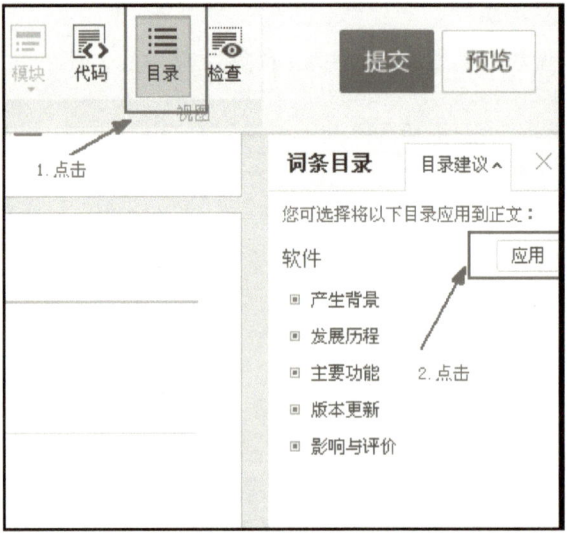

图5-12 添加目录编辑正文

（9）设置参考资料

一定要添加"参考资料"并引入文中，否则很难通过审核。由于百度百科只收录可以找到来源的事实，参考资料的意义在于，指出该部分内容的来源、出处，从而保障这段内容的客观真实性。其操作为，点击"添加新参考资料"，在弹出的"添加参考资料"文本框上填写所需要填写的信息，然后，点击"确定"按钮。如图5-13所示。

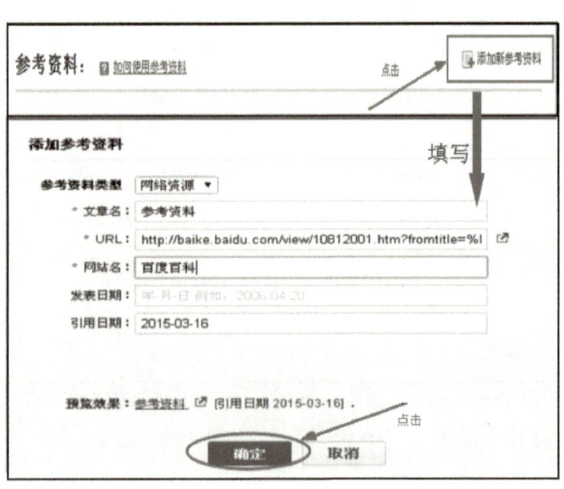

图5-13 添加参考资料

点击"确定"后链接资料出现在正文的底部,点击"插入到正文",将资料插入适当的位置,点击鼠标左键,会出现一个"引"字,表示插入成功。点击鼠标右键可取消插入。如图5-14所示。

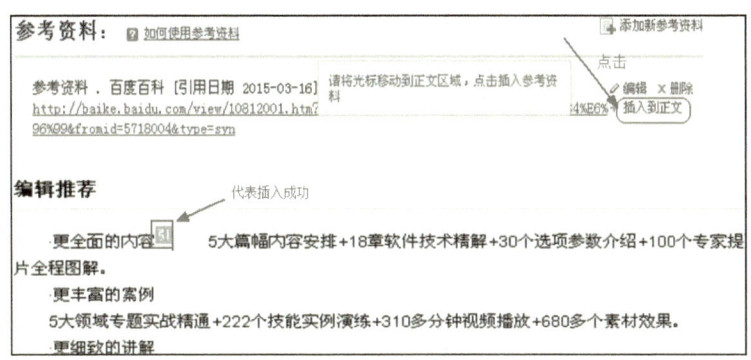

图5-14 把参考资料引入文中

(10)设置内链

在词条中设置内链,可以连接百度百科中的文章。如果网友在其他文章上点击了内链的关键词,那么很可能链接到自己词条中。按住鼠标左键选中要链接的词,点击"内链",就设置完成了。如图5-15所示。

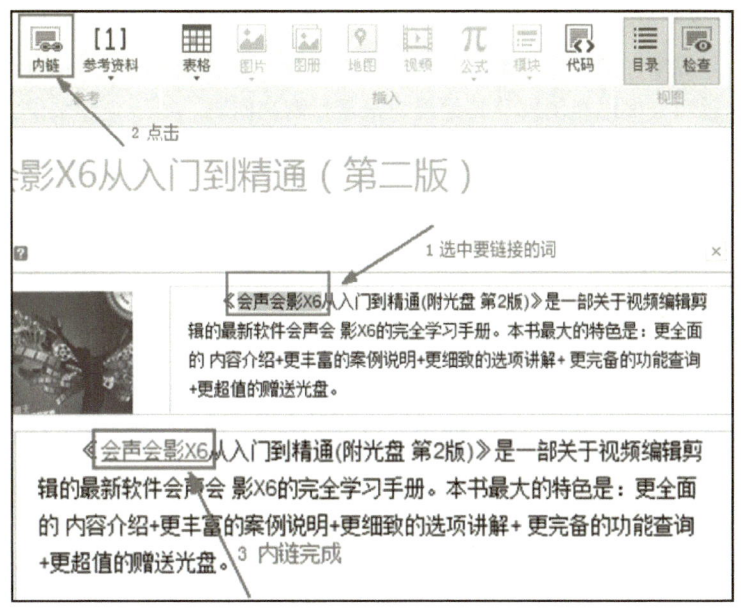

图5-15 设置内链

（11）等待审核

设置好后点击"提交"，等待审核。如图5-16所示。

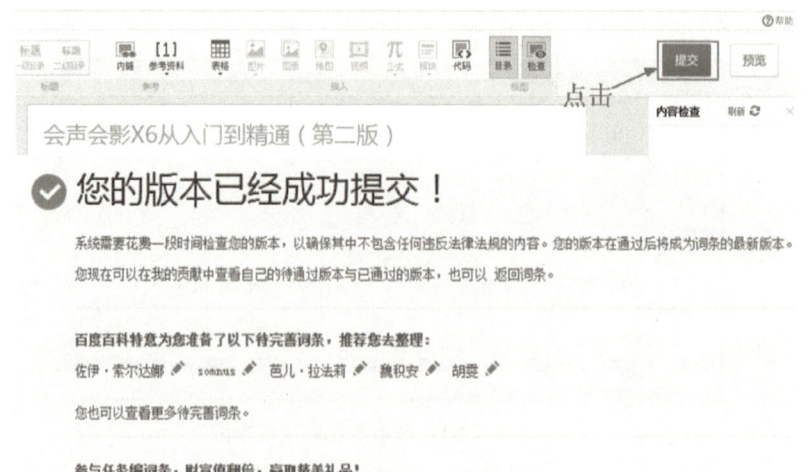

图5-16 提交词条等待审核

总之，企业在百度百科上放置企业信息，既可以树立企业的公共形象，又可以增大传播机会。

2. 百度知道

百度知道是一个基于搜索的互动式知识问答分享平台，用户可以有针对性地提出问题，通过积分奖励机制发动其他用户来帮忙解决问题。对于企业来说，百度知道是一个非常好的网络营销推广平台，很多人遇到问题都会在百度知道中搜索或提问，从而得到帮助。企业可以采取自问自答式，用不同的账号和IP地址提问并回答，只要回答的语句广告意图不过于明显并且知识面广，就是一条成功的百度知道广告。

3. 百度图片

互联网是个丰富多彩的大家庭，网民喜欢在互联网上图文并茂地吸收知识量。当网民在搜索某个人物或景物时，因为想多了解一些，所以往往会点击百度图片来达到先睹为快的效果。企业可以把一些图片加上水印并上传到一些大型的网站、论坛、相册中，等待百度的收录。

4. 百度贴吧

百度贴吧是网民空闲时喜欢聚集的地方，很多企业都选择在百度贴吧里做网络营销推广，利用发布"软文"的方式与网民互动、交友，在网友阅读的同时还能达到广告宣传的效果！百度贴吧设有广告发布专用贴，输入需要发布的广告内容，直接提交上去，不过这种内容存活时间不长，一般为两周。

5.3 百度推广四部曲

企业在网络营销中，利用百度推广方式不要太过于着急，应该制定策略，一步步地按照百度推广的规则执行，否则效果不仅不大，还会使企业亏损。因此，企业在做百度推广时，应该先明确目标、分析、执行、优化，这样才能走得更远、更有效率！

5.3.1 目标：营销目的和策略

没有目标的企业，反而会被这个偌大的网络营销蛋糕给吞噬，一味地跟风，只会让企业埋没在众多电商企业中。由此可见，企业在决定执行某个营销活动之前，一定要明确目标。

很多企业在做百度推广时的目标几乎都是为企业带来更多的订单、树立企业品牌等，而在带来订单之前，首先得让网民在网上搜索时，展现出符合的企业推广结果，然后网民点击推广结果，之后转到企业网站浏览，再通过电话咨询、线上与客服交流等方式，最终形成订单。如图5-17所示。

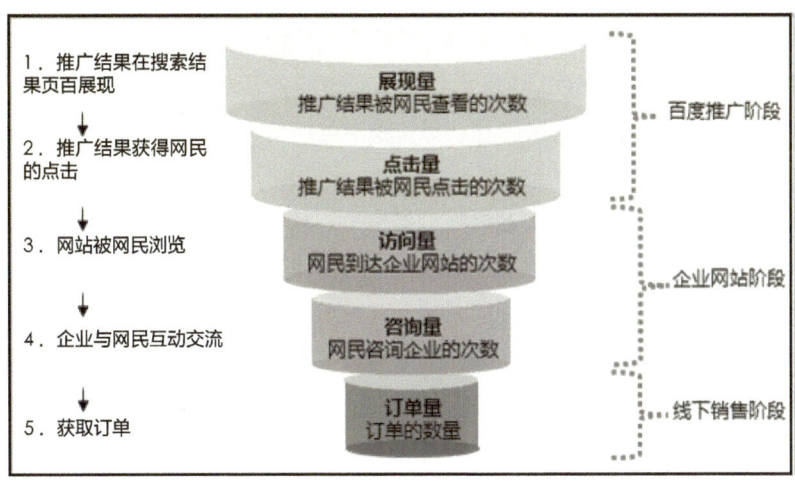

图5-17 搜索推广效果转化漏斗

由此可见，订单是一步步转化而来的，要拿到订单，必须有足够的展现量、点击量、访问量、咨询量，而真正为企业在做百度推广工作的是"展现量"和"点击量"。

企业在进行产品推广之前，先要明确推广的产品是什么、产品的卖点、产品成本预算是多少，这样在百度推广时就不会那么漫无目的了。

5.3.2 分析：关键词和历史数据

确定好百度推广目标之后，要认真投放关键词。关键词的选择决定了企业推广的成败。如果企业选择的关键词搜索量高并出价合理，那么百度推广定会给企业带来一定的效益，否则只怕会"费力不讨好"！

企业可以通过关键词推荐工具中的检索量来选择关键词，还可以借助百度统计、百度商桥等工具来了解网民搜索词的习惯。企业要站在消费者的角度选择关键词，否则很容易造成恶意点击量，从而提高推广成本。

选择好合适的关键词以后，应该合理地给关键词出价，否则关键词再好，也可能无法有好的排名，展现效果会大打折扣。企业应根据关键词体现的价值决定适合的位置，还应该考虑潜在客户的搜索动机。体现的购买意愿越强烈的关键词，越应该出高的价格。

企业应每天关注关键词的动态，根据历史数据，筛选出没有必要再用的关键词，重新设定好的关键词，历史数据表现好的关键词，则可继续留用。

5.3.3 执行：推广实施及监测

企业选择百度搜索引擎营销平台进行广告投放的时候，跟踪、评估广告投放和推广效果是SEOer（从事SEO工作的人）每天必做的功课之一，收集来自各方的数据报告，第一时间发现问题、解决问题，保持稳定的广告投放和关键词排名，避免大幅波动。

百度为了使企业更好地实施检测，推出了一款专业网站流量分析工具——百度统计。百度统计使企业的网站上每个需要进行效果评估的网页都嵌入一段JavaScript脚本代码，当访问者打开这些网页的时候，这段程序脚本会自动开始收集访问者的浏览信息并通过网络向特定服务器发送，服务器负责记录和统计信息。这些信息包括访问者的IP地址、打开网页的时间标记、网页的标题和URL（网站链接）等。

5.3.4 优化：数据分析与优化

企业应当汇总每周、每月、每季度或在指定时间跨度的数据，生成报告，宏观当前形势，与推广标准进行比对，指出取得的成绩与不足。

基于历史数据、投放数据及对市场认识的更新，合理调整关键词、创意、账户结构等不同层级，以达到制定的推广标准。如有无法控制的因素存在，则需要回到目标制定步骤重新进行。

根据数据报告和分析得出的结论制定优化方案，取得各方面确认后再实施。需要注意的是，优化不只是对最初计划的裁剪，还需要基于新的数据分析和市场洞察设计新的尝试方向，充分挖掘市场的潜力。

5.4 百度推广成本计算

很多企业都觉得百度竞价很贵，不敢尝试，但是如果企业资金充足并有很大的发展潜力，建议企业做百度推广，而小企业还是从百度免费推广做起，那样盈利的可能性比较大一些。

5.4.1 推广价格

百度推广以预存推广费用6000元+服务费的形式收费，预存推广费和服务费根据地区可能有所变动，具体费用由客户和服务提供方另行约定。

开通服务后，客户自助选择关键词、设置投放计划，当搜索用户点击客户的推广信息访问企业网站时，系统会从预存推广费中收取一次点击的费用，每次点击的价格由客户自主决定，客户可以通过调整投放预算的方式自主控制推广花费。

预存推广费用完后，客户可以继续续费。

5.4.2 计费方式

百度搜索推广采取预付费制，按点击计费，无点击不计费。推广企业可以拥有海量的免费展现机会，实际每次点击费用取决于企业为关键词设定的出价、关键词的质量和排名情况，最高不会超过企业关键词所设定的出价。企业需要注意以下几种百度推广计费方式。

- 注册新关键词不收费。
- 只有通过设置的关键字搜索并打开网站，才计费。
- 支持限定地区投放（只限制到省份，包括直辖市）。
- 支持每日最高消费限额（最低设置金额为50元）。
- 防恶意点击，按IP地址消费，同一IP地址在一定时间段内连续对一个关键词进行访问，只针对第一次访问收费。

第 6 章 IM推广

学前提示

企业在进军网络营销的过程中,必然会使用IM推广,其中以QQ推广为首,它可以为企业带来广泛的人际关系,能省去一定的成本,是企业在互联网推广的好帮手!

要点展示

- IM推广概述
- QQ推广技巧

6.1 IM推广概述

在网络营销中有很多企业都会选择IM推广,因为IM推广不需要花费很多成本,最重要的是IM推广面对的用户群特别广泛,更容易进行推广并取得一定的利润。

6.1.1 什么是IM推广

IM为Instant Messaging(即时通信、实时传讯)的缩写,这是一种在网络上聊天的实时通信服务。而IM推广是指利用网络聊天工具,以图片、文字的形式进行的网络营销活动。

目前比较受欢迎的即时通信软件包括腾讯QQ、微信、YY、陌陌、来往、百度Hi、飞信、易信、阿里旺旺、Skype、Google Talk等。如图6-1所示。

图6-1 网络及时通信软件

对于个人来说,QQ可以拓宽他们的交友领域,对于企业来说,QQ可以给它们带来广泛的人际关系并且降低一部分成本,这也是为什么QQ推广如此火热的原因。

6.1.2 QQ推广的特点

如今腾讯产品早已深入人们的生活中。QQ推广的特点如图6-2所示。

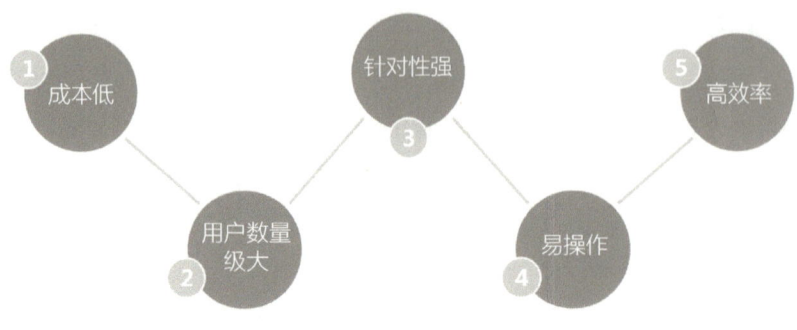

图6-2 QQ推广的特点

1. 成本低

随着社会的发展，现在几乎人手一台计算机、一部手机，使得QQ推广操作很简单，只需要一台计算机，免费申请个QQ账号，就可以操作了。如果想要QQ显得独特一点，可以尝试开通QQ会员、黄钻、红钻等相应的服务。

2. 用户数量极大

QQ推广是网络营销中普遍使用的一种方式。QQ作为互联网最大的IM软件，注册用户已超过10亿，同时在线的有1亿。对于用户覆盖率如此巨大的平台，只要好好加以利用，必能创造出一定的收益。

3. 针对性强

QQ可以针对每个人的性格特点一对一地沟通，甚至可以利用QQ群聚集共同特点的QQ用户进行群体交流。QQ提供的交流方式可以让企业或个人针对产品的特点精确查找人群。例如推广旅游，可以利用群查找找到喜欢旅游的个体或群，进而进行推广。

4. 易操作

QQ推广只要推广者会打字、聊天，就可以很好地推广了，操作比其他烦琐的推广方式要简单得多。推广者可以在前期以交友的方式认识很多人，等与QQ用户熟悉了，再轻松自然地向其推广产品。

5. 高效率

由于QQ推广可以带来精准的潜在客户，使客户转化率比其他推广方式要高一些，并节省了大量的时间、财力、精力，提高了工作效率。

当然QQ的特点还不止于此，但不管QQ有什么特点，QQ推广必然是网络营销的趋势。

6.2 QQ推广技巧

在这个世界上万物皆有规律，大家都有一套属于自己的做事方法与技巧，QQ推广也是如此。只要掌握到了QQ推广的技巧，就不会在QQ推广上走不必要的弯路。

6.2.1 QQ推广的范围

QQ推广并不是只有与个人和QQ群聊天一种方式，QQ中还有许多应用，如QQ邮箱、漂流瓶、QQ空间、腾讯微博、QQ签名等，都用来进行推广。如图6-3所示。

图6-3 QQ推广应用

6.2.2 QQ设置技巧

在互联网中看不到对方庐山真面的情况下，QQ形象就相当于网民的身份证。好的形象有助于与人更进一步交流，如果你的形象像邋遢大王一样糟糕，怎么会有人敢与你交流，对你产生信任呢？因此，只有设置好的QQ形象，才能勾起好友们的聊天欲，才会有事半功倍的效果。QQ形象设置方法如图6-4所示。

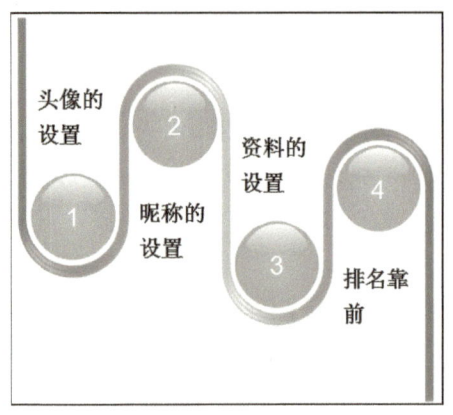

图6-4 QQ形象设置方法

1. 头像的设置

头像是给好友的第一印象，所以头像要给人一种信赖感，切记不要用俗气、非主流、"杀马特"的照片做头像。笔者建议头像最好是自己最美的照片，如果实在不想放置自己的照片，可以放置公司LOGO、产品图片，这样给人的信誉度比较高，容易让人在众多好友中一眼就能找到你。如图6-5所示。

图6-5 某面膜QQ推广头像

2. 昵称的设置

很多人都喜欢把QQ昵称设置得充满诗情画意并有创意。可是作为企业推广来说，直接用自己的名字或者公司名称做昵称，可以让网民更容易记住，更能体现出诚意，用公司名称做昵称还能展现公司的知名度和产品的信赖度。

如今的QQ昵称最多可以包含11个汉字。可以把昵称设置为一句类似文字链接的网络广告语，如"移动缴费省1元""奇迹面膜带给你美丽"等。

不要用太大众化的词做昵称，如"小强""推广"之类的QQ昵称比比皆是，不能突出独特性，不能让人印象深刻，反而容易与其他昵称混淆。如图6-6所示。

 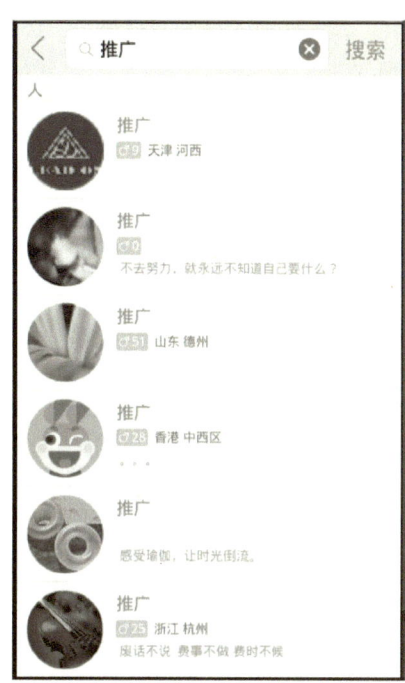

图6-6 大众化昵称搜索结果

昵称不要经常换。虽说QQ有"备注"的设置，可以让好友更容易找到自己，可是不排除别人没有做备注的习惯。如果是这种情况，又经常换昵称，那么一定会被QQ好友遗忘或生疏，到时又得重新跟好友推广产品，那就不划算了。

3. 资料的设置

QQ资料设置得越详细，越能拉近与好友的距离，给人感觉越真实。资料最好契合产品信息，如要推广杯子，除了填写自身年龄、所在地、性别、星座、学校、故乡、公司名称之外，可以在"职业"处填写"销售特色杯子"，个人说明处填写"我最大的爱好就是收集各种各样的杯子，从此我开始设计杯子、销售杯子，最大的梦想就是全世界的人都在用我设计的杯子！"，把资料设置完整并契合推广产品的信息，能让人一目了然，知道你是做什么的，拿出多少诚意来交友。

切记，填写资料的时候不要用火星文、非主流等花哨的字体，那样会给人幼稚、

轻浮的感觉，极大地降低了别人对你的第一印象。

4. 排名靠前

网民登录QQ，也只有十几个好友能第一眼看到，因此这十几个好友相比其他好友记忆深刻一些，即使不联系，也不会被淡忘。正所谓，有个好位置，不管什么都好办事。那么如何才能使自己的QQ排名靠前呢？笔者总结了QQ排名的3个技巧。如图6-7所示。

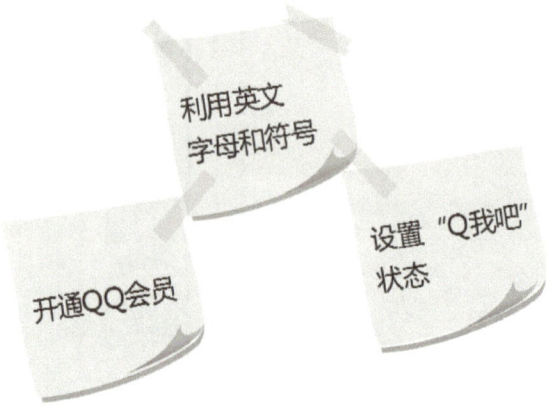

图6-7　QQ排名技巧

（1）开通QQ会员

开通QQ会员能排在普通QQ用户之前，昵称会以红色标注，并且在昵称后面还会有"VIP"标签，这样很容易引人注目。

（2）利用英文字母和符号

QQ提取好友排名是按字母排序，比如"小青"中"小"的第一个字母是X，因此要排在后面了，如果在"小"字前面加一个空格或一个小字符，排名就会在前面了。

（3）设置"Q我吧"状态

普通用户设置成"Q我吧"状态，排名在会员之前，不过有一个缺点就是，有信息就会直接弹出聊天窗口。"Q我吧"设置很简单，可以在"我在线上、离线"等状态的地方设置。如图6-8所示。

图6-8　"Q我吧"的设置

6.2.3 QQ沟通技巧

在现实生活中,人与人之间的交流是非常重要的。网络世界也一样,企业想要利用QQ推广,就要有与好友友好交流的觉悟,不要以为只要跟好友推广信息就完成任务了,这样是不会成功的,只有以交友的心态与之推广,才能得到收益。

1. 注意礼貌

在与好友聊天的时候,应该使用礼貌用语,不要因为对方看不到自己,就出现随意、轻浮的语句,毕竟你是在做推广,而不是在闲聊。只有让好友感觉到你的诚意,才能顺畅地沟通。**在沟通的时候用"您好""请""谢谢""打扰了""非常感谢"等词汇**,会产生奇妙的效果。

2. 慎用语气词

网络上的语气词含的意思很多,企业在做QQ推广时,用语气词会让人反感,从而降低印象分,甚至会被直接拉黑,那时你之前所下的工夫都白费了。所以,要慎用语气词,特别是网友评选出的聊天最伤人词汇,最好不要使用。如图6-9所示。

图6-9 网聊最伤人词汇

就拿"呵呵"来说,其意思可谓是千奇百种,网上总结出"谣言止于智者,聊天止于呵呵",如图6-10所示。如果企业在与好友推广的时候,老是用"呵呵",别人肯定会觉得你不尊重他、很敷衍、不想跟他聊下去等,长久下去好友一定会把你拉黑,到时候你就真的欲哭无泪了。

图6-10 谣言止于智者,聊天止于呵呵

3. 慎发表情图片

在QQ聊天中发表情或图片可以很好地起到缓解气氛的作用，但是不能随便乱发，笑脸之类的表情可以发，但表达愤怒、"汗"之类的表情就不要发了，不然会使对方产生不愉快的感觉，降低别人对你的好感，更不能发一些淫秽、庸俗、暴力的图片，这些很容易让人产生抵触心理、让人很反感。

4. 慎改字体

很多人喜欢追求漂亮、个性，随意修改文字大小、颜色、字体。要记住你的目的是推广，而不是闲暇时无聊的聊天，好友们不会有太多的耐心花费在识别字体上，字体还是默认的格式比较好。

如果设置为火星字体，会让人觉得幼稚；把字体颜色设置成艳丽的，会很刺眼，设置成浅淡的，无法识别内容；把字体改得很小，感觉很压抑，而且看不清楚，把字体调得太大了，感觉太突兀了，看着很累。如图6-11所示。

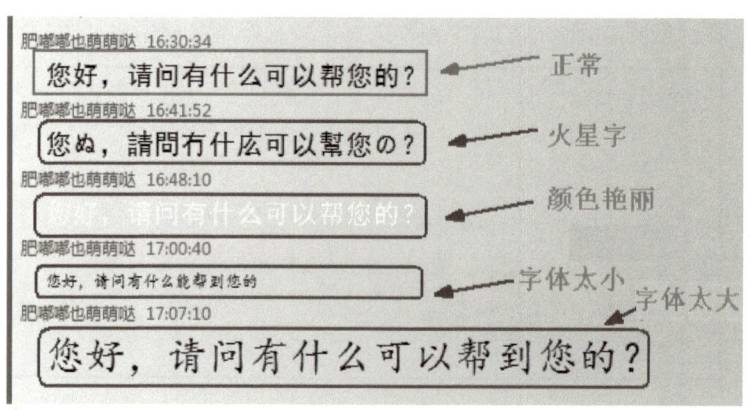

图6-11 字体设置对比

5. 聊天时跟着好友走

在网络中与人聊天的速度是很重要的，如果信息回复太慢，好友会觉得你不重视他；如果信息回复太快，好友会觉得你没有跟他在一个频道上。

企业在推广的时候，要跟随好友的回复速度，如果对方一分钟打30个字，那么推广者就可以一分钟打40个字，稍微比他们快一些，那样对方会觉得你在认真回答他的问题。

除了聊天速度之外，还要跟随好友的语气回复。如果对方很严肃地跟你说一个事情，你却嘻嘻哈哈地回答，他会觉得你不真诚；如果对方用活泼的语气跟你聊天，你却一板一眼地回馈他，会让人觉得很生硬。

利用QQ推广的时候，不能一成不变地面对好友，应该针对不同的好友性格，做出相应的回复。

6. 看准时间再沟通

推广者不能一味地一意孤行，不管是什么时候只要在线，就得去找QQ好友聊天，这样的做法是大错特错的。因为每个人都有自己的生活起居，不能自己是夜猫子大半夜不睡觉，看到好友在线就去找他们聊天，人家也许是在工作或者忙其他重要的事情，届时去打扰对方，是很容易产生矛盾或认为是骚扰对方。**在做推广的时候应该在正常的时间与人交流，那样才会有许多的收获。**

7. 不要用弹窗

在做推广的时候不要因为对方没有及时回复消息，就发个弹窗引起他的注意，这是很不礼貌的行为，会使人很反感。应该先耐心等待，说不定对方在忙、不方便回复，要彰显出自己的耐心。

6.2.4 加群注意事项

企业想进行QQ群推广，就必须有足够的群，但不是什么群都加，只有适合自己产品的、优质的群才具有推广效果。应该注意以下加群事项。

1. 选择目标群

企业只有找到了目标用户才能获得利润。如果卖的是美容产品，却加到健身群，怎么可能有机会推广，若硬性植入广告，不被管理员踢出群才怪。所以，寻找目标群很重要。那么如何找到目标群呢？以推广美容产品为例。

(1) 在QQ面板上找到"查找"并点击，随后找到"找群"并点击。如图6-12所示。

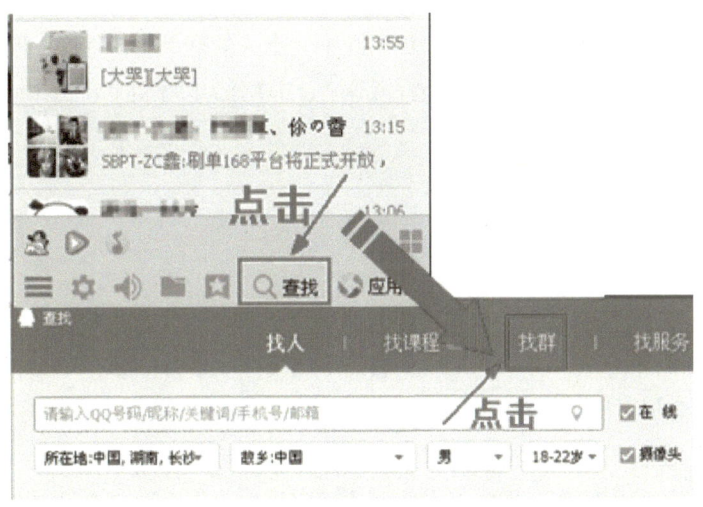

图6-12 点击"查找"并点击"找群"

(2) 在搜索栏中输入"美容"并点击"搜索"按钮。如图6-13所示。

图6-13 输入"美容"并点击"搜索"

(3) 点击"人数"，选择前5个QQ群添加，建议每天最多加5个群，如果太过频繁地加群，是不会被受理的。如图6-14所示。

图6-14 点击"人数"再选择性加群

2. 只加成员多的群

俗话说得好"人多才热闹"。如果在十几个人的群里进行推广，既费时又没有很大的回报。因此，应该选择人多的群添加。QQ群分为以下几种。

- 低级群：人数上限200。
- 普通群：人数上限500。
- 高级群：人数上限1000。
- 超级群：人数上限2000。

尽量加高级群或超级群，普通群能不加则不加，低级群就不需要加了，因为在花费同等的时间精力下，普通群及以上的群是低级群效果的一倍。

3. 避免加不活泼的群

如果一个群不热闹，没什么人发言，有两种可能性，要么群里人员都很忙，要么群里人员把群给屏蔽了，推广者在里面放置广告，若几乎没有人关注，就算唱独角戏也于事无补。

4. 避免加同行很多的群

如果一个群里几乎一半的人是同行，那么就没有推广的必要性，那样会出现一个群里全是广告而几乎没有消费者存在，就没有推广效果了。

6.2.5 建群注意事项

群主在群里的权威性是"与生俱来"的，即使不发广告，也会使产品有非常好的营销效果。不过，群不能胡乱建，应该掌握一些技巧。

1. 尽量多建高级群

高级群的人数比低级群的人数多得多，对于推广来说，针对的人群越多越有效，而建高级群需要开通QQ会员，开通QQ会员再建群是有特权的。如图6-15所示。

群特权	群介绍
普通群 （500人群）	成员上限500人，2G永久群共享，1-5G群相册 随心所欲设置群图标。
1000人群	成员上限1000人，2G永久群共享，1-5G群相册 红色尊贵标识，VIP红名，展示排名靠前 随心所欲设置群图标。
2000人群	成员上限2000人，2G永久群共享，1-5G群相册 红色尊贵标识，VIP红名，展示排名靠前 随心所欲设置群图标。

图6-15 QQ会员建群特权

2. 建群主题鲜明

确定好了主题，就能很容易吸引目标用户主动加入。如销售面膜，那么群的主题就可以围绕"美容""女性""护肤"等关键词展开，越精准，就能找到越多的目标客户。

3. 群名要合适

对于自建的群，一定要选择合适的群名，不能只追求个性。比如你是推广面膜的，如果群名为"美丽新世纪"，就偏离了推广的产品，加进去的用户可能不会带来很多利润，所以，群名可以选择与推广产品有关的标志性词汇。如图6-16所示。

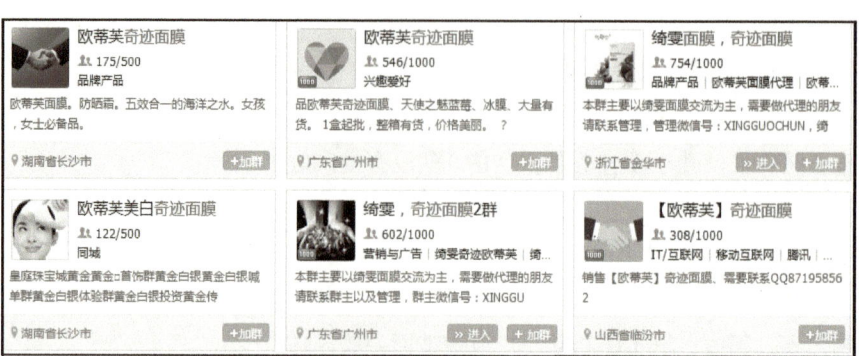

图6-16 QQ群名

4. 保持群内活跃度

只有群里气氛活跃，成员才会对群有归属感，群主在群员中才会有威信，群员才会听从群主的号令，这为推广产品做了非常好的铺垫。所以千万不要做一个空闲群主。

5. 男女比例适当

如果群里只有一种性别的人，那么聊天的范围就会很局限，不容易长久。若男女比例适当，话匣子也就自然而然地打开了，毕竟有时候男女看待事情的角度是不同的，话题自然就会很多，对营造群内氛围是非常重要的，会充满凝聚力，而群员凝聚力会让推广工作事半功倍。

6.2.6 群内推广技巧

很多推广人员喜欢一进群就开始发广告，这很容易被管理员踢出去，从而没有什么效果，所以推广人员要掌握QQ群推广的技巧，如图6-17所示。

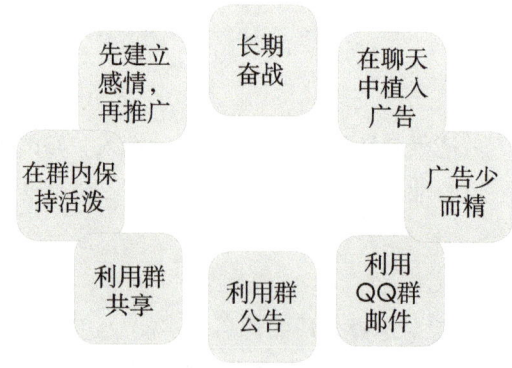

图6-17 QQ群推广技巧

1. 先建立感情，再推广

推广者要先与群内人员建立感情，再做推广，等和大家混熟了，再慢慢植入广告，才能取得一定的成效。不然陌生人在群里发链接一般都会被踢出群。**最好和群主、管理员搞好关系，混到一个管理员的身份，那样被踢出群的概率就小了几分。**

前几天笔者有一个朋友为了推广他的网店，就把链接发到他所有的QQ群里，结果刚发完，马上就有一个群把他踢出去了。原因是那个群是讨论关于"旅游"的群，他也没怎么在里面发表言论，被踢出也是理所当然的，如果他以前经常在这个群里聊一些旅游话题，再发网站链接，结果肯定就不一样了。

2. 长期奋战

推广者要本着具体到人的原则，最起码保证在群里待一个月的时间，与群友磨合。不能一股脑地乱发广告，发现没有效果就退群放弃了。应该在群里长期奋战，保证信息传递到每个人、影响到每个人。

3. 在聊天中植入广告

推广者在平常群员聊天的时候植入广告是最佳时机，利用语言把聊天内容与要推广的内容融合在一起，这样不会显得广告意图很明显，让大家自然而然地接受你的信息。例如，推广者需要推广一款纸尿裤，就在育儿群中探讨抚养宝宝的问题，当聊到纸尿裤选择的时候，就可以马上加入讨论，以自身实践来跟大家分享。

例如，"现在天气干燥，宝宝屁股上容易起红疹，我用了好多种纸尿裤，都会出现这种情况，前一月用了某某牌纸尿裤，情况就好多了，大家可以去试一下，这个纯属个人意见呦，还是要根据宝宝的体质来决定。"像这样悄悄地把推广植入进去，大家不会觉得你是在打广告而受到排斥。还可以在群里加入两个号，自问自答，从而吸引大家一起交流。

4. 广告少而精

在群内做推广的时候，不要每时每刻都在发布广告信息，那样会使群员厌烦，很容易被踢出群，每天最多一次，而且广告要做得精致，不能太硬性，这样才会使群员接受，反感心理会比较低。

5. 利用QQ群邮件

QQ群邮件功能很强大，它可以把邮件发到每一个群人员的邮箱中，并且只要发过去新的邮件，就会及时在用户计算机右下角出现邮件提醒弹窗，这样群内人员能及时看到邮件信息。不过这个功能需要管理员开启群邮件功能。

6. 利用群公告

群公告是群里最显眼的地方，空间大，而且可以放文字、图片，是放置广告的最好位置。不过群公告只有管理员能操作，推广者只能与群主、管理员搞好关系，争取成为管理员，这样就能很好地利用这块宝地了。

7．利用群共享

群共享顾名思义，就是把信息共享给每个群员，普通群员就能使用。它的好处是可以放PPT、图片、文档、表格，并且信息不会被屏蔽，后期的人也可以看到。

8．在群内保持活泼

推广者刚进入新群，应该拿出活力和大家搞好关系，最好能成为调动群内气氛的核心骨干。只要与群内成员拉近距离，推广就很容易进行，如果不在群里冒泡，突然放置广告，那是必然会被踢出群的。

专家提醒

以上也许不是全部的QQ推广技巧，但是只要推广者掌握了这些内容，就会有收获。切记，IM推广不是一蹴而就的，应该用耐心、真诚慢慢打动用户，不要一时急于利润。

第 7 章 SNS推广

学前提示

SNS推广可以结合游戏进行,并且这些游戏都很大众化,可以增加用户的黏合度,是企业网络营销必不可少的一部分。

要点展示

- SNS推广概述
- SNS网站发展现状
- SNS推广三部曲
- SNS推广技巧

7.1 SNS推广概述

SNS推广是利用各种SNS进行推广,面对的用户群很广泛,可以在有针对性的网站推广,更准确地找到目标用户,也可以去综合网站推广,广泛地找寻目标用户,还可以利用游戏进行推广。不可否认SNS推广是强大而简单的。

7.1.1 什么是SNS推广

SNS的全称为social networking services(社会性网络服务),是指帮助人们建立社会性网络的互联网应用服务,如短信SMS服务。

另一种SNS的全称为social network software(社会性网络软件),是一个采用分布式技术,通俗地说是采用P2P(Peer to Peer)技术构建的下一代基于个人的网络基础软件。这些软件让用户能够在网络上和他人交互并分享信息,如wiki、Blong。

专家提醒

P2P技术又称对等互联网络技术,是一种网络新技术,它可以用于多种用途让所有的客户端都能提供资源,包括带宽、存储空间和计算能力。

还有一种SNS的全称为social network site(社交网站),是指个人之间的关系网络,这是一种基于社会网络关系系统思想的网站,如博客、人人网。而SNS推广是指,利用社交网络平台上的功能进行推广,提高品牌形象、企业信誉、促进产品销售。如图7-1所示。

图7-1 社交网络平台

7.1.2 SNS推广的特点

SNS推广是目前比较流行的一种网络推广方法，一般都可以收到良好的推广效果。SNS推广的特点如图7-2所示。

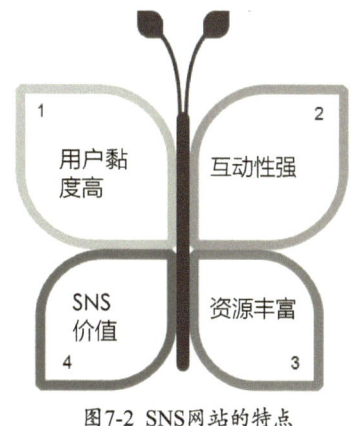

图7-2 SNS网站的特点

1. 用户黏度高

SNS用户可以很容易地在网站上找到自己想要的对象，如感兴趣的东西、老乡，这些可以通过其他用户提供的资源解决；可以在SNS上认识志同道合的人，从而每天都想在网站上交流一番，这样SNS网站逐渐形成了一定的用户群体，并有较高的用户黏度。

2. 互动性强

SNS互动性极强，可以发消息给好友，好友可以及时回复；可以就自己喜欢的、当下的热点话题进行讨论；可以发起投票、提问，调动所有人的智慧回复。

3. 资源丰富

SNS的人员分布很广泛，全国各地、各行各业的都有，这就给SNS带来了无限的资源，这些资源是由广大用户在使用网络中慢慢积累起来的。

4. SNS价值

SNS的最大价值就是无限的资源，其用户可以通过SNS认识朋友、写日志记录自己的生活、在SNS上发软文来推广自己的网站、利用SNS丰富的人际关系找工作、在SNS找寻答案等，这些都体现了SNS的价值。

> **专家提醒**
>
> 如今SNS已经慢慢走向了移动化、社交化、大数据，而以上3点都能代表互联网的一侧。如果企业把SNS整合起来推广，那么必然能使企业在网络营销的道路上越走越远。

7.1.3 SNS的分类

SNS分为以下3类，如图7-3所示。

1. 门户派

门户派SNS是一些门户网站利用SNS服务作为网站的补充，基本上不会单独作为一个盈利项目，如QQ空间、搜狐"白社会"、新浪博客、淘宝的"淘江湖"等，它们利用自身强大的流量及用户，发展迅速。

2. 开心派

开心派SNS也可以称为娱乐类SNS，国内这类网站主要以开心网、城市达人为代表。其中开心网以在线游戏为核心吸引用户，城市达人则以用户发布个性化的内容为主吸引广大用户参与。

3. 垂直派

垂直派SNS就是面向某个领域的SNS，这类网站由垂直信息门户或者社区发展转变而来。目前，国内比较活跃的垂直类SNS主要有以下几类。如图7-4所示。

图7-3 SNS派系

图7-4 垂直派SNS分类

读书、学习类SNS以豆瓣网、友宝网为代表，该类网站鼓励用户共同学习、积极交流。

- 音乐类SNS网站以Myspace、songtaste、邻居的耳朵为代表，该类网站主要用于分享音乐、社区交友。

- 婚恋交友类SNS以世纪佳缘、百合网为代表。目前它们以寻求真实婚恋关系的用户为核心，结合线上线下的业务，满足用户的需求。
- 综合类SNS以facebook、51.com、百度贴吧为代表。它们为用户提供生活、社会、文化、教育、娱乐、文学、经济等综合信息。
- 招聘类网站以若邻网、天际网为代表。它们以"商务人际关系"为主线，发布招聘信息或者应聘心得等。

7.2 SNS推广三部曲

SNS推广的步骤如下。

7.2.1 分析推广主战场

不管用哪种方法进行网络推广，首要任务是选择目标用户，然后根据目标群体选择作为推广阵地的网站。

比如针对的是IT群体，那么选择海内网、朋友网等以IT人群为主的网站进行推广；如果针对的是商务人群，那么选择若邻网、天际网等以商务人群为主的网站进行推广。如图7-5所示。

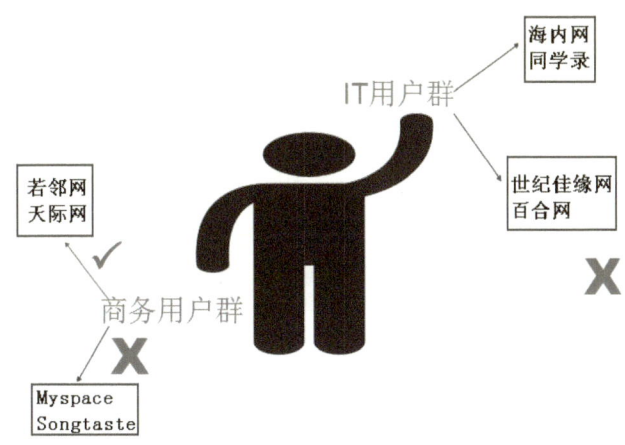

图7-5 选择对的网站

如果企业不知道自己的主要客户群是哪些，那么去综合类网站做推广。综合类网站的功能强大，能让企业多方面推广，不过效果可能没有目标网站那么稳定。

7.2.2 注册账号加好友

企业找到目标网站后,就要注册账号并完善账号资料,资料越充分、越真实,带来的信任度越高,推广起来相对容易。然后根据对应的关键字批量加好友和群组。下面以新浪博客为例。

(1) 在百度上搜索"新浪博客"并点击。如图7-6所示。

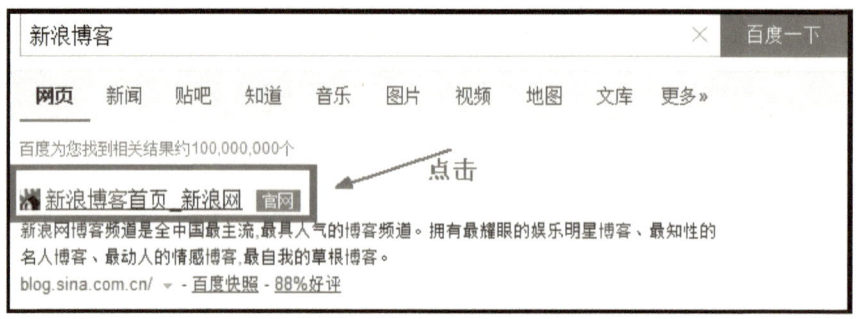

图7-6 找到"新浪博客"并点击

(2) 点击"登录"下方的"立即注册",进入注册页面后选择邮箱注册,填写注册信息,可以根据用户群体选择"兴趣标签",注册信息填写好后,点击"立即注册"即可。如图7-7所示。

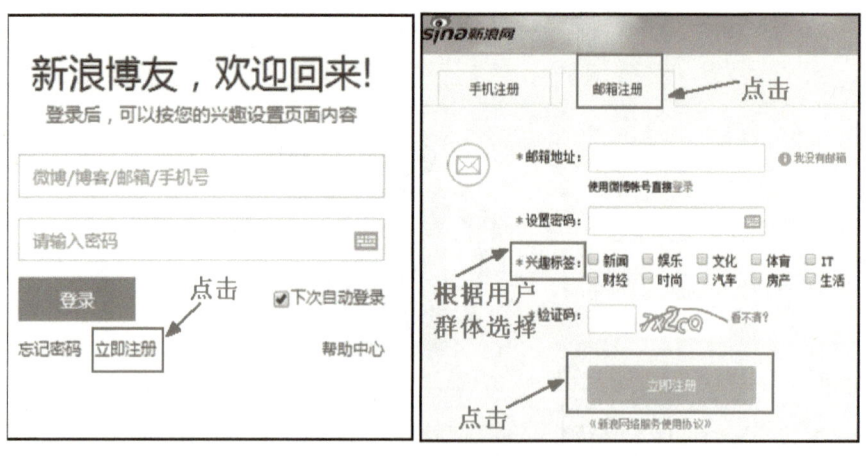

图7-7 填写新浪博客账号注册信息

(3) 弹出一个页面,需要验证邮箱地址,点击"立即登录QQ邮箱",跳转到自己的邮箱页面,点击链接即可完成注册。如图7-8所示。

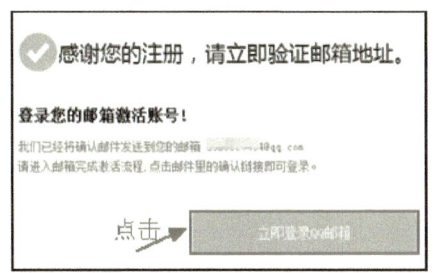

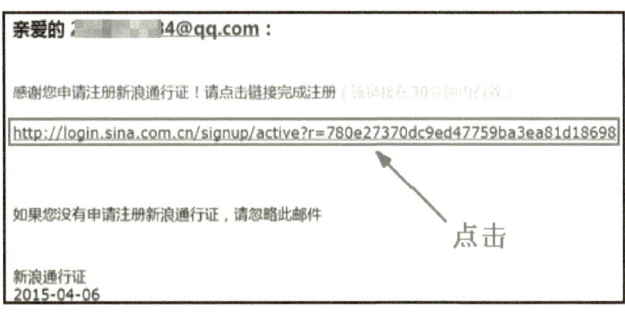

图7-8 完成新浪博客账号注册

(4) 跳转到用户页面，找到"完善资料"并点击，填写所有能填的资料信息，信息越完整，账号的信誉度越高。完善资料后，返回上一页面，点击"新浪服务"下方的"博客"，弹出一个小框，提示需要开通博客，点击"立即开通"。如图7-9所示。

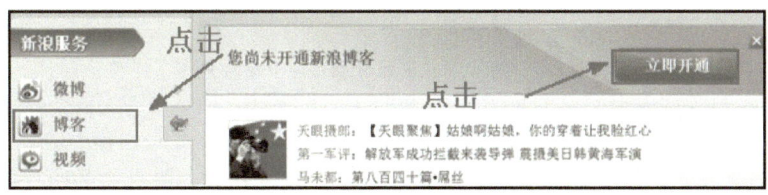

图7-9 完善资料后开通博客

(5) 弹出页面，根据自己的兴趣爱好选择栏目并关注好友。在这里企业可以根据推广产品的目标用户群选择栏目并关注好友，栏目可以选择多个。如图7-10所示。

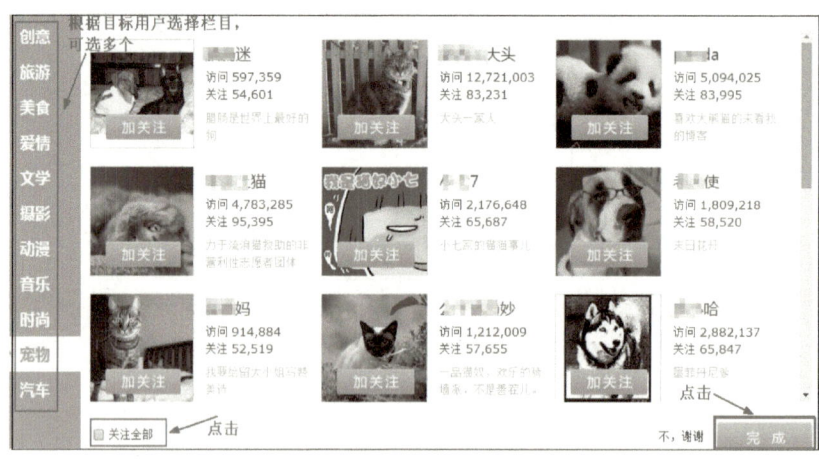

图7-10 关注好友

7.2.3 利用网站功能多重推广

企业利用SNS推广的最后步骤是利用SNS网站功能进行多重推广。只要将很多的SNS功能一起运用起来，让它们成为推广手段，则能达到意想不到的效果。所以要更好的利用好以下SNS网站功能来进行多重推广。如图7-11所示。

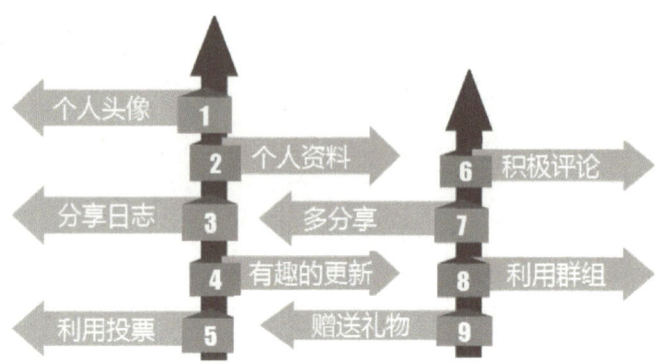

图7-11 利用网站功能多重推广

1. 个人头像

企业经常喜欢把广告化的图片作为头像。建议最好用自己真实的照片作为头像，那样显得比较真诚，最好不要用滑稽、搞笑的图片。另外还可以在头像下面适当地放一些广告宣传语或链接，注意要适可而止。

2. 个人资料

在SNS的好友主页里，往往首先映入眼帘的是好友的资料，所以个人资料应该设置为所有人可见，这样才能更好地吸引目标群体关注，从而达到好的宣传效果。

3. 分享日志

SNS中的日志功能就是为软文推广量身定做的工具。所以在推广的时候，一定不能放过分享日志，要做到每天一更新，并且要利用分享、通知功能让所有好友都看到。

4. 有趣的更新

网民使用SNS的目的是随时记录自己的心情和想说的话，而对于很多企业推广者来说，就是年复一年、日复一日放置广告，这是非常容易让好友厌恶的。所以，**企业应该多放置对好友有用的东西，或者每天最热门的社会新闻、轻松笑话，提升关注度，然后偶尔发布广告信息，好友就不会反感了。**

5. 利用投票

如今的网站都喜欢做投票活动，网民也热衷参与投票，企业只需要把推广与投票巧妙地结合起来，就很容易提高关注度，获得意想不到的效果。

6. 积极评论

看到一些不错的文章，适当的时候积极评论，时常去好友的主页留言，与好友互动，一来二往大家就熟悉了，久而久之，获得了很多好友，发表一些宣传信息也不会被认为是广告。

7. 多分享

SNS就是一个友好的网络大家庭，有好的东西就分享给大家，如分享一个网址、一篇文章等。每一次的分享都能给网站带来曝光率。在权重高的网站分享的网址，相当于增加一个高质量外链。

8. 利用群组

企业根据关键词加入群组，可以把发表的日志放置到群组里，还可以利用群组的相册、上传等功能，获得持久的曝光率。注意，如果群没有开通相册、上传等功能，就不能用了。

9. 赠送礼物

在SNS上闲暇时可以多赠送一些小礼物给好友。在网络世界里也崇尚礼尚往来，一来二往，更能引起好友的关注度。特别是在网友生日或者节日时送点小礼品，能体现你对好友的关注，从而他们更能记住你。

7.3 SNS推广技巧

人们常说"无规矩不成方圆"，而在网络营销里是"无技巧不成方圆"，SNS推广也是需要技巧的，否则企业在做推广时会走很多弯路。

7.3.1 自动回复

现在很多SNS中的游戏都有自动回复功能。比如在QQ农场里"偷菜"时，会有自动提示，可以把要推广的产品精心编制成一段话，然后设置为自动回复，效果很不错。

例如，QQ农场就提供了5种自动回复的场景。

(1) 登录QQ空间，在应用中找到QQ农场，并点击进去。如图7-12所示。

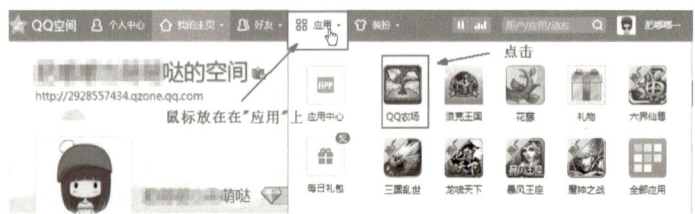

图7-12 找到"QQ农场"并点击

(2) 找到"游戏设置"并点击。如图7-13所示。

图7-13 点击"游戏设置"

(3) 依次设置自动回复。如图7-14所示。

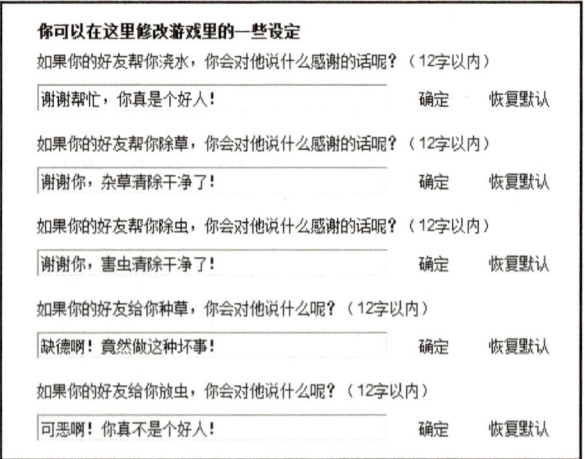

图7-14 设置自动回复

7.3.2 投票

如今网络里最能聚集网民的活动就是投票。随便一个投票，都有成千上万的人参与，而作为发起人，仅是做了一个小小的发起动作，所以企业要是能把推广与投票巧妙结合，就会获得意想不到的回报。下面以开心网为例。

(1) 进入开心网，找到"投票"并点击。如图7-15所示。

图7-15 点击"投票"

(2) 点击"进入应用"。如图7-16所示。

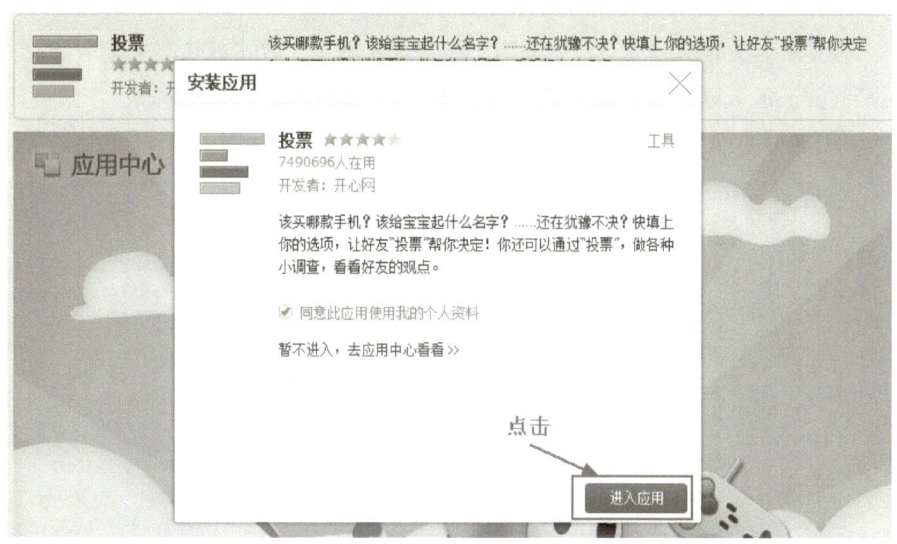

图7-16 点击"进入应用"

(3) 填写投票问题和选项。如果觉得选项不够，可以点击"增加更多候选项"，然后点击"发起投票"并发布成功。如图7-17所示。

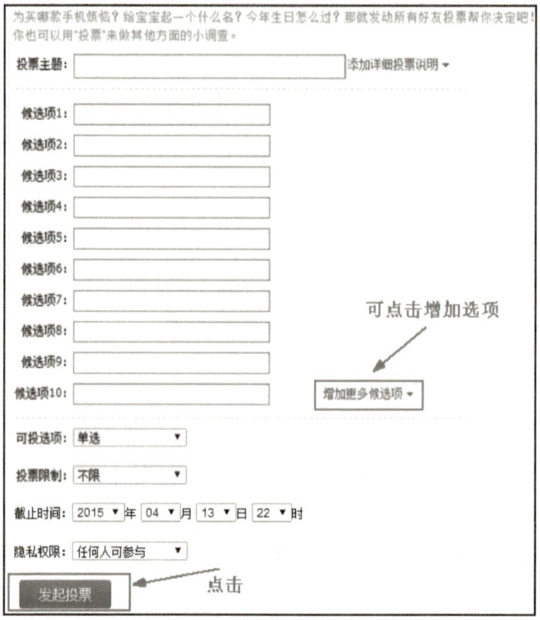

图7-17 填写投票主题和选项并点击"发起投票"

7.3.3 建群

很多SNS添加的好友是有上限的，如果好友满了，就可以建群来增加好友，一个活跃的群，每天可能都有源源不断的人进群。下面以开心网为例建群。

(1) 在开心网上找到"群组"并点击。如图7-18所示。

图7-18 点击"群组"

(2) 点击"创建新群"。如图7-19所示。

图7-19 点击"创建新群"

(3) 选择建立允许任何人添加的群，点击"创建"。如图7-20所示。

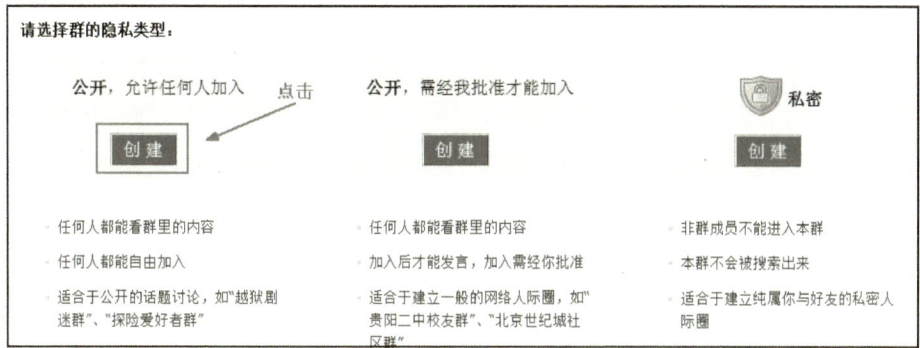

图7-20 点击"创建"

(4) 填写适合的群名称、群介绍、群分类，上传群图标，点击"确定"，群创建完成。如图7-21所示。

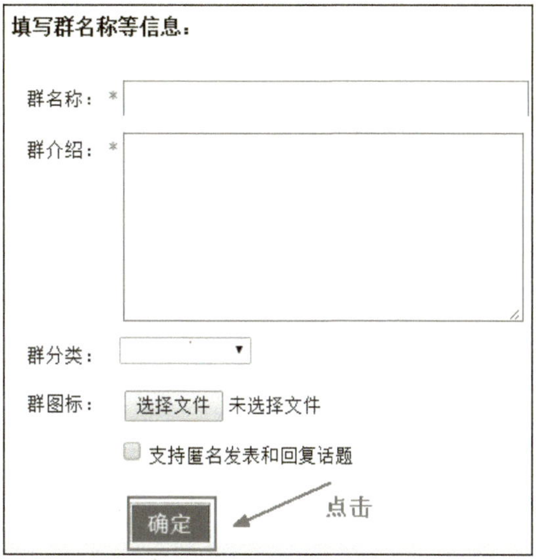

图7-21 填写信息然后点击"确定"

建群还需要注意以下几点。

- 建群时，首先明确群的主题，从而更好地找到目标客户，也能让目标客户找到你。
- 在建群前期应该主动多拉一些好友进群，只有群里人数多了，群的氛围才能活跃起来，那样群才能长久。
- 群主应该经常维护群，多出来与群员沟通交流，这不仅可以提高群主在群员中的地位，还可以营造出良好的氛围。除了这些，还可以经常上传吸引群的内人员的有用资源、搞笑的视频等。

7.3.4 转帖

在SNS中看到好的文章就转发它，一篇好的文章能获取很多网络用户的关注。在发表转帖的同时，发表一些自己的看法和见解，并增加投票或观点，这样能引起好友的关注。在文章末尾添加一些链接，如"添加我为好友"的链接，效果也非常好。如图7-22所示。

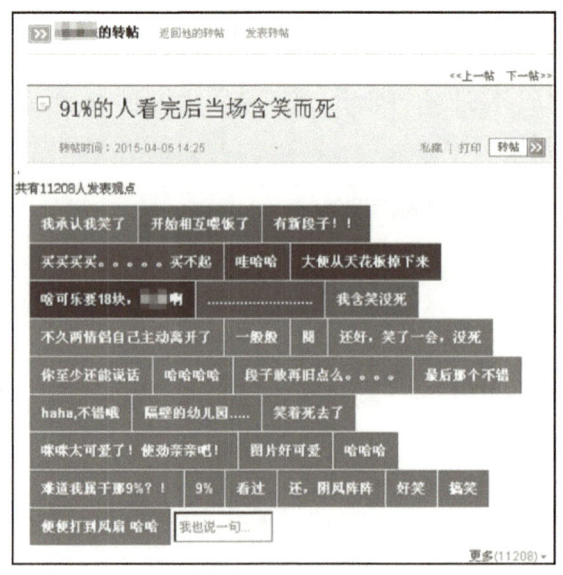

图7-22 转帖效果

不过需要注意的是，链接不能放置得太多了，否则会引起管理员的注意，很有可能被删除。

7.3.5 状态

可以在SNS的状态中随时记录心情和想说的话。但是如果推广者每天在SNS状态上放置广告，形成了刷屏的现象，那样很容易让SNS上的好友产生反感心理。

如果能巧妙地利用状态，在这个位置放置每天最热门的社会新闻、轻松笑话、个人心得，相信好友的关注度肯定会呈直线上升的趋势，然后偶尔发布一些对好友有用的广告信息，也不会引起反感。只要把状态利用好了，就能很轻松地赢得好友的关注度以及好友的忠诚度，还能获得更多的转发量。如图7-23所示。

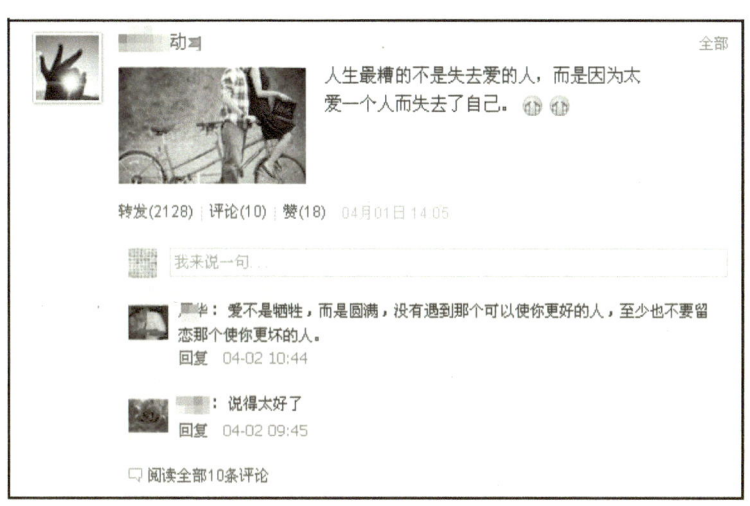

图7-23 好的状态

由图7-23可见，将一些人生哲理放置在状态上面，可以引起好友的回复、点赞。虽然回复和点赞的人不是很多，可是其转发量就达到了2 128，可见其传播效果还是很大的，并且间接就把你的账号传播出去了，让更多的人看到你的账号，了解你写的状态，如果喜欢，就会关注你，这样就很轻松地多了很多"忠诚粉"啦！

> **专家提醒**
>
> 通过对以上SNS推广技巧的介绍，可以知道SNS推广技巧都是很简单的，只要认真总结，认真去做，再简单的方法也会有好的效果。另外，最重要的还是实践和运用这些方法，多与好友分享，分享得越多，推广效果才有成效。

第 8 章 RSS推广

学前提示

企业在做网络营销时，很少选择RSS推广，因为企业大多都觉得RSS推广很难。其实不然，RSS推广只要掌握了技巧，绝对是一个节省成本又能获得成效的推广手段！

要点展示

- RSS推广概述
- RSS推广实战
- 其他聚合推广平台

8.1 RSS推广概述

RSS是一种起源于网景的推广技术，将用户订阅的内容传送给他们的通信协同格式CRotocol。RSS推广更容易准确找到目标客户，如果企业掌握了推广技巧，就会有意想不到的效果。

8.1.1 认识RSS及其推广

RSS是一种消息来源格式规范，可称为简易信息聚合，也叫Really Simple Syndication聚合内容。这种格式规范用以聚合经常发布更新数据的网站，如博客文章、新闻、视频等的网摘。简单来说，RSS就是一种用来分发和汇集网页内容的XML格式，且方便添加收藏与信息传播推广。

通常在时效性比较强的内容上使用RSS订阅能更快速获取信息。网络用户可以借助支持RSS的聚合工具软件，如SharpReader、NewzCrawler，在不打开网站内容页面的情况下，阅读支持RSS输出的网站内容。RSS有以下几个作用。

- 订阅Blog：可以订阅需要的文章和与你有共同爱好的作者的Blog。总之，想订阅什么就订阅什么，完全无门槛。随心订阅。
- 订阅新闻：奇闻怪事、明星消息、音乐风云，只要是你想知道的，你喜欢的，都可以订阅。
- 只要将喜欢的内容订阅在一个RSS阅读器中，这些内容的更新就会自动出现在阅读器里，再也不必不断地刷新网页来找寻自己喜欢的消息内容了。

> **专家提醒**
>
> RSS文件可称为摘要或频更新、网络摘要，包含了全文或节录的文字。

RSS阅读器可以分为3类。如图8-1所示。

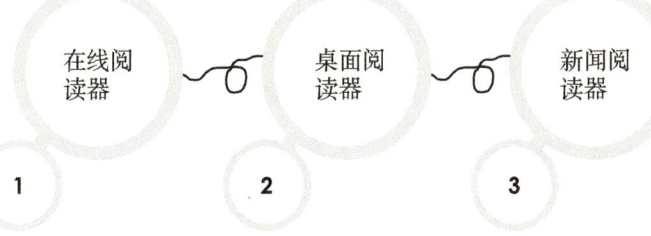

图8-1 RSS阅读器的分类

1. 在线阅读器

在线阅读器不需要安装任何软件，还可以保存RSS阅读状态，向用户推荐和允许用户收藏自己感兴趣的文章。提供此服务的有以下两类网站。

- 专门提供RSS阅读器的网站，如鲜果、Google Reader、抓虾等。
- 提供个性化首页的网站，如netvibes、pageflakes、雅蛙、阔地等。

2. 桌面阅读器

桌面阅读器是运行在计算机桌面上的应用程序，通过所订阅网站的新闻供应，可自动更新新闻标题。该类阅读器有Awasu、FeedDemon和RSSReade等。

3. 新闻阅读器

新闻阅读器通常内嵌于已在计算机中运行的应用程序中。如Pluck内嵌在Internet Explorer浏览器中，NewsGator内嵌在Outlook中，所订阅的新闻标题位于Outlook的收件箱文件夹中。

RSS推广是指利用RSS推广营销信息。RSS推广通常与电子邮件营销（EDM）配合使用。因为RSS可以对电子邮件营销进行替代和补充，且RSS与电子邮件营销有许多相似之处，它们之间的区别是向用户传递信息的方式不同。

8.1.2 RSS推广的特点

从目前RSS的推广方式来看，其主要特点如图8-2所示。

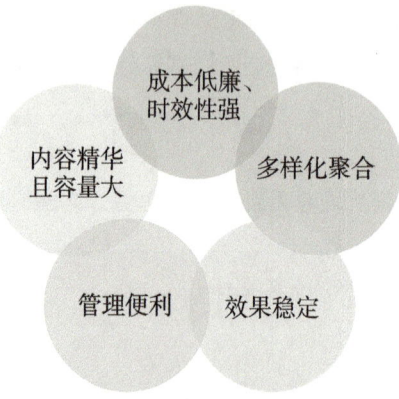

图8-2 RSS推广的特点

1. 成本低廉、时效性强

企业利用RSS推广，可以明显感觉到RSS带来的时效性和价值性，这都归根于RSS阅读器中的信息随着订阅源信息的更新而及时更新。RSS推广长期的信息发布成本几乎为零，这是传统的电子邮件、百度竞价、互联网浏览等发布方式无法比拟的。

2. 多样化聚合

任何内容都可以用RSS来发布，包括专业新闻、网络营销、企业等信息。如用户可以通过RSS订阅感兴趣的分类广告信息，而网络商城还可以用它来传递物流跟踪信息、拍卖商品的实时竞价情况、发布促销信息等。

3. 效果稳定

RSS中的目标用户不会受病毒邮件的影响。因为在RSS阅读器中保存的只是所订阅信息的摘要，无需在线到网站上阅读，因而不必担心病毒邮件的危害，目标用户可以稳定地使用。

4. 管理便利

RSS的本地内容管理非常便利，下载到RSS阅读器中的订阅内容，目标用户可以进行离线阅读、存档保留等多种管理操作，使阅读器不仅仅是一个阅读工具，还是一个用户随身携带的资料库。

5. 内容精华且容量大

RSS阅读器中只会出现用户订阅的内容，目标用户没有订阅的内容，弹出式广告、垃圾邮件等无关信息完全不会出现。因而不会有令人烦恼的"骚扰"出现，出现的信息都是目标用户订阅的精华部分。

此外，RSS阅读器的储存量非常大，它没有固定的容量，能让用户在存储、订阅信息时，不必担心信息内容过大的问题。

专家提醒

网络推广者需重视RSS推广。当然在做RSS推广时会面对很多问题，企业不要退缩，应该有效地利用并深入研究探讨。

8.2 RSS推广实战

在如今的社会，一般在学校里所学到的知识偏理论性，等到了工作之后会觉得这些理论只是知识海洋里的冰山一角，只要学会把在社会上的实践与理论相结合，这样才能更高一层次的增加自身的知识面。在网络营销中，企业想要做出成效，只了解理论知识是不够的，还要在实践解决问题，从而得到效益。下面介绍RSS推广实战操作。

8.2.1 RSS推广方法

RSS推广的基础方法如图8-3所示。

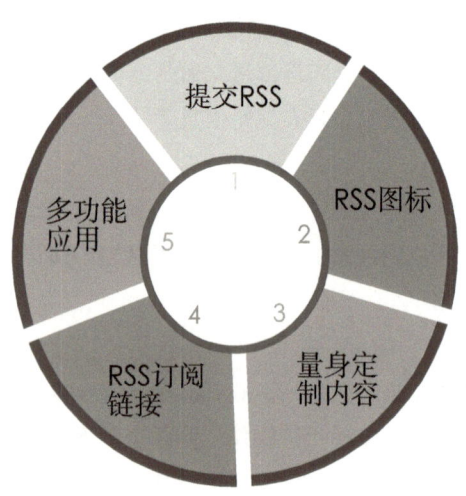

图8-3 RSS推广方法

1. 提交RSS

企业利用RSS推广做网络营销时,首先要找到专门针对RSS的搜索引擎和RSS的分类目录,然后将网站的RSS提交到这些站点上。这样能增加RSS曝光度,促进搜索引擎收录,为网站增加链接广度,既可以带来流量,又能加快搜索引擎收录与信息的推广速度。

2. RSS图标

有条件的话可以在网站增加RSS订阅吧,方便用户订阅信息。RSS订阅的图标要放在醒目的位置,以引起网民的注意。有的网站为了彰显个性,认为千篇一律的小图标不够吸引人,就做一个有网站自身特色的、醒目的RSS订阅图标,链接到RSS的页面里。

3. 量身定制内容

只有针对不同的用户推送不同的内容,才能维持用户的忠诚度,愿意一直订阅企业的信息。因为人的性格和爱好是不同的,能够精确到每个人是很困难的,企业只要做到大概的范围就可以了,那样客户订阅的流失量就会减少。

4. RSS订阅链接

RSS订阅链接一方面是EDM的补充,随着网民网龄的增加,使用RSS代替EDM的会越来越多。另一方面,可以使用户更广泛地了解自己喜欢的信息,并且一直使用RSS订阅。

5. 多功能应用

企业可以通过RSS订阅的方式获取天气预报、订阅感兴趣的分类广告信息等生活信息。

8.2.2 亚马逊用RSS推送营销信息

很多企业都觉得RSS推广操作复杂，而且效率很低。其实不然，只要掌握了RSS推广方法，就能很好地应用RSS并且得到一定的效率。亚马逊看中了RSS推广市场并巧妙地运行RSS推广，从而成为全球最大的B2C网上购物站点。

2003年，亚马逊所售商品达到了几十万种，然而亚马逊发现，它的用户很难在如此多的商品种类中快捷地找到目标商品，并且新商品介绍、商品促销信息也难以找到合适的渠道传递给不同需求的大众。传统的E-mail发布形式很容易引起病毒传播，大多数用户都会屏蔽掉，这使得成本很高但成效很小。

亚马逊在2004年将注意力转向了RSS。通过RSS，能快速将亚马逊的新商品上市、新产品促销信息推送给订阅的用户，不仅给用户提供了方便，而且提高了这些信息的普及率和针对性。

由此可见，RSS的传递信息速度快、接收信息效率高，非常适合亚马逊向经常上网的客户提供信息，在用户不知道有新闻发生时将新闻送到用户面前，帮助用户毫不费力地第一时间了解新信息、新事件、新产品。

RSS可以在最短时间内为客户提供有价值的信息，同时为内容、商务服务商创造业务机会。

8.2.3 羊城网友周刊的RSS订阅服务

羊城网友周刊在网站上提供RSS订阅服务，只要用户安装了RSS阅读器，并设置了他们提供的RSS地址，就可以在客户端即时阅读羊城网友周刊的最新文章。

在羊城网友周刊推荐下，之前采用电子邮件方式订阅羊城网友周刊的用户几乎都换成采用RSS方式订阅，大多数用户表示接收信息的速度比电子邮件更快，从以前每周接收一次变成现在每天接收几次，而且接收信息更稳定了，不再担心收不到。

因为RSS是随着网站内容更新而更新的，所以网站管理者不需要花费群发电子邮件的时间和服务器资源，只要保持服务器稳定就可以了。同时羊城网友周刊在RSS中插入了Banner广告和关键字广告，不用担心阅读者订阅了RSS就会忽略了对网站广告的关注。由于RSS的格式和排版相对网页单一，里面的广告更容易引起阅读者的点击兴趣。

8.3 其他聚合推广平台

除了RSS这种利用内容聚合服务进行推广的方式外，互联网上还有很多聚合式平台可供企业做推广。

8.3.1 网摘站

网摘是一个免费的网络书签服务，它可以让用户将在网上看到的各种网页、文章收藏起来，还可以在网上与朋友分享。由于网摘具有较大的共享性，大家在阅读网摘的同时可以给连接来源网站带来流量，从而形成有效的推广方式。

企业可以先到流量大的网摘站注册，然后把站点的精华发到网摘网，最好是原创性的内容，吸引网摘站用户收藏站上的文章，从而提高自身网站的流量。一旦提交的页面被收录到首页上，就会为自身网站带来可观的流量。

企业在网摘站放置网摘时，要注意把标题做得新颖一些，吸引网民点击浏览；网站内容页一定要打开速度快并且内容简洁，因为如果网摘站上的文章长时间打不开，内容就可能会被删掉。

还要注意选择合适的登录时间，尽量避免在上网高峰期进行推荐，因为这段时间推荐的用户比较多，推荐出去的页面会很快沉底，效果不明显。最好避开这个时间段进行推荐，将会事半功倍。

在上午8:00～9:00是向网摘推荐文章的黄金时间，这时很多上班族在上班路上，他们可以利用网摘在交通工具上打发时间，这个时候推荐文章，效果很明显。

> **专家提醒**
>
> 随着网络的迅速发展，网摘站也有很多时候做推广的，如天极网摘、天天网摘、我摘、博采中心、人人网摘、新浪VIVI、和讯网摘、加加文摘、poco网摘、龙城网摘等。

8.3.2 Digg站

Digg站可称为顶客、掘客，它结合了书签、博客、RSS以及无等级的评论控制。在一个顶客类网站上申请一个用户就可成为顶客，就像在博客网站上申请一个用户成为博客一样，其本身不提供内容，所有的内容都来自于用户的推荐。

Digg站以用户的投票数为内容排序，文章被顶的次数越多，在首页的排名就越靠前。因为它没有职业的网站编辑，编辑全部取决于用户自己，用户可以随意提交文章，然后由阅读者来判断该文章是否有用，收藏文章的用户越多，说明该文章越吸引人。

由此可见，企业可以通过向Digg站投递内容的方式进行推广，也可以配合软文使用，只要有创意，大胆地使用发散性思维，就能赢得网民的掌声和支持。

专家提醒

提供Digg站的网站有以下几个。
- PBDigg，是IT资讯社区与Digg程序提供商的Digg网站。
- 红亭子，是一个不错的Digg系统，允许网友自由发掘新闻、共享信息及自由评论。
- 被雷了：分享记录雷人雷事的Digg站。
- 砖家网：是国内很强的Digg站。
- 开路网：是一个版式不错的Digg站。

8.3.3 收藏夹网站

收藏夹网站主要为用户提供网址收藏服务，让客户随时随地都能快捷地访问自己感兴趣的网站，还可以轻松地与他人分享，或从他人的分享中发现有价值的信息。目前提供这种服务的网站有很多，如腾讯、新浪、IE等。

值得注意的是，每个收藏夹网站都有自己的规则，企业在做推广时需要遵循它的规则，做到推广不留痕迹。企业在做收藏夹网站推广时，不能只收藏自己的网站，这样很有可能被禁用账号、删除账户，甚至被禁用域名，到时候企业就真的是浪费了时间又没有成效了。

总的来说，企业应该抓住收藏夹网站对用户关注度高、收藏数多的网址重点推荐这一特性，以引导用户收藏的方式来增加曝光度，从而达到宣传推广的目的。

专家提醒

下面推荐几个收藏夹网站。

- 宝盒网：可以发布软文，通过内容的形式加入链接，可以快速地被搜索引擎抓取。
- 乐收：可以在收藏夹中添加网址，很快被收录，这个收藏夹的权重比较高，基本上没什么限制。
- 好网角：和网络书签没什么区别，是一种共享的收藏夹。

其他推广方式

第  9 章

 **学前提示**

网络营销对于企业来说就是一本百科全书，里面有用之不尽的知识，企业不去亲身体会是不能体会其中的奥秘的，而且推广方式繁多，推广者要有挖掘精神，慢慢挖掘出适合自己的推广方式。

 要点展示

- 友情链接
- 问答推广
- 图片推广
- 资源合作推广

9.1 友情链接

友情链接是指互相在自己的网站上放置对方网站的链接。在网络营销中,友情链接推广是必不可少的推广方式,它是最简单、最普遍的网络推广方式。

9.1.1 认识友情链接

友情链接可称为网站交换链接、互换链接、联盟链接等,是一些互补网站之间的简单合作形式。把各自的网站Logo图片或网站名称设置成超链接,放置到对方网站上。超链接是用户点击后,能切换或弹出另一个新的页面,从而产生网站浏览量。

由于企业之间可以利用友情链接来互相推广,因此常作为网站推广的基本方法。

友情链接的分类如图9-1所示。

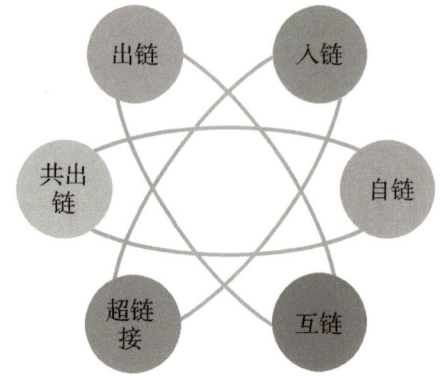

图9-1 友情链接的类别

1. 出链

出链(outlink)是指从某页面指出的链接。一般这个链接应该指向某个特定集合以外的页面,如一个网站、网页的出链就是指点击该网站、网页里的某个页面链接,就会转向其他网站里的页面。

2. 入链

入链(inlink)是指其他网站指向某页面的链接。一般这个链接应该来自某个特定集合以外的页面,如一个网站、网页的入链就是其他网站、网页里的页面指向该网站里的页面链接。

3. 自链

自链(selflink)是指从某页面指向该页面自身的链接,可能是同一页面的不同部分。一般这个链接应该指向某个特定集合内部的页面。例如,一个网站的自链就是该网站内任何页面指向该网站内其他页面的链接。

4. 互链

互链(interlink)又称站间链接,是指两个不同网站相互之间的链接。这个词通常以-ing的形式出现,例如,网站互链(interlinking)表示网站之间的链接。

5. 超链接

超链接（hyperlink）是指从一个网页指向一个目标的链接关系，这个目标可以是另一个网页，也可以是同一网页的不同位置，还可以是一个图片、一个电子邮件地址、一个文件等。浏览者点击已经链接的文字或图片后，链接目标将显示在浏览器上，并且根据目标的类型来打开或运行。

6. 共出链

共出链（co-linking）是指如果点击两个页面中的某一个链接，跳转到同一页面中，这两个页面共出链。

9.1.2 优质链接

企业做友情链接推广时，一定要与优质链接交换，不然起不了什么作用。那么怎么分辨优质链接呢？可以利用网络上的工具对比一定的值，如利用站长工具查询链接的Alexa排名、PR值、收录数等。如图9-2所示。

图9-2 分辨优质链接

1. Alexa排名

Alexa排名代表流量，排名越高，流量就越多。但是有时候很多网站是通过作弊得来的流量，不会很准确。不过没有关系，只要不选择没有Alexa排名以及排名比自己网站低的链接就可以了。

2. 知名度

如果企业有能力，就尽量与知名度高的网站交换链接，毕竟知名度高的人流量相对其他网站的人流量来说稳定一些，行业影响力也相对来说大了很多。

3. 收录数

企业可以参考其同类网站在不同搜索引擎的收录比例，只要不相差太多，就可以与其交换。例如，对方网站在百度与Google的收录数相差不大，就可以与之交换。在搜索引擎框里直接输入"site：baidu.com"。就可以找到百度的收录数。

4. PR值

PR值代表网页的权重，只有与权重高的网页交换链接，才会提升自己的权重。通常来说，只要对方的PR值比自身高就可以换。PR值可以直接在站长工具上查询，最好选择不低于4的网站与之交换。

5. 更新速度

如果一个网站天天更新，搜索引擎就会重视它，一个不勤于更新的网站，可以看作"死网站"，用户不会喜欢，搜索引擎不重视，那么链接就不会有价值，企业就没有必要与之交换了。

专家提醒

企业在分辨优质链接时，一定会看网页的PR值，PR值越好，说明链接效果越好。那么，PR值到底是什么呢？

PR值是谷歌排名运算法则的一部分，它用来标识网页的等级或重要性。PR值分为0~10级，10级为满分，PR值越高，说明该网页越受欢迎。例如，一个PR值为2的网页表明其不太受欢迎，PR值为7~10则表明该网页非常受欢迎。

9.1.3 劣质链接

企业在与其他网站做交换链接时，如果对方链接出现图9-3中的任何一个问题，就停止交换。

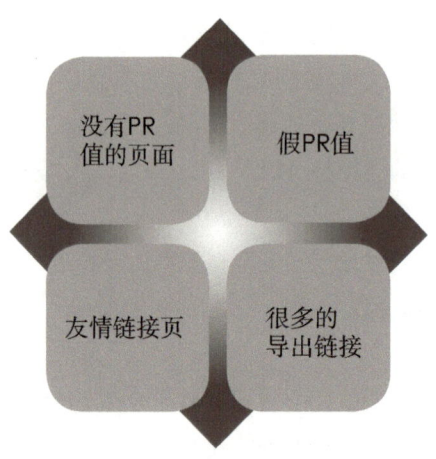

图9-3 分辨劣质链接

1. 没有PR值的页面

没有PR值的页面，是一定不能交换的。很多新手认为对方网页只要有PR值，与其任何页面交换都会有效果。其实不是这样的。PR值是针对具体某个页面而言的，一定要与对方有PR值的页面直接交换才会有效果。

2. 假PR值

有一些网页为了提升PR值，会走一些不正规的捷径，利用PR劫持技术欺骗PR值，从而产生假的PR值。不过通过很多在线的识别工具也很容易识别。

3. 很多的导出链接

即使对方网页的PR值是10，但是如果有几百个链接，实际上分到企业网站上的PR值也没有多少，如果对方的导出链接超过了40，企业就不需要考虑与这些网站交换了。

4. 友情链接页

在友情链接页放置链接是没有意义的，它们是专门的友情链接页，不会每天更新，没有实质性的东西，用户不会点击，而且通常友情链接页没有很高的PR值，不能给自身网站带来流量。

9.1.4 获取链接渠道

获取链接的渠道如图9-4所示。

图9-4 获取链接渠道

1. 购买链接

如今，互联网上有很多网站是通过专门出售友情链接盈利的，企业可以到这类网站购买友情链接，其价格是透明的。企业在购买链接时有以下几点值得注意。

- 在购买链接时应该一点点地买，最好每周买3～6个链接，千万不要一次性买太多，否则会被搜索引擎惩罚。
- 要识别清楚网站链接是否是优质的再决定购买，千万不要图一时便宜上了当。
- 最好在PR值更新前一个月再买，这样很有可能省两个月的资金。
- 当自身网站PR值被带起来以后，换一些优质的链接回来，不能只靠花钱买链接，那样成本太高了。

2. QQ群

企业如果不想在友情链接花费较多，可以加一些专门以交换友情链接为目的的QQ群，多在群里互动，与群员成为朋友，久而久之，可能就会有人愿意交换彼此的友情链接了。

3. 交换链接平台

在互联网上有许多交换链接平台，如推草网、GO9GO等，企业到这些网站上寻找自己的合作伙伴。如图9-5所示。

图9-5 交换链接平台

4. 交换资源

企业网站刚起步时，很多网站都不愿意交换链接，这时可以考虑利用自己的资源与其他网站交换，如帮别人写一篇软文，换一个链接；提供一个网站广告创意，换一个链接等。

9.2 问答推广

问答推广就是企业利用互联网各大问答平台进行推广，这是一种很普遍的推广方式。

9.2.1 什么是问答推广

问答推广是指企业以提问题和回答问题的方式，利用问答平台进行推广，其操作简单，效果也很显著。当下最受欢迎的问答平台有百度知道和腾讯搜搜，因为其人气旺、分类明细、内容更新快、有完善的奖励机制，很贴近网民的需要。如果企业能巧妙地利用问答推广，就会很容易找到目标客户，提高品牌知名度和信誉度。

就拿百度知道来说，它最大的特点就在于和搜索引擎完美结合。

- 百度知道中的数据可以反映到搜索结果中，用户只要在百度中搜索问题，百度知道就会提供相应问题的词条。
- 能精准找到目标客户，百度知道中的问题都需要贴标签（关键词），有了这些标签，用户可以快捷地找到答案，推广者可以精准地找到目标客户。
- 百度知道呈现的是用户互相之间回答和互助的一种模式，这能很好地拉近人与人之间的距离以及信任度，企业在问答平台上做推广，更容易提高品牌知名度和信誉度。

9.2.2 问答推广的方法和技巧

问答推广和SNS推广、RSS推广一样，都有独定的技巧和方法。问答推广有两种：自问自答型和回答问题型。

1. 自问自答型

在问答推广中，自问自答型是效率最高的，它是自己提出问题，自己回答。这种推广方式要想效果好，就要根据企业所在行业，结合产品、网民的搜索习惯，选取有搜索量的目标关键词；确定好关键词以后，再去问答平台提问。进行自问自答型推广的步骤如下。

- 用不同的IP地址申请多个账号。
- 用账号（账号A）提出符合网民搜索习惯的问题。
- 隔一天或两天换个账号和IP地址（账号B）回答问题。
- 在问题快结束时，将账号B回答的答案设置成最佳答案。

除了基本步骤之外，企业还需要掌握一些小技巧，这样才能在问答推广中运筹帷幄。

（1）多个账号循环使用

企业在做问答推广时，千万不要只用两个固定的账号循环问答，那样很容易被封号，并且问题也会被删除。尽量多注册几个账号，循环使用，并且每个账号都要用不同的IP地址，这样才不会被看出做广告的嫌疑。如果IP地址不够，可以在网上下载代理IP工具。

（2）提问注意事项

企业在提问时，要选择适合的分类关键词，千万不要乱提问。如手机类问题，一定要到"手机数码"等相关分类提问，而不是到"减肥/塑身"提问。并且要使用多个账号提问，不要只盯着一个账号问来问去，那样会引起管理员的注意，问题很容易被删除或封号。

（3）提供账号等级

企业可以用固定几个账号回答别人的问题，一来可以提升自己账号的等级，二来可以增加采纳率，成为别人眼中的优质账号。

（4）问题的更换

企业可以利用不同的账号在问答平台上发布同样的问题。值得注意的是，结合网民搜索习惯，要换几种表达方式进行提问，如"如何除去衣服上的油渍""用什么东西可以除去衣服上的油渍""有什么妙招可以除去衣服上的油渍"等，利用不同的语言组织形式，反复提问同个问题，久而久之，网民在搜索这方面的信息时，就很有可能看到我们的帖子。

（5）问题标题

在问答推广中，问题的标题如果能符合网民的搜索习惯，就能从搜索引擎中获取更多的流量。

2. 回答问题型

回答别人的问题时，要比自问自答这种方式更有难度。因为需要选择适合推广企业产品的问题进行回答，而答案不能太过于突出推广产品的意味，要很好地把握度。在问答平台进行回答问题型推广的步骤如下。

(1) 在问答平台分类中找寻相关问题，如要卖减肥产品，可以去"减肥/塑身"分类寻找问题。

(2) 目标问题找到以后，挑选其中的新问题或待解决的问题进行回答，如果是第一个回答的人，那么答案就会排在第一位，即使不作为最佳答案，也有较好的位置，引起网民的注意。

虽然回答问题型推广步骤比较简单，但还是需要掌握一些小技巧，才能更好地完成推广。

（1）答案要有质量

回答别人的问题，一定要有质量，不要怀着是去做推广而不正儿八经地提供答案的心态，胡乱回答别人的问题，这样账号很难提升等级。相反，提供的答案是准确的、有影响力的，就很有可能被设置为最佳答案，从而提升账号的信誉度和等级。

（2）控制好回答的量

同一个账号，每天回答的问题不要太多，最好不要超过10个，否则很容易被封号。如平常用户一天最多回答5个问题，而你一天就回答了二十几个问题，差异太大了，很有可能被封号。

（3）慎留链接

账号级别低时，回答别人问题的正文内一定不要放置链接，带链接的结果就是被封号，甚至链接被屏蔽。等账号级别高时，可以将链接放置在"参考资料"一栏，一次不要放置太多，否则很容易出问题。

9.3 图片推广

如今的互联网是个图文并茂的"小社会"，如果互联网失去了图片，估计不会有网民愿意花时间在上面闲逛。**企业可以把图片与推广信息相结合，发布到各大网络平台上，只要图片广告有创意、精美，必然会在互联网里掀起一阵热潮，从而达到营销目的。**

9.3.1 什么是图片推广

图片推广，顾名思义就是企业把推广信息融入图片中，以图文的形式通过各种互联网平台传递到网民面前，以此达到宣传推广的目的。

图片推广在互联网营销上占据了很大一部分市场，只要图片做得精美、有趣，就会大受网民的喜爱，使之更容易让用户接受。总的来说，图片推广的特点如图9-6所示。

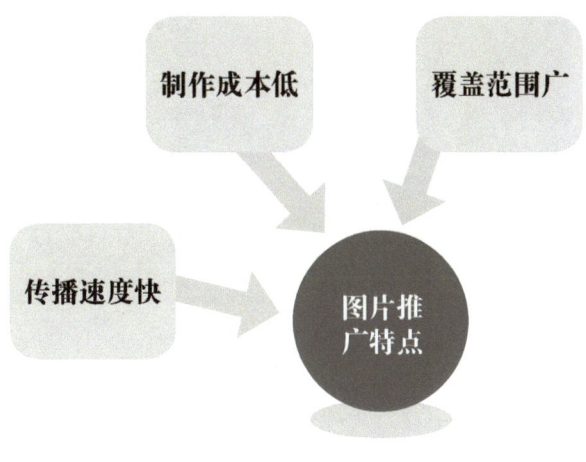

图9-6 图片推广的特点

1. 传播速度快

如今是一个分享的时代,大家不管是看到好的、坏的,还是讨厌的,都喜欢与人分享。由此可见,只要企业把图片广告做得精美又有创意,其传播速度会非常快且范围也很广阔。

2. 制作成本低

图片广告制作起来几乎不需要花成本,只要有一台计算机,懂一些PS(Photoshop)知识,就能做出精美的图片,制作成本非常低廉。

3. 覆盖范围广

不管是什么样的网络平台都离不开图片,尤其是以互动和销售为主的平台,如微博、QQ、淘宝、京东等,大家特别喜欢用图片进行交流与沟通或吸引网民的注意,企业如果用图片进行推广,一定会获得大范围的潜在客户。

9.3.2 图片推广的形式

图片推广方式有以下几种。

1. 图片加水印

在图片上加水印是最常见的一种方式,如淘宝店铺的图片都加了水印。如图9-7所示。

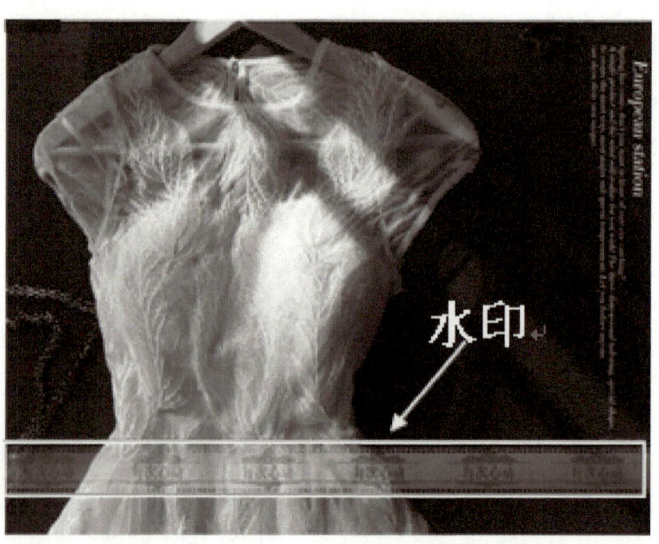

图9-7 淘宝某店水印

企业可以把自己的企业名称、网站、Logo、产品名称做成水印。但是值得注意的是，一定要把水印做得有特色，不要破坏了图片整体的美感，不然会适得其反。

2. 搞笑型

互联网中搞笑型的图片随处可见，前段时间的"王大锤"就是个实例，用"王大锤"在"万万没想到"电视剧中的呆傻表情做成恶搞型广告。如图9-8所示。

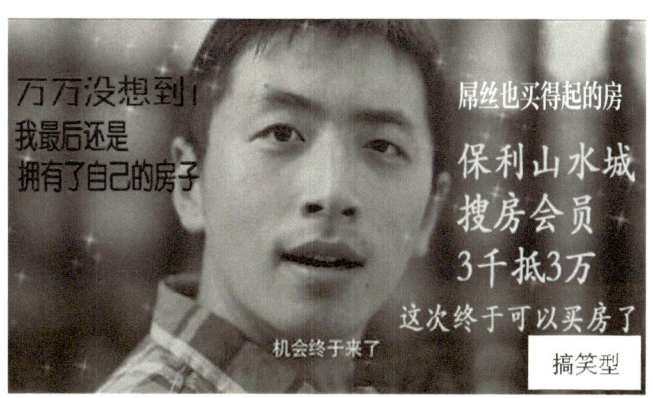

图9-8 用"王大锤"做广告

此广告是利用"万万没有想到"中的一个角色"王大锤"在剧中的表情和"万万没想到"的句式做的一个简单的楼盘广告。网友看到这个广告会觉得挺恶搞的，容易加深对"保利山水城"的印象。

3. 壁纸型

不管是移动用户还是传统PC用户，大多数用户都使用过壁纸，将企业产品信息融入壁纸中也是一种好的推广方式。如现在热门的一款大型网络游戏"英雄联盟"，就把壁纸利用得很好。如图9-9所示。

图9-9 英雄联盟壁纸

4. 企业Logo

在互联网中,很多企业可以利用自身的Logo做推广素材,特别是在节日时,抓住节日气氛,从而推广自己的品牌。例如,各大搜索引擎都会在七夕制作与七夕相关的Logo图片,作为当天的企业Logo。如图9-10所示。

图9-10 搜索引擎在七夕的Logo

9.3.3 图片推广的技巧

虽然互联网随处都能投放图片,但要秉持"宁缺毋滥"的原则,选择适合自己的平台和方法来投放图片广告。图片推广的技巧如图9-11所示。

图9-11 图片推广技巧

1. 利用微博相册

微博是一个分享型的网站,人们可以把自己的心得、想法、新闻事件、幽默笑话等信息发布到网上,提供网民浏览、评论。企业可以利用微博上的相册,放置一些精美的广告图片,在写微博时可以适当附带一两张图片。只要微博标题、内容吸引人,那么图片上的广告信息会自然而然地进入网民的眼球,甚至给企业带来效益。

2. 在图片平台发布

找一些专门发布图片的网站,如昵图网、优美图、千图网等,只要图片做得精美、特别，就很容易被顶到首页并流传到其他网络平台中。在图片中加企业网站Logo、网站名称的水印，就能在无形中提高企业的知名度。

3．利用QQ

大家都知道QQ用户数量是极大的，在聊天时很多人喜欢用一些很有趣的图片来丰富自己的意思。如果图片足够吸引人，就很可能会被大量转载，而这些图片加了网站的网址水印或者宣传资料，带来的流量是无法想象的。除了可以在与个人聊天时发图片，还可以在QQ群、QQ空间、邮件贺卡中放置图片。

9.4 资源合作推广

资源合作推广是以企业之间的资源共享为基础，从而达到共同获取利益的一种推广方法。这拉近了企业与企业之间的距离，且更能发现自身的优势和不足。

9.4.1 什么是资源合作推广

网络营销中的资源合作推广是指通过网站互相交换链接、广告、用户资源合作等方式，达到一定的宣传效果，如图9-12所示。

图9-12 资源合作推广

每个企业网站均有自己的资源，这种资源可以表现为一定的访问量、有价值的内容和功能、网络广告空间等，企业用这些资源与合作伙伴开展合作，能相互达到一定的营销效果。

资源合作推广的最大特点是在投入资金的情况下,企业能充分发挥手中的资源,与合作伙伴进行交换,使企业做到"去其糟粕取其精华",从而扩大收益、扩展资源、实现营销推广。

做好资源合作推广的首要任务是看清自己企业网站的优点,挖掘出自身资源,在合作的过程中不要太过死板,应该大胆创新,给人眼前一亮的感觉。

9.4.2 资源合作推广的基本步骤

资源合作非常简单,只要抓住"认清自己""认清别人""磨合"这三点就能很好地运用资源合作推广了。

1. 认清自己

人们不管做什么事情之前,往往都要先弄清楚自己是否可以做,自身的优势和缺点,以及做这件事的目的。同样,企业做合作推广之前要先认清自己,看看自身的哪些资源与优势可以利用,并且明确与人合作的目的,这样才能让别人愿意与你合作。

2. 认清别人

企业认清自己之后,就要选择一个适合自己的合作伙伴。遇到有合作可能的企业后,先不要急于谈合作,应该先分析对方哪些资源有优势,如果其中有符合自身企业所需的资源,则可初步思考自身资源中有没有对方感兴趣的,如果有,就能与对方沟通合作事宜。

3. 磨合

在与对方企业洽谈时,要本着求同存异、共赢的原则,就能洽谈成功。多提出双方共同发展、受益的建议,才能打动对方,认为你是一个有想法和可靠的人。慢慢与对方磨合,指出各自需要改进的地方,能为对方带来的好处,那样对方会愿意坐下来听取你的想法,与你成功合作。

9.4.3 常用的资源合作推广方式

企业确定合作之后,就要确定合作推广的方式。常用的资源合作推广方式如图9-13所示。

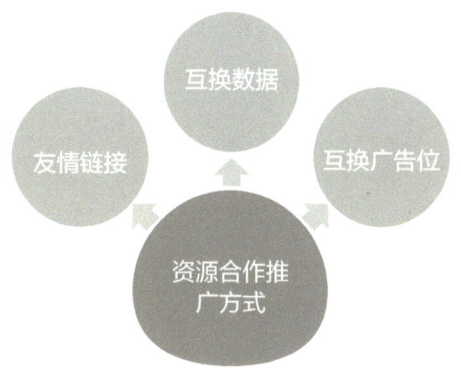

图9-13 资源合作推广方式

1. 友情链接

友情链接是最基本、最简单的合作方式。企业分别把自己的网站名称或网站Logo设置成超链接，放在对方网站上，使用户可以从合作网站中发现自己的网站，达到互相推广的目。

2. 互换数据

企业为了改善销售策略，需要获取相关数据，而获取数据需要大量的时间和精力，若企业互相交换手中的数据，就不用费力费时地想办法获取有效的数据，可以轻松地互换到对自己有利的数据。

3. 互换广告位

每个网站都有自己的广告位，而这些广告位置不一定全部售出，从而浪费了资源。企业利用空置的广告位与合作伙伴互换，既能互相宣传，又不会浪费资源。

在这个巨大的互联网里，有很多东西需要自己去挖掘，网络营销的推广方式绝不止前面介绍的，只有找到适合自己的推广方式，才能在网络营销里立足。

营销篇

第10章 O2O营销

学前提示

随着科技水平的不断发展，移动互联网逐渐成为人们日常生活离不开的重要工具。人们的现实生活对虚拟网络的依赖越来越大。人们利用O2O可以网上订餐、订票，尽享线上与线下互动带来的便利。

要点展示

- 初识O2O营销
- O2O营销的4种方式
- 选择O2O营销模式
- O2O营销案例分析

10.1 初识O2O营销

随着科技水平的不断发展,互联网逐渐成为人们日常生活离不开的重要工具。现实生活对虚拟网络的依存度越来越大,从PC端到移动端,衣食住行样样都开始触网,O2O营销正在紧密联系着线下与线上活动。

10.1.1 O2O的基本概念

O2O(online to offline)中的2取to的谐音。O2O是指将线下的商务机会与互联网结合,让互联网成为线下交易的前台。这个概念最早来源于美国,涉及范围非常广泛,只要产业链中既可涉及线上,又可涉及线下,就可通称为O2O。如图10-1所示。

图10-1 O2O的基本概念

O2O营销模式的四大要素是:独立网上商城、国家级权威行业可信网站认证、在线网络广告营销推广、全面社交媒体与客户在线互动。一个标准的O2O营销模式的流程如图10-2所示。

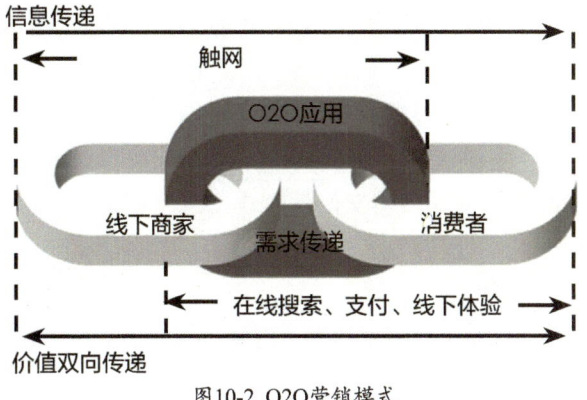

图10-2 O2O营销模式

- 线上平台（网站、APP应用等）通过与线下商家洽谈，就活动时间、折扣、人数等达成协议。
- 线上平台通过各种渠道向自身用户推荐该项活动，用户在线付款到平台，获得平台提供的"凭证"。
- 用户持凭证到线下商家直接享受相关服务。
- 服务完毕后，线上平台与线下商家进行结算，同时保留一定比例作为服务佣金（一般不低于10%）。

10.1.2 O2O营销的优势

O2O营销的优势在于它能够把线上与线下的优点完美地结合在一起。通过网购导购机，将互联网与地面店完美对接，实现互联网落地，让消费者在享受线上优惠价格的同时，又可享受线下超值贴心服务。

O2O带给消费者和商家的好处是显而易见的。

- O2O营销充分利用了互联网跨地域、无边界、海量信息、海量用户的优势，同时充分挖掘线下资源，进而促成线上用户与线下商品与服务的交易，团购就是O2O的典型代表。
- O2O营销将线上订单和线下消费相结合，所有的消费行为均可以准确统计，进而吸引更多的商家进来，为消费者提供更多优质的产品和服务。
- O2O营销模式打通了线上线下的信息和体验环节，让线下消费者避免了因信息不对称而遭受的"价格蒙蔽"，同时实现线上消费者的"售前体验"。
- O2O营销在服务业中具有较为明显的优势：价格便宜、购买方便，且折扣信息等能及时获知。
- O2O营销拓宽了网络营销的发展方向，由规模化走向多元化。

10.1.3 O2O营销模式的多元化

众多形式的O2O营销模式在市场中出现。除去既有的OTA模式，还出现了团购、优惠券平台、移动支付等模式。由此可见，O2O服务呈现多元化、全方位发展的趋势。

1. 团购

团购是从电商市场细分出来的，其主要经营范围是本地生活类服务。随着人们对生活质量要求日益提高，团购正好可以满足人们减少支出成本的愿望，使得团购模式日渐成熟稳定了起来，从而，团购被认为是O2O代表性营销模式。若不考虑模式细节，只看经营范围，团购基本上涵盖了本地生活服务的所有主要项目。

2. 优惠券

手机优惠券是结合了移动互联网的最为基础的O2O营销模式，用户只需在就餐时向商家出示手机上的优惠券即可。商家利用优惠券做营销吸引消费者光顾，比如麦当劳、肯德基、真功夫、一茶一坐等利用优惠券向本地生活市场全面扩展，并结合LBS功能，根据用户位置即时推送周边的相关服务。如图10-3所示。

图10-3 手机优惠券

3. 移动支付

在移动互联网时代，O2O已经成为了一种主要的消费形式。移动互联网是O2O营销模式的主要载体，由于本地生活服务与移动互联网紧密结合，移动支付则担负着结合后的资金流通重任，如图10-4所示，移动支付对O2O市场的重要性可想而知。

图10-4 O2O移动支付

10.2 O2O营销的4种方法

O2O营销的好处在于,订单在线上产生,每笔交易可追踪,展开推广效果透明度高,能让消费者在线上选择心仪的服务后再到线下享受服务。O2O营销有以下4种方法。

10.2.1 体验营销

在O2O营销中,体验营销是用得最多的一种方法。体验营销是主要通过"看""听""用""参与"的手段,充分刺激和调动消费者的"感官""情感""思考""行动""联想"等感性因素和理性因素的一种营销方法。

这种体验挪移到APP上,使用户在APP通过某种形式实现虚拟体验,刺激消费者的购买欲望,从而带动线下的直接购买行为。

例如,《波斯王子》是游戏界一个非常响亮的名字,在DOS年代,它就已经成名,由其改编的电影也已经上映。在电影的宣传海报灯箱前,用户通过手机中的APP进行GPRS定位,即可看到神秘美丽的塔米娜公主出现在手机屏幕上,如果用户答对她所提出的问题,还将赢得在movieminutes.com上50分钟的电影观看权。如图10-5所示。

图10-5 《波斯王子》的O2O互动体验营销

10.2.2 直复营销

直复营销(direct marketing)即"直接回应的营销",简称直销。美国直复营销协会将直销定义为:运用一种或多种广告媒介在任意地点产生可衡量的反应或交易。

直复营销是个性化需求的产物，是传播个性化产品和服务的最佳渠道。

直复营销分为直接邮购营销、目录营销、电话营销、电视营销、计算机网络营销等。随着电子商务的蓬勃发展，前几种已逐渐式微，APP已经成为一种新的直复营销渠道。直复营销的关键点是受众的精准性。**在移动互联网时代，以LBS为基础，"任意地点"不再任意，而是变为有针对性的地点，商家完全可以通过消费者手机中的APP，实现在特定地点向消费者发出"购买邀约"。**

例如，趣逛APP是由北京嘉宸联通科技有限公司研发的一款用户可在移动端上体验趣逛产品的客户端软件。如图10-6所示。

图10-6 趣逛APP界面

O2O直复营销的体验正在发生改变。O2O直复营销和数据库关注的是每个消费者和潜在消费者的行为。它们根据消费者过去的购买行为来预测未来的行为。这些信息是以个人为单位进行处理的，即使消费者数以万计，仍可用它来分析个人行为并作出决策。

10.2.3 情感营销

情感营销就是把消费者个人情感差异和需求作为企业品牌营销战略的核心，通过借助情感包装、情感名字、情感品味、情感香味、情感故事等策略来实现企业的经营目标。如图10-7所示。

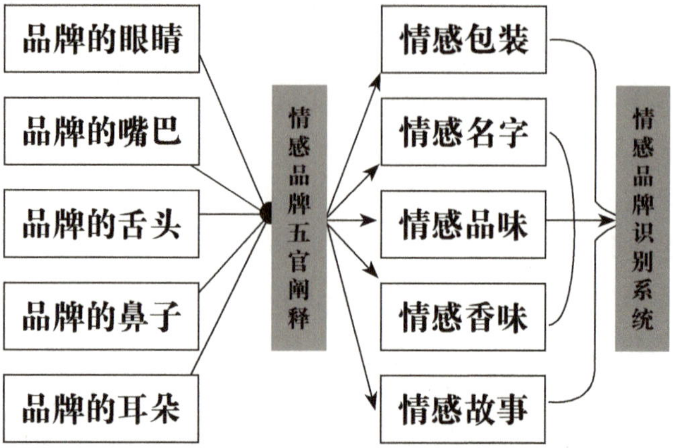

图10-7 情感品牌的五官要素模型

情感营销只有通过广告主与消费者之间的情感沟通，才能有效实现。无疑，现在有了社会化媒介，不但增加了品牌与消费者之间互动的可能性，也大大降低了互动的成本。各种情感营销正在悄悄"潜入"我们的生活，增加品牌知名度、维系消费者的用户黏性是情感营销最主要的效果，而O2O情感营销可以直接促成线下的消费行为。

情感营销游戏在当今社会已越来越火。"节奏大师"是一款老少皆宜的产品，在2014新年到来之际，把百事可乐《我们把乐带回家》2014微电影主题曲——《快乐送》植入节奏大师中，在地铁LED屏幕前充分实现人机互动，让乘坐地铁的旅客们一边玩一边乐，真正实现百事可乐倡导的"把乐带回家"。如图10-8所示。

图10-8 百事可乐"我们把乐带回家"节奏大师

在上海的人民广场、徐家汇、静安寺、陕西南路四大核心商业区，百事可乐"节奏大师"互动游戏如火如荼进行。当人们在LED屏幕前随着音乐节奏互动时，基美传媒使用的尖端技术红外感应Airscan装置，可以即时捕捉互动作，既可获得游戏带来的乐趣，又能得到百事可乐。此次线下互动活动结合微博、微信等方式进行线上传播，同时活动全过程还被拍摄成视频进行全网传播。

> **专家提醒**
>
> 当企业营销满足顾客情感因素时，会引起顾客肯定性的内心体验——满意、愉悦、激情等积极的情感，使顾客情感冲突得以消除并达到和谐状态，进而直接影响到顾客后期购买行为。

10.2.4 数据库营销

数据库营销就是企业通过搜集和积累会员（用户或消费者）信息，经过分析筛选后，针对性地使用电子邮件、短信、电话、邮件等方式进行客户深度挖掘和关系维护的营销方式。如图10-9所示。

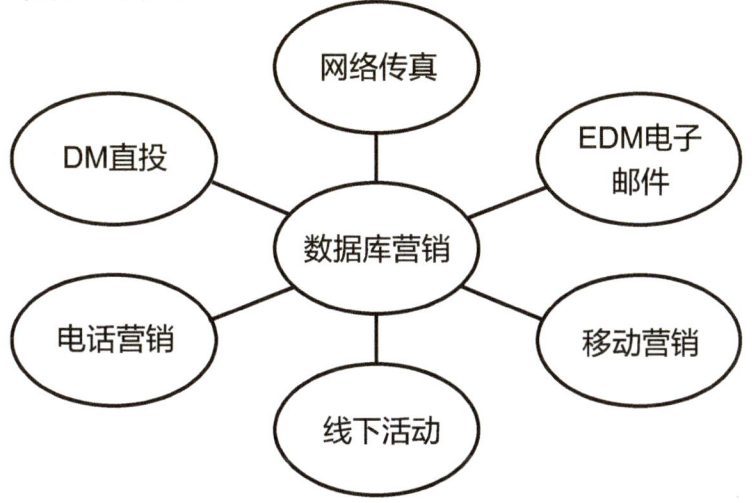

图10-9 数据库营销

深圳海岸城利用O2O数据营销在微信办理会员卡，用户不仅可以通过微信获得电子会员卡，商家也能更方便地掌握会员的地理位置信息、会员到店消费数据等，使会员的数据库管理更全面、更便捷。如图10-10所示。

图10-10 扫描海岸城获取会员卡

微信用户只要使用微信扫描海岸城专属二维码，即可免费获得海岸城手机会员卡，凭此享受到众多优惠特权。此后，用户不必携带实体会员卡，也能第一时间得知商家信息并享受特权。大饱口福、味千拉面、仙踪林等20多家商铺都已成为海岸城首批微信会员卡的支持商家。

10.3 O2O营销秘籍

企业在运行O2O营销之前，应该考虑自身是否适合做O2O营销，所营销的产品是否适合O2O营销，内容如何定制。

10.3.1 O2O营销模式的企业

O2O营销模式的诞生，会促使很多网络公司提供该服务，尤其是团购类网站以及本地信息生活服务类平台。对于传统企业来说，究竟什么样的企业适合利用O2O营销模式呢？

- 企业产品要有足够高的客单价，因为没有足够高的客单价，用户就很容易失去耐性。
- 企业品牌要有特色，包括品牌的服务特色和产品特色两方面。
- 企业要有独立的O2O运营平台，如独立官网、独立APP、独立的天猫和京东店等，避免和现有的B2C模式混合在一起。

下列行业在O2O营销模式方面有着得天独厚的优势。

1. 连锁加盟型的零售企业

连锁加盟型的零售企业，如流行美、卡顿、哎呀呀或者大型渠道流通品牌商，因为加盟门店分布广，并且有线下服务优势等各种原因，其实并不适合做B2C，这时借助O2O营销，能迅速促进门店销售，进一步扩大连锁加盟商数量。

2. 连锁类餐饮公司

连锁类餐饮公司，如小肥羊、真功夫、嘉旺之类，因为产品无法快递，只能在线下体验服务，所以可以通过线上下单，线下体验服务的方式抢占更多消费者。

3. 本地生活服务企业

本地生活服务企业，如酒吧、会所、餐饮、电影等，通过O2O营销进行电子商务，事实上很多企业就是这么做的。目前，整合线上、线下双重资源为电影做宣传，已经成为当下电影营销的新趋势。

10.3.2 适合O2O营销模式的产品

目前，O2O营销可谓火爆异常，尤其是团购网站的推出，吸引了很多行业领域的商家都参与进来，如娱乐休闲、餐饮美食、美容美发、健身、生活服务等领域，而有的商家是盲目跟风做团购，最后赔本还没好名声，失去了消费者的信任，损坏了自身的信誉。由此可见，并不是所有的商品都适合做O2O营销，那么什么样的产品适合呢？

1. 产品本身适合在线上展示

O2O营销平台上的产品大都归类到了生活服务类的同城团购当中，这些商品在实体线下的展示中很单一，多是实体店面展示，如果店铺陈列吸引人，就会有顾客上门，反之则没有顾客上门。

这些上门的顾客，根据店铺的优惠政策和促销信息，再挑选适合自己的产品，如果这家店面不合适又要走街串巷地去另一家查看。如此循环既浪费时间，效率也不高，而O2O营销平台将这些信息资源整合到一起，消费不需要一家家地到店面查看，这是O2O营销为消费者带来的便利。但也正是因为这样，线上的产品整合完毕后，消费者更容易直观地看到价格和店铺陈列，也就要求这些同类竞争的商家的商品必须符合第一个条件：提交的商品本身适合在线上展示。

2. 产品在消费完后的回头率越高越好

产品消费完后的回头率是指商家在参与O2O营销活动后，有大约30%顾客还会第二次光顾该商家店铺，这样的产品在O2O营销市场体制中就被称为长线资源。

这种商品可以使之慢慢成为平台的一个特色。如武汉某家O2O公司将一种绿壳鸡蛋作为当日营销的产品，由于市场反响很好，于是就被设置成为每周必上且限量售出的产品。

3. 产品具有线下和线上的结合性

所谓线上和线下的结合性，就是商品本身的消费需要在线下实体店进行，而线上是作为商品的宣传阵地。

这样的产品有实体店的消费券，包括餐饮美食、美容美发；时尚品牌服饰类产品的折扣券、优惠券。这些券类的产品几乎都是以二维码或者短信的方式发送。

10.3.3 O2O营销内容的定制

O2O营销应该以图片、文字、动画等介质向客户传达有关企业的相关内容，促进销售。它们所依附的载体，可以是企业的Logo（VI）、画册、网站、广告，甚至是T恤、纸杯、手提袋等。

那么在O2O营销中，究竟要采取怎样的策略来定制营销内容呢？下面将从7个方面简单说明定制O2O营销内容的策略。

1. 热点性

企业合理利用热门事件能够迅速提升网站流量。企业可以借助平台通过数据进行热点词语的查找，如百度搜索风云榜、搜狗热搜榜等都是不错的工具。当然热点性内容可以根据自身网站权重而定，了解企业之间竞争力大小，是否符合O2O营销主题这非常重要。

2. 时效性

所发生的事和物都具备一定的时效性，在特定的时间段拥有一定的人气关注度。企业要定制好的O2O营销内容，就必须合理把握以及利用该时间段，创造丰富的主题内容。百度搜索引擎十分重视时效性内容，搜索结果页面中也充分利用了时效性。

3. 持续性

持续性内容带来的价值是连续持久的，它已经作为丰富网站内容的主要因素，在众多不同类型的内容中占据一定比例。就百度搜索引擎而言，内容具有历史性，获得的排名效果就越好，带来的流量也不可估量，因此企业越来越关注O2O营销内容的持续性发展策略。

4. 方案性

定制O2O营销内容方案需要考虑很多因素，其中受众人群的定位、目标的把握、主题的确定、营销平台、预期效果等都必须在方案中有所体现。然而这些因素必须通过市场调查、对比分析数据，并且需要依靠丰富的经验。

O2O营销内容的方案性对于消费者来说含金量非常高，消费者能够从中学习经验，充实自我，提升自身行业综合竞争力。

5. 即时性

O2O营销的内容应该即时展现出当下所发生的物和事。如果发生的事和物具有记录的价值，必须第一时间完成内容的写作。O2O营销内容的即时性比较容易得到用户的认可与支持。

6. 促销性

O2O营销的促销性内容主要是营销者利用人们需求心理而制订的方案内容，内容中能够充分体现优惠活动，利用人们普遍贪便宜的心理做好促销活动，如果促销性内容价值提高，会使企业快速促销产品，提升企业形象。

7. 实战性

O2O营销内容的实战性是指通过不断实践积累的丰富经验而产生的内容。具有丰富经验的营销人员才能够做到真实性，内容中能够充分展现实践过程中遇到的问题，实战性内容能够获得更多用户的关注，因为这是实践者的真实经历，是真正的经验之谈，对于用户来说价值较高。

10.4 O2O营销案例

O2O之所以受企业热捧，是因为它有很多成功案例，下面介绍几个案例，来深入了解O2O的魅力。

10.4.1 卖座电影——省去排队的烦恼

O2O面临的市场是分散化的但是总体规模巨大的市场，针对不同的行业、不同的服务，O2O可以有不同的实现方式。"卖座电影"APP就是电影行业的一个典型O2O案例。

"卖座电影"采用团购模式，这是大家最熟悉的一种O2O营销模式，也是大家最容易理解的。团购就是在买家与卖家中间起媒介的作用，让买家觉得买的东西比平时更低价，让卖家能快速卖出自己的东西，提高收入。

当团购网站异军突起，上演"千团大战"之时，笔者也曾观察过一段时间，并真心觉得团购给消费者带来了实惠。

- 一张价值近百元的3D电影票，团购只需二三十元。

- 一顿价值200元左右的双人午餐,团购只需80元左右就能约上朋友好好地吃上一顿。

这样便宜的好事,抛开服务位置远近与预约等门槛不计,消费者自然喜欢,并且乐意掏腰包去体验。

用户可直接通过"卖座电影"APP购买打折优惠电影票,并提供最新影讯查询、周边影院定位等功能。用户如需用其购票则需注册,如只是查看电影信息,则无需注册。

用户进入APP后,会定位其所在地,推荐所在地电影院上映的电影,如最近上映的"速度激情7",用户可以点击"立即购票"购买。如图10-11所示。

图10-11 进入APP并点击"立即购票"

选择影院和观看时间并点击。如图10-12所示。

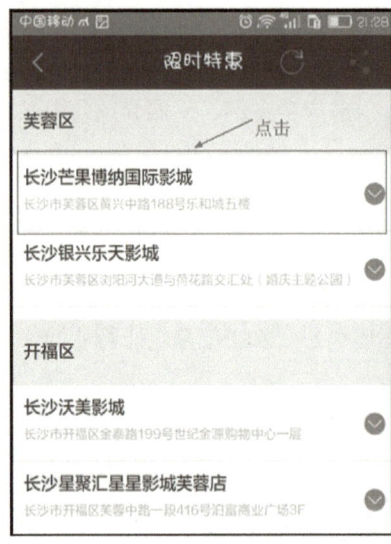

图10-12 选择电影院和观看时间

选择时间后,在弹出的"区域"界面选择观看影片的座位,然后点击"支付"。

如图10-13所示。

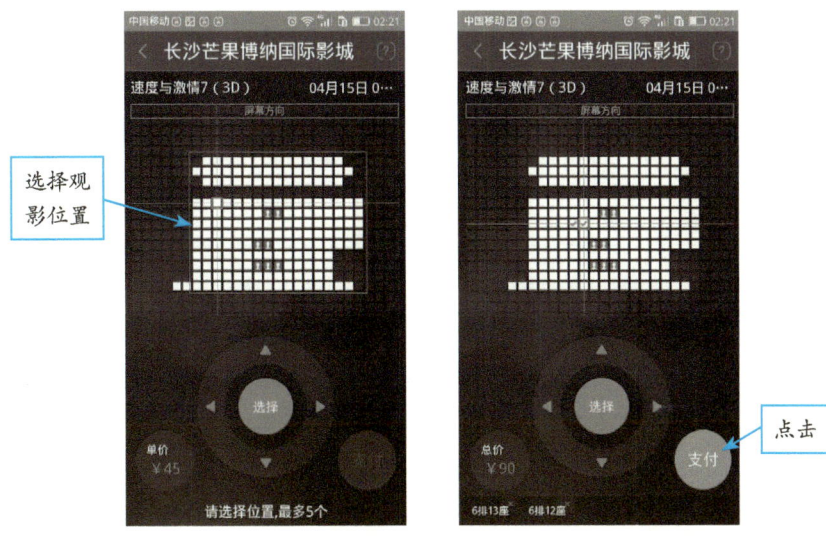

图10-13 选择观影位置并点击"支付"

选中座位后点击"去支付"选项，随后按支付流程操作即可。如图10-14所示。

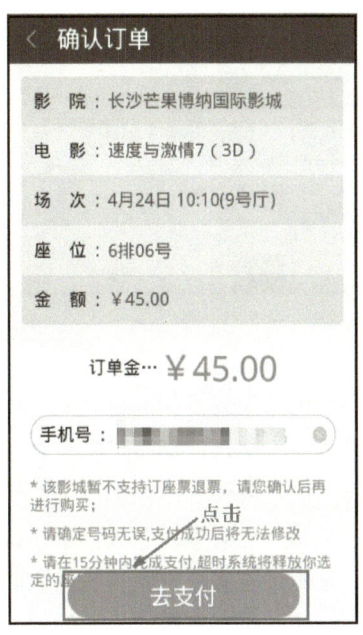

图10-14 点击"去支付"购买影票

> **专家提醒**
>
> O2O从字面上理解就是"线下线上的结合"。中间的数字"2"就是一个媒介，连接的两个O，也就是买家和卖家。O2O营销模式的出现，势必会引起各个B2C、B2B等类型电商网站（如当当、京东等）的重视，这类网站也会慢慢朝着这一个方向发展。

10.4.2 阿里巴巴收购高德地图

2014年2月，阿里巴巴斥资11亿美元完成对高德地图的全资收购。依托庞大的线上线下资源，阿里巴巴收购高德，填补了O2O战略布局地图领域的空白。如图10-15所示。

图10-15 高德地图PC版

高德地图是基于位置的生活服务功能最全面、信息最丰富的手机地图，采用领先的技术打造了最好用的"活地图"，让用户出行更方便，生活更省心。

阿里巴巴电商平台的用户数据与高德地图丰富的位置数据，加上吃、喝、玩、乐等重要信息的结合，构成了一个大数据服务体系，将为电商、物流平台提供了巨大的发展空间。阿里巴巴正是看中了高德地图这些强大的数据功能，才将其纳入旗下，展开本地生活服务电商平台的O2O新格局。

同时随着移动互联网的普及，高德手机地图也成了阿里巴巴电商发展的重要载体。2013年12月月底,高德地图用户数突破2亿,高德导航用户数增至9 800万,手机用户总量在2014年已破3亿。这更让阿里巴巴看中了移动互联网端的营销价值。如图10-16所示。

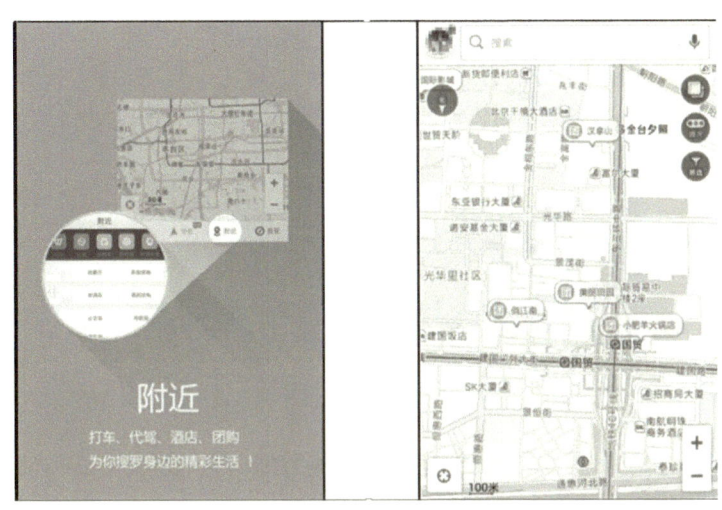

图10-16 高德导航手机端应用

高德地图经过十几年的发展,逐渐形成了一套以地图为核心的,从数据采集、开发、运营,到地图和导航应用的"全地图生态链",成功整合阿里巴巴的现有资源,致力于打造最成功的地图导航系统,这种数据的全面性、精准性、实时性是其他公司难以超越的。

高德地图填补了阿里巴巴在移动端的短板,在商铺信息、地理位置、商品信息、销售支付、物流配送等各个环节形成的完整链条,给阿里巴巴的O2O版图带来无尽想象的发展可能。

10.4.3 南方卫视"绿色南方'换'然一新"

南方卫视的前身是南方电视台都市频道,总部位于广东省,是一个以粤语播送为主的卫星电视频道,同时也是获国家广电总局批准上星的地方语言电视频道。

2012年4月4日下午3点,南方卫视在广州太古汇商场三楼举行"绿色南方'换'然一新"大型春季公益环保活动。在活动现场,参与者既能用废弃纸制品换"绿色小盆栽",欣赏"环保艺术作品展"、"公益影视巡礼",又能亲自踩起"有氧健身车"赢取活动赠送的特别纪念礼物。如图10-17所示。

图10-17 "绿色南方'换'然一新"参与者自制纸制品

举办此次公益活动的目的是利用无线网络计划，让电视台的品牌触达与用户体验之间的交接变得水乳交融、水到渠成。在活动现场，南方卫视为参与者提供了免费的Wi-Fi，只要参与者关注南方卫视，扫描现场的二维码，就可以进入南方卫视的微信平台，获取账号和密码，直接登录使用无线网。

惯有的推广思路似乎总难以摆脱强买强卖的广告嫌疑，而这次南方卫视打破传统路边广告牌的宣传推广方式，结合二维码扫描与微信平台宣传，打造了无线网络获取过程中完美、流畅的用户体验。

第 11 章 APP营销

学前提示

随着社会的不断发展,人们对产品的要求越来越高。人们不满足只在计算机上享受服务,所以企业看中了移动客户端市场慢慢向APP转型,将APP作为销售主战场。

要点展示

- APP营销时代来临
- 常用的APP营销模式
- APP营销技巧

11.1 APP营销时代来临

当前,很多企业把建设一个宣传型网站作为互联网宣传的第一步,在互联网上展示企业形象和主营业务,吸引浏览者关注其网站,从而达到促进销售、提升企业价值的作用。同样,在移动互联网时代,谁先占领用户的手机桌面,谁就是"明日霸主"。可以说,APP是移动互联网时代的企业标识。

11.1.1 认识APP营销

APP的意思是移动应用程序(也称手机客户端)。企业利用手机客户端做的营销活动,称为APP营销。APP营销是通过特制手机、社区、SNS等平台上运行的应用程序来开展营销活动。APP营销是整个移动营销的核心内容,是品牌与用户之间形成消费关系的重要渠道,也是连接线上线下的天然枢纽。

对于用户来说,APP安装方便,使用简单。而对于企业来说,APP营销可以结合图片、文字、音频、视频、游戏等方式生动展现品牌和产品信息。APP在手机上有很多个客户端。如图11-1所示。

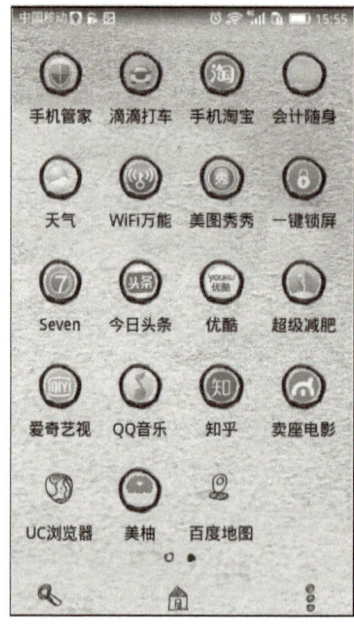

图11-1 APP手机客户端

11.1.2 APP营销为什么会火

APP作为营销工具，为什么越来越火？是因为它在费用、效果、效率、客户信息收集、客户二次开发、活动推荐等方面都要优于传统的营销方式。如表11-1所示。

表11-1 APP营销与传统营销方式的对比

营销方式	费用	效果	效率	客户数据	二次开发活动推荐
DM宣传页	提前付费，包括设计费、印刷费、工作人员工资等	效果未知，而且不可控，通常浪费较多	设计、印刷都需要专业人员操作，并且需要时间	无法搜集	难度较大
团购网站	按效果付费，通常是成交订单销售额的10%	效果比较明显，但关键在于团购网站的排列以及网站的流量，效果取决于第三方团购平台	效率较低，需要提前准备好活动的图片和文字说明，并通过团购平台的审核，有排期	客户数据被团购平台掌握，不会开放给商家，需要二次付费	商家难度较大，购物网站可以实现
网络营销	提前付费或者按点击量收费，需要推广人员，而且好的广告位费用较高	用户转化率低，关键在于网站流量，流量越大效果越好，需要专人管理维护，效果取决于第三方网络平台	在网上可随时发布促销信息，但无法定位精准用户，通常是撒网式的发布	可以搜集	短信、邮箱等
传统媒体	提前付费，包括设计费、广告费等，成本较高	效果未知，而且不可控，无法锁定精准用户，效果取决于第三方媒体的收视率	跟着媒体的广告版位走，需要提前约定并审查广告内容	无法搜集	难度较大
APP营销	按效果付费	通过后台可以灵活控制，效果明显	灵活、高效，随时随地调整发布促销内容	可以快捷、方便、精准地搜集数据，客户只要消费一次，系统就会永久记录其信息	方便，可主动推荐

由此可见，APP营销给企业带来的流量远远超过传统互联网（PC端）的流量，通过APP盈利也成为了各大电商平台的发展方向。

11.1.3 APP营销的方法

随着应用APP的人数呈爆发式增长，企业要想使自己的APP应用脱颖而出，就要选择好的APP营销方法。下面介绍7种APP营销方法。

1. 安装平台

企业可以把自己的APP放到安装平台上。在安装平台上，用户可以更容易地找到他们感兴趣的APP，从而达到营销效果。

目前主流平台主要有以下几类。

- 网络运营商：移动MM、电信天翼空间、联通沃商店等。
- 独立商店：安卓市场（见图11-2）、安智市场、掌上应用汇、力趣安卓市场等。
- 应用商店：Google商店、小米商店、三星商店、魅族商店等。
- 客户端：豌豆荚手机精灵、91手机助手、360手机助手、腾讯应用中心等。
- 硬件开发商商店：联想应用商店、华为应用市场。

图11-2 安卓市场

2. 手机绑定

企业做APP营销时可以与手机制造商交易，让自己的APP做为某手机品牌的自带程序，这样可以更好地把APP推到用户面前，不过这种推广渠道成本可能比较高。

3. 微博

很多用户每天都在用手机看微博，在微博上发现好玩的APP应用，即可下载，APP营销在微博上做得好的话，可以获得不错的点击率。

在微博上做APP营销时，建议做好以下几点。

- 直接带上下载链接，用户点击之后，可以链接到APP Store中的下载页。
- 描述内容要清晰，要把APP的好处列出来。
- 最好配合多组图片和视频，在用户没下载之前，可以快速了解APP的作用。
- 通过有奖活动、微博名人转发等方式吸引用户。

4. 免费发放

免费发放APP是如今主流的一种APP营销方法，开发商供应无广告、无注册要求或其他附加条件的高级应用，让用户无门槛地使用和体验APP，在某一特定时段将这些APP无偿供应给网站访问者，并通过在线广告收回成本。例如"KFC"APP，对于用户无门槛下载，没有其他广告，只会放置关于KFC的消息内容，为用户提供优惠券、搜寻用户附近的KFC门店功能，并可在线提供快递服务。如图11-3所示。

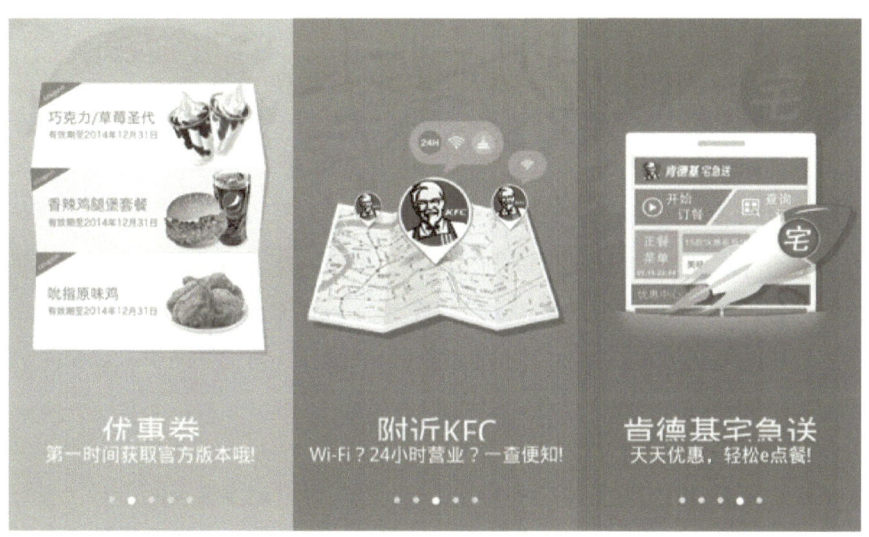

图11-3　"KFC"APP界面

5. 刷榜

利用刷榜方法进行APP营销受到企业欢迎。因为绝大部分用户都会参考排名来下载APP，如果某款APP的排名比较靠前，用户一眼就能看到，就可以快速获得用户的关注，并获得较高的真实下载量。如图11-4所示。

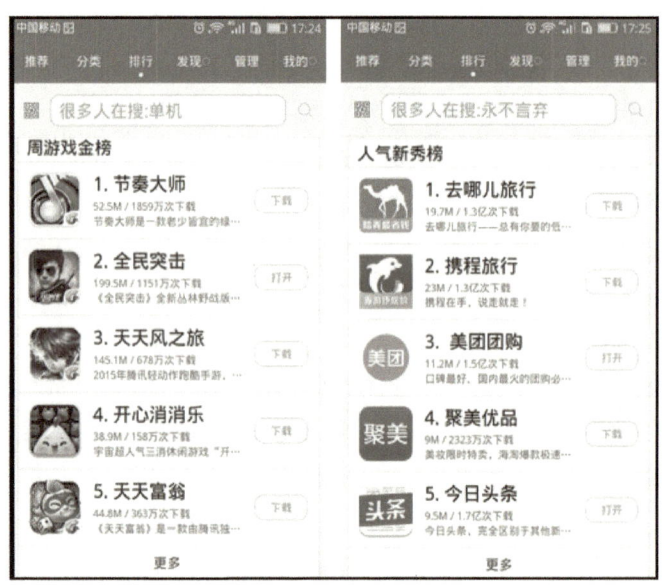

图11-4 APP排行榜

企业使用刷榜方法进行APP营销时，产品的好坏是成功的关键点。不好的产品，即使被刷到排行榜前，也会很快掉下来，意义不大。推广只是一种手段，推广者要更专注于自己的产品本身。

6. 视频

有不少企业利用视频APP做APP营销活动。例如，楚楚街、美丽说等APP常常通过不间断地在视频网站上投放广告来获取知名度。视频传达的信息是文字和图片无法替代的，应用酷炫展示视频来推广产品，很容易被受众群体记住品牌，如果同时加上现在流行的二维码，还会获得更好的效果。

7. 资源置换

APP营销方法中的资源置换主要是通过分析用户经常出没的场所，与这些场所进行资源置换。另外，可以在APP客户端中内置微博分享功能，并在微博的重点位置做推荐等。还可以考虑和其他应用和门户网站进行资源置换。

11.2 APP营销模式

随着科技的不断演进以及思路的不断探索，APP与广告之间的关系正逐渐发生着奇妙的变化。一些创新APP的诞生告诉我们，APP广告不应该是扰人和烦恼的，反而应该是新奇、方便与实惠的。当然，要做到这些，就必须熟悉APP的营销模式。

11.2.1 广告营销模式

广告营销模式是最基本的APP营销模式。广告主通过植入动态广告栏链接植入广告，当用户点击广告栏时会进入指定的界面或链接，可以了解广告详情或者参与活动。这种模式操作简单，适用范围广，只要将广告投放到热门的、与自己产品受众相关的应用上就能达到良好的传播效果。

如今，品牌商业化炒作使电视剧、影片中掺杂着越来越多生硬的广告信息，让消费者对品牌产生了厌烦感。

为了不使消费者对广告感到反感，很多APP都通过与用户互动来留住用户。例如，美拍APP经常组织一些活动，让用户积极参加，并选出获奖者，调动了用户使用美拍APP的积极性。如图11-5所示。

图11-5 美拍APP互动活动

在这种广告营销模式中，用户看到广告，主动关注广告，广告商的广告已经影响了用户，然后通过用户的签到、分享，这则广告又在社交化网络中借用户的人际关系完成了传播和影响。这样用户得到了广告商的激励，广告商的广告得到用户的传播，从而达到双赢的结果。

11.2.2 APP植入模式

APP植入广告模式是指企业通过在APP中以植入动态广告栏形式来植入广告，当用户点击广告栏时，进入预设的效果，达到宣传企业产品或者参与企业营销活动的目的。

之前热门的一款APP游戏"疯狂猜图"就是一款典型植入广告的APP。"疯狂猜图"是一款十分新颖的解谜猜图游戏，其最大亮点是能够不断扩大玩家的知识面，侧重于休闲和互动性。如图11-6所示。

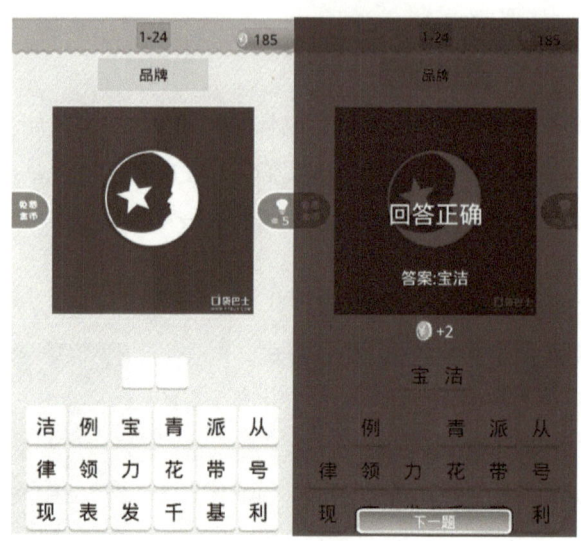

图11-6 "疯狂猜图"游戏

疯狂猜图的植入广告营销模式主要有以下2种。

- 用户每通过10关，就会弹出的硬广告。
- 融入广告品牌营销，把Nike、宝洁等品牌作为关键词，将品牌融入用户的互动，达到很好的广告效果。

APP植入广告主要有页内轮播广告、封底广告、封面广告、Loading广告、其他广告下图片展示的封底广告等类型。

11.2.3 用户营销模式

用户营销模式的APP类型分为网站移植类和品牌应用类，企业把符合自己定位的APP发布到应用商店内，供智能手机用户下载，用户营销模式具有很强的实验价值，让用户了解产品，增强产品信任度，提升品牌美誉度。

例如，欧莱雅推出的一款APP"千妆魔镜"，省去了用户到专柜试妆的麻烦。用户可以直接利用手机的前置摄像头拍摄自己的影像，然后在页面上的"产品"中选择欧莱雅的一系列化妆品，每选中一件，屏幕上就会自动显示这款产品在用户对应部位上的效果，随着面部表情的变化，这些妆容也会跟着变化。

除了单一的产品外，还可以试用"设计师妆容"，这是一整套由设计师打造的妆容，还有明星的示范。用户可以保存自己试用的妆容。如果对产品感兴趣，可直接点击购买，页面会切换到欧莱雅的天猫旗舰店上。

用户营销模式的重点是培养忠诚客户，忠诚客户经常重复性购买系列产品，对其他品牌具有免疫力。

11.2.4 内容营销模式

APP内容营销模式主要是通过优质的内容，吸引精准客户和潜在客户，从而实现营销的目的。

内容营销模式对于一般品牌来说难度较大，加之企业社会化媒体ID为了保持活跃度，对日常内容的量要求较多，因此更需要创意来整合内容，使常规内容尽可能有趣、有关、有价值。

例如，当我们每天都为如何搭配服饰烦恼时，完全可以打开并参考手机"汇搭"APP。在"汇搭"APP主界面中，用户可以翻阅最新的时尚资讯。如图11-7所示。

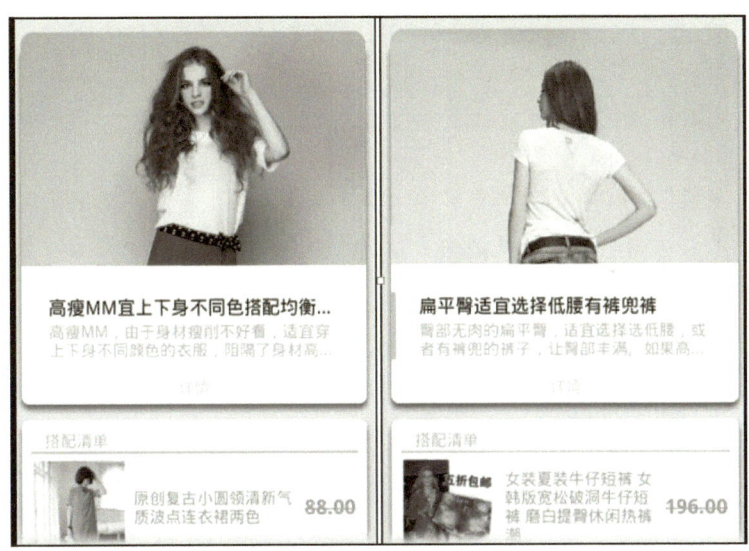

图11-7 "汇搭"APP界面

在"详情"界面点击右上角的分享按钮，在弹出的对话框中，用户可以将该搭配方案分享到云分享、电子邮件、计算机、好友、QQ空间、蓝牙以及信息等用户端上。在搭配服饰的下方，可以查看所有搭配清单，在清单中选择相应的服饰，即可跳转到淘宝商品页面，方便用户购买。如图11-8所示。

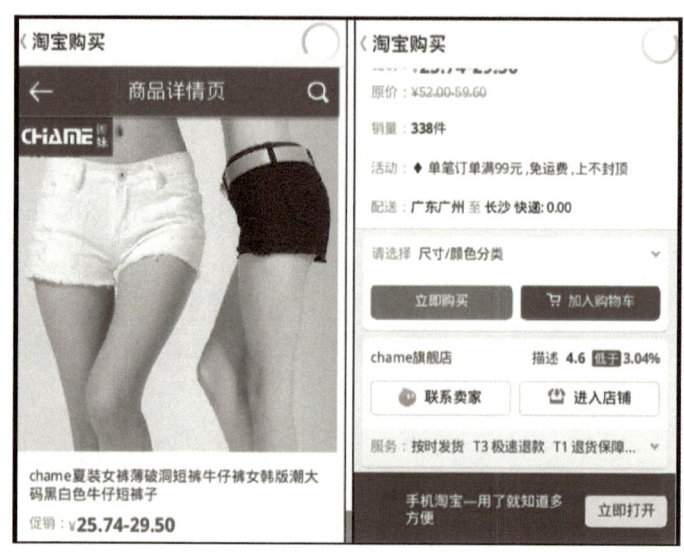

图11-8 淘宝商品页面

> **专家提醒**
>
> "汇搭"APP通过为消费者提供实实在在的搭配技巧,吸引有服饰搭配需求的用户,并向其推荐合适的商品,这不失为一种商家、消费者双赢的内容营销模式。

11.2.5 购物网站模式

购物网站模式是指商家开发自己产品的APP,然后将其投放到各大应用商店以及网站上,供用户免费下载。 该模式基本上是将互联网上的购物网站移植到手机上,用户可以浏览网站获取所需的商品信息和促销信息,进行下单。

例如,"聚美优品"APP不只为用户提供购物服务,还为用户提供一定的福利功能。

1. 聚美魔盒功能

聚美优品开创了美妆行业第一个尝试"摇一摇"抽奖购物的网站,用户只需"摇一摇"就有机会得到现金券。如图11-9所示。

图11-9 聚美魔盒功能

2. 男神闹钟功能

聚美优品将录制的明星声音制作成了闹钟,这无疑是一种留住用户的创新,这让那些粉丝们爱不释手,从而成为聚美优品的忠诚用户,并带来收益。如图11-10所示。

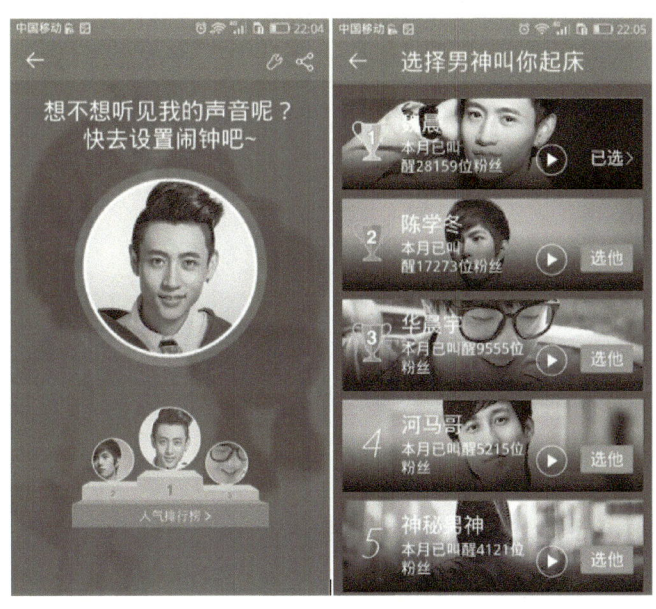

图11-10 男神闹钟功能

3. 支付功能

聚美优品推出了支付宝安全支付与微信支付等多种支付方式，让手机支付变得更为便捷。如图11-11所示。

图11-11 聚美手机支付页面

11.3 APP营销技巧

了解了很多APP营销模式之后，企业只有掌握一些营销技巧，才能更好地进行APP营销。

11.3.1 APP营销的3个关键点

如今已进入移动互联网时代，可以说APP已经深入了人们生活的方方面面，如娱乐、生活、购物、社交、工作等。与此同时，进行APP营销的商家日益增多，营销无孔不入。

APP营销具有开发成本低、服务精准、用户使用方便、用户黏性大等多个特点，因此进行APP营销已成为不少企业社交媒体营销的重要组成部分。那么企业进行APP营销应该注意哪些方面呢？笔者总结了以下3点。

1. 抓住消费者的内心

企业在做APP营销时，第一点就是定位好消费者心里所需的，分析挖掘他们内在的需求和兴趣点，并与能抓住目标人群人性的某些元素结合，如好奇、分享、健康、感谢等。定位的成败关键在于与产品的贴合度，要既能适合品牌或产品，又能很好满足用户的需求。

例如，暴走漫画为获取用户的喜爱，还提供了制作器让用户自己制作"暴走漫画""暴走表情""暴走对话"等，从而实现与用户互动、口碑传播和知名度提升。如图11-12所示。

2. 抓住创意

企业想要做出一个成功的APP营销，就绝对少不了创意，好的创意决定了好的品质，好的品质可以使

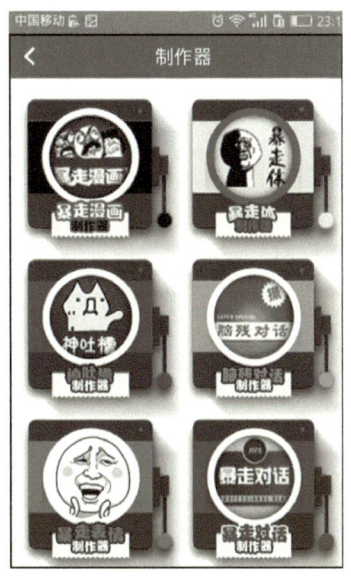

图11-12 暴走漫画制作器

消费者和用户接受这款APP。好的APP实用性很强，是生活的小助手，使用方便快捷，在开发产品时要将80%的精力聚焦到产品本身，想出一个贴合产品的好创意赢得用户。

3. 选择适合自己的推广方式

企业在做APP营销时，千万不要图"免费"，就胡乱推广，那样很有可能不但没有盈利，还拉低了品牌形象，适得其反。因此，企业应找准自己产品的定位，选出适合自己的推广方式，那样才利于品牌形象的传播。

11.3.2 APP营销的七大创意捷径

如今是一个以APP为主要载体的时代，人们的时间和精力几乎被各类APP瓜分。对于移动APP来说，用户数量的多少决定着它的成败。但是企业如何才能运用APP快速获取用户，找到APP营销的创意捷径呢？

1. 融入生活

从用户的生活细节着手，发现未被满足的需求，再尝试植入产品。例如，星巴克推出的Early Bird，下载后可以设定闹钟。在闹铃响起后，只需按提示点击起床按钮，就可得到1颗星，如果能在一小时内走进任意一家星巴克店，验证这个APP，即可打折买到一杯咖啡和一个面包。如图11-13所示。

图11-13 星巴克闹钟

2. 产品与游戏的融合

如今很多APP营销将产品以体验的形式开发成了小游戏。如宜家APP可让用户自定义家具布局，用户可以创建并分享自己中意的布局，并参与投票选出自己喜欢的布局，宜家还会对这些优秀创作者进行奖励。利用这样一个互动小游戏，可以达到传播效果。如图11-14所示。

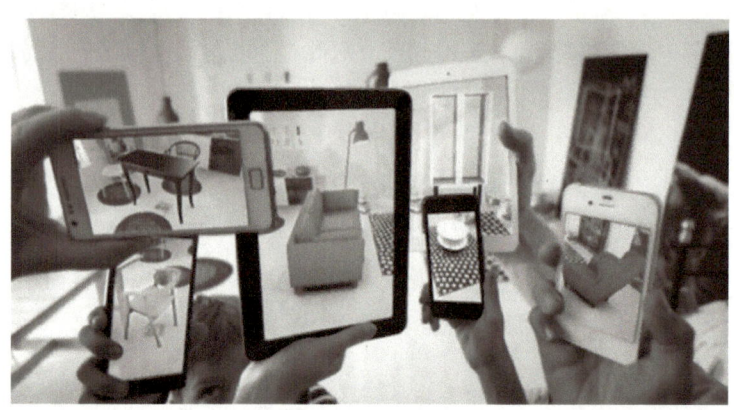

图11-14 宜家APP

3. 利用用户休闲时间

企业要利用用户的休闲时间，让他们无聊的时刻变得不无聊，会大大加强用户的依赖性。例如，法国航空曾推出一款APP Music In The Sky，安装后可在航班上听想听的音乐,只要用手机对着天空,搜寻空中随机散布的歌曲,捕到后可直接试听。不同的国家会提供不同的音乐,让乘客乘飞机时不再无聊,让音乐融入空中生活,形成了良好的口碑传播,扩大了航空公司的影响力与知名度。如图11-15所示。

图11-15 "Music In The Sky" APP

4. 线上与线下的联手

通过扫描APP二维码,可以与线下的活动、广告等形式联手,解决线下活跃度不足的问题。比如可口可乐推出的CHOK,在指定的沙滩电视广告播出时开启APP。当广告画面中出现"可口可乐"瓶盖且手机出现震动时,挥动手机抓取电视画面中的瓶盖,APP在广告结束时揭晓结果并颁发奖品。如图11-16所示。

图11-16 可口可乐APP活动

5. 放大抛弃产品后果

企业可以利用逆向思维,向用户传输"抛弃思想",让他们知道如果不用企业产品,他们会有什么烦恼。例如,杜蕾斯推出的模拟养小孩的APP,APP里的小孩就像真小孩一样整天烦着用户，还会自动更新用户的Facebook状态"我怀孕啦"等各种与婴儿相关的信息，每次关闭此程序时都会显示"用杜蕾斯"的提醒。如图11-17所示。

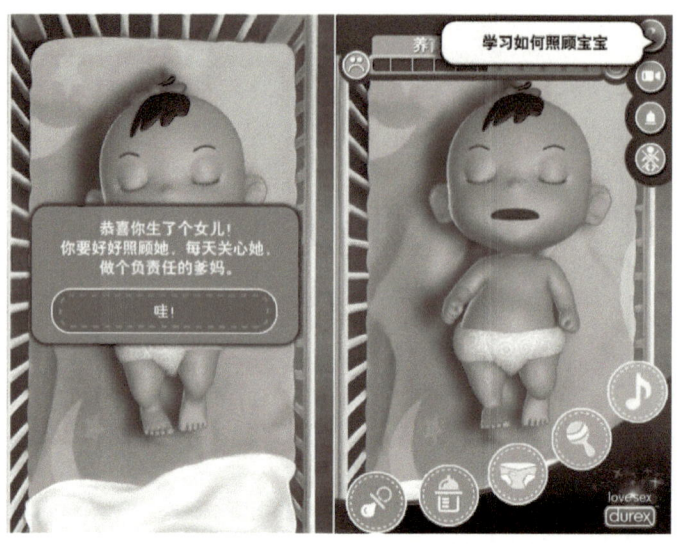

图11-17　杜蕾斯APP

6. 个性定制

将产品或服务通过APP实现个性化定制，大受用户的喜爱。例如，21cake推出的APP，能帮客户随时随地订购蛋糕，并送到指定的地方。客户不仅可以根据口味选择蛋糕，还可以根据适用对象来选择。又例如"礼物说"APP的语音礼物，将用户录制的想说的话变成二维码，只要扫描二维码，就可以让收到礼物的人听到祝福的话。如图11-18所示。

图11-18　"礼物说"APP

7．吸引用户眼球

想要吸引用户的眼球，就要抓住他们的欲望。欲望有很多种，如果将他们与企业或品牌的相关元素融合，则会达到意想不到的效果。与生活密切相关的行业，如服装、电子产品、食品等快消品行业。

第 12 章 微信营销

学前提示

在网络营销中，人气爆棚的应该就属微信营销了。微信营销不管是对企业还是个人，都非常有益，企业离不开微信平台提供的营销机会，个人离不开微信平台带来的生活推送。

要点展示

- 微信营销时代来临
- 微信六大盈利模式
- 微信公众账号营销
- 微信营销的技巧

12.1 微信营销时代来临

如今人们的生活离不开手机,而手机上的客户端由以前独大的QQ到现在的微信,人们几乎每天都会无意识地查看QQ消息,翻着微信消息,而企业可以利用微信这个庞大的朋友圈来开展营销活动,从而使得微信营销时代来临。

12.1.1 生活因微信而改变

在10年前,我们要约人吃饭,一定会先打听附近有什么好的饭馆,或者问问朋友,或者亲自过去看看才好决定。五六年前,事情发生了一些改变,我们开始尝试用互联网搜索附近有什么好吃的饭店,然后再问朋友,或者实地看看。现在,只需要打开美团或者大众点评,看看那附近有什么吃的,并且还能告诉我们行走路线。

其实对人们生活改变最大的应该就是微信了。微信是移动互联网发展的必然产物。在移动互联网时代,用户希望有一种沟通方式不受时间、空间的约束,希望能传递文字、图片、语音、视频等各种信息,甚至还希望沟通更加便捷,成本更低,于是微信诞生了。

微信改变生活主要表现在以下3个方面。

1. 微信改变了沟通方式

显而易见,微信改变了传统的沟通方式,使人们的沟通更灵活、更智能、更省资费。微信这种沟通方式不受时间、空间的约束;微信还能传递文字、图片、语音、视频等各种信息,并且只收取少量流量费用,沟通成本更低。

2. 微信改变了交友方式

交友是一件私密的事情,而微信更好地保护了用户的隐私。不同于QQ和Facebook,微信的交友方式是保密的,好友交流都是一对一的,并且好友列表只有自己看得到。

3. 微信改变了信息获取方式

互联网为我们提供了丰富的信息,但是海量的信息也意味着搜寻成本较高。而在微信,可以通过订阅自己感兴趣的和对自己有用的信息来获得有价值的信息。

在移动互联网时代,用户的衣食住行、理财、娱乐等无不被微信渗透,动动手指,就能随时随地满足需求,便利生活。如图12-1所示。

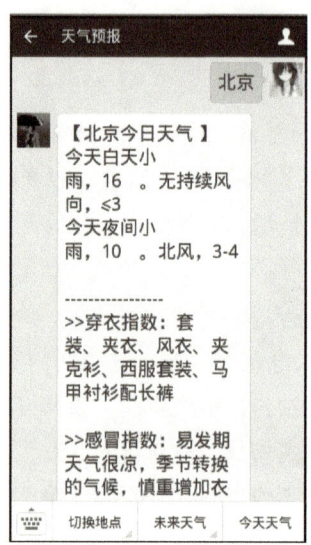

图12-1 微信提供的便利

微信为我们提供了很多实用功能，无论是交友、娱乐，还是找人"拼饭""拼车"，甚至是做营销，微信都可以发挥强大的作用。更有人用微信来查询天气、快递、火车、彩票等信息。由此看来，微信可谓是人们不可缺少的"百事通"。

微信产品中时常融入人文、美学和生活方式等新兴理念。因此，微信不仅满足了我们生活的需要，还是一种时尚、潮流。

12.1.2 微信提供了新的营销模式

微信营销是网络经济时代企业营销模式的一种，是伴随着微信的火热而兴起的一种网络营销方式。微信不受距离限制，用户注册微信后，可与周围同样注册的"朋友"形成一种联系，订阅自己所需的信息，商家可以通过提供用户需要的信息，推广自己的产品，从而实现点对点营销。

从微信的特点看，它重新定义了品牌与用户之间的交流方式。当品牌成功得到关注后，便可以进行到达率几乎为100%的对话，它维系的能力便远远超过了微博等营销方式。

同时，无论是草根、企业，还是名人、明星，只要运用得当，任何人都可以通过微信来扩大影响力，实现商业价值。尤其是公众账号的开放，对自我宣传和市场营销有着积极作用，只要用户获得一个公众账号，就可以适当向其他人推送消息。而普通用户也可以根据自己的需求和喜好，添加和关注自己感兴趣的公众账号。

微信作为一款时下最火爆的APP，大受年轻人青睐，更是众多商家的一种营销手段。借助微信，商家纷纷打造自家独属的微信营销方式，实现和特定群体的文字、图片、语音的全方位沟通互动。

1. 实时推送

比微信营销先一步热起来的营销方式还有微博营销、人人营销，但在微博和人人上发布宣传信息是被动的，用户不是实时在线的，而且用户很可能因为不能及时浏览微博和人人页面而失去了第一时间获取信息的机会。微信可以实时在线，通过微信推送的消息到达手机后，手机会第一时间提醒用户，这就保证了信息的时效性。

2. 一对一营销

微信营销对信息的实时推送就好像朋友之间的信息交流，对方发过来一条信息，一次只能查看他一个人的信息，这样可以保证用户在查看信息时的专注度。

3. 百分百到达率

微博营销和APP营销虽然受众广泛，但是到达率不高，信息很容易淹没。而微信这种一对一的营销方式可以保证每个用户都能看到他的信息，从而实现百分百的到达率。

4. 形式多样

漂流瓶、朋友圈、摇一摇、官方账号、公共平台，微信丰富的社交功能为企业的营销提供了变化多端的营销渠道，企业可以根据自己的特点和资金状况选择适合的营销方式。

5. 用户主导

微信的营销是基于用户许可的。除非主动通过扫描二维码或者输入账号的方式添加企业微信平台，否则不可能收到来自这个品牌的微信消息。粉丝的质量远高于微博的，只要发送的内容符合订阅用户的心意，就很有可能获得忠诚的客户。

6. 成本低廉

无论是注册微信账号，还是获得腾讯官方认证都是免费的，这就意味着使用微信营销的成本几乎为零，而对于大型品牌来说，进行微信营销的投入也无非是雇佣维护人员的工资。

> **专家提醒**
>
> 微信打造营销者能够直接与用户对话的渠道，成为众多广告商的新宠儿。微信未来会成为一个开放平台，营销者可以开发独特功能的插件，开发出独具特色的营销工具，然后用这些工具在微信上发送相关信息给用户。微信用户的特点

如下：
- 微信的用户和活跃度增加依赖于3个关键功能：语音对讲、查看附近的人和摇一摇。
- 超过70%的用户会通过手机通讯录添加好友，将线下社交转移到移动互联网上。
- 发展初期借助QQ关系链，将用户的QQ好友、邮箱好友以及手机通讯录好友社交关系链整合到产品中，积累了一定数量的用户群。

12.1.3 微信营销的7种方法

如今微信是人们生活中不可缺少的应用，其中包含的功能都贴切于人们心中所想的东西，导致每天都习惯性地拿出微信，翻看里面的信息，这些功能也是企业运用微信营销的好方法。

1. 朋友圈

朋友圈算是微信功能中最老的，也是最火爆的，用户可以用朋友圈发布自己一天的遭遇、心情等。企业可以利用朋友圈中的小视频、分享链接、图片动态、纯文字来做营销，就拿分享链接来说，把链接发到朋友圈里，如果好友感兴趣，就会点击观看，如图12-2所示。

图12-2 朋友圈分享链接

2. 扫一扫

如今是个快节奏的社会，人们青睐于可以简化步骤的东西，而微信扫一扫与二维码的结合正好可以满足这一点。这样用户就不用烦琐地查找再添加企业公众号了，直接扫一下二维码即可关注企业信息。企业还可以利用二维码技术，使用户用微信扫一扫就可以成为企业会员。如图12-3所示。

3. 微信公众平台

企业可以创建一个微信公众平台，为用户提供信息，并发布产品的信息。微信公众平台分为服务号、订阅号、企业号3种模式。如图12-4所示。

图12-3 朋友圈扫一扫招会员

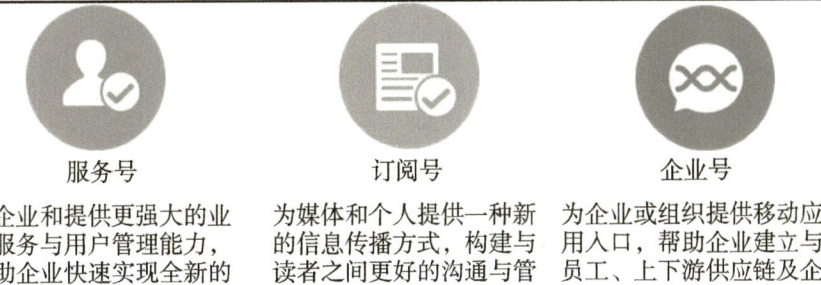

图12-4 微信公众平台分类

4. 微信VIP用户

企业可以联合微信VIP会员制度，推出只有微信VIP用户才能享受的服务。 例如，爱戴网微信就曾征集微信VIP会员。爱戴网微信VIP会员享有与其他会员不同的优惠，更有护理液和精美礼品赠送。

如同QQ会员一样，微信VIP是通过收取功能费来为用户提供特权，进而获得盈收。

与普通用户相比，微信VIP用户拥有以下特权。

- 信息推送不限制：目前微信公众账号基本每天只能发送一条，成为VIP用户后，每天可以增加到5条。

- 个人微信可以上传照片和视频，比如新增微信硬盘、微信相册、付费表情等；同时新增了朋友圈功能设置（像字体设置展现形式）、享受投票等功能。
- 微信好友分组和专属服务器等功能，使语聊、视频更顺畅。

（1）LBS定位服务

企业在运用微信营销的过程中，可以利用微信LBS定位服务，掌握目标用户的位置。例如，"附近的人"是微信推出的一项LBS功能，目的就是方便用户交友。它根据用户的地理位置找到附近同样开启这项功能的人，使用户轻松找到身边正在使用微信的其他用户。

微信的"附近的人"是最精准的微信营销方式，企业可以通过它有效定位一个区域，然后向这一区域内的用户发送信息，告诉他们这里有优惠，效果通常都不错。如图12-5所示。

商家可以在一定范围内投放微信号，可以向覆盖范围内微信号的自动打招呼。

图12-5 微信"附近的人"营销策略

企业点击查看"附近的人"后，根据自己的地理位置查找周围的微信用户，并将促销信息推送给附近用户进行准确投放。

（2）投放硬性广告

企业可以利用微信营销投放硬性广告。硬性广告简单地说就是"轰炸式广告展示"，即微信可以充分利用庞大的用户流量进行展示。当然腾讯拥有比较完善的用户资料，可以更精准地投递广告，可以按地区、性别、位置进行展示。针对微信来说，企业可以采用微信开启页、首页最上端的banner栏、朋友圈最上端的图文广告、好友推荐等形式进行微信营销，实现盈利。

5. 摇一摇

"摇一摇"是微信推出的一个随机交友应用,通过摇手机或点击按钮模拟"摇一摇",可以匹配到同一时段使用该功能的其他微信用户,从而增加用户间的互动和微信黏度。

(1)产品描述

"摇一摇"是微信最独特,也是最强大的交友方式,支持通过摇一摇手机找到同时也在摇手机的朋友。只要是在同一时间摇动手机的微信用户,不论在地球的哪一个角落,都可以通过这个功能认识彼此。

(2)功能模式

通过"摇一摇"功能,用户能享受多重的服务体验,而且它操作方便,随时随地都可以进行,因此推出后立刻受到广大用户的欢迎。

(3)营销方式

企业可以通过"摇一摇"方式,找到很多微信用户,前期可以与他们简单地聊天,等到熟悉了,再加为好友,然后在朋友圈发布营销活动,好友能看到企业的营销信息,轻而易举地实现宣传信息的目的。虽然这样的方式会不断遭到拒绝,但只要坚持,微信好友会逐渐增加的,微信营销的成果就会越发明显。而一个负责"摇一摇"的人员工资加上一部手机的投入,就帮助商家实现了精准的广告推广,投入低而回报高。

6. 微信红包

微信红包开创了抢红包思维,顾名思义就是为用户提供一些具有实际价值的红包,通过抢的方式吸引用户积极参与,引起用户对企业的强烈关注、找到潜在客户,并实施针对性营销。企业可以通过微信红包发放电子券,抢到红包的用户,想要使用首先得关注并填写注册信息,成为企业的会员,然后到活动页面领取红包,并在指定时间内抵扣消费。

如今,很多企业已习惯在店庆或节庆时,推出抢红包游戏,让全民疯抢。在这之中,企业看似发了红包,让利给用户。实际上可以得到自己的目标消费者,有力地推动了商品销售。因此,微信抢红包对于企业运行微信营销来说,既可以在短时间内取得良好的经济效益,又获得了不错的社会效益。

7. 漂流瓶

微信漂流瓶功能是指用户可以将自己想说的话写在纸上,然后放入瓶子,将它扔进水里,等待其他用户的拾取和回复。它还支持将语音放进漂流瓶里,不管是哪里的微信用户,都能拾取,功能十分强大。

用户只要通过扔瓶子、捡瓶子，就能实行和商家以及其他用户的交流互动，完成信息流通。

企业可以把营销产品通过文字或者语音的方式放置到漂流瓶中，进行大范围的推广营销，不过其有效性不是特别高，很有可能出现瓶子石沉大海的现象。

12.2 微信公众账号营销

微信公众号是企业在微信公众平台上申请的应用账号。该账号与QQ账号互通，通过公众号，企业可在微信平台上与特定群体利用文字、图片、语音、视频进行全方位沟通和互动，形成线上线下微信互动营销。

12.2.1 公众账号简介

微信公众平台是腾讯公司在微信的基础上新增的功能模块，通过这一平台，个人和企业都可以打造一个微信的公众号，在公众号上可以群发文字、图片、语音，它是进行营销宣传的良好平台。例如，线上线下微信互动营销的代表微部落，率先提出标准的行业通用模板和深定制的微信平台开发理念相结合，形成了线上线下微信互动营销的开放应用平台。例如，铁路12306公众号上的货运服务，就可以查询线下的业务。如图12-6所示。

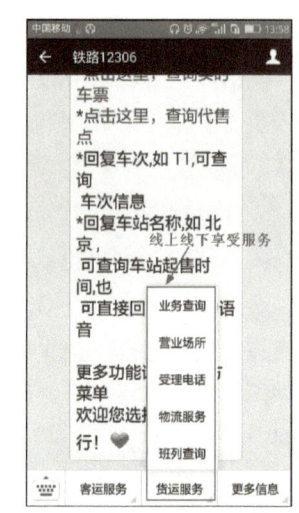

图12-6 铁路12306微信互动营销线

微信的新版本新增了认证功能，对于企业而言，认证公众账号既是身份和品牌的象征，又是对自己的保护，而且认证之后对于微信内的信息搜索等方面也有积极的帮助。但值得注意的是，用户不得利用微信公众账号或微信公众平台服务进行如下操作。

- 提交、发布虚假信息，或冒充、利用他人名义的。
- 强制、诱导其他用户关注、点击链接页面或分享信息的。
- 虚构事实、隐瞒真相，以误导、欺骗他人的。
- 大概申请提交后3~7个工作日内可正常使用。
- 侵害他人的名誉权、肖像权、知识产权、商业秘密等合法权利的。

- 申请微信认证资料与注册信息内容不一致的，或者推广内容与注册信息所公示身份无关的。
- 未经腾讯书面许可利用其他微信公众账号、微信账号和任何功能，以及第三方运营平台进行推广或互相推广的。
- 未经腾讯书面许可使用插件、外挂或其他第三方工具、服务接入本服务和相关系统。
- 利用微信公众账号或微信公众平台服务从事任何违法犯罪活动的。
- 制作、发布与以上行为相关的方法、工具，或对此类方法、工具进行运营或传播，无论这些行为是否具有商业目的。

12.2.2 公众账号运营策略

微信营销能否取得好的效果，取决于微信公众账号的运营。微信公众账号的运营看似简单，其实里面大有学问。企业公众账号运营的策略如下。

1．微信内容丰富

如今，丰富的内容才能吸引人。想要使公众账号的内容丰富，首先要想到微信该怎么样展示内容。微信上可以用图文信息、视频、文本去展示内容，企业需要考虑适合自己的展示方式。

其次就是微信的内容了，企业只需把自己想展示的所有东西陈列出来，再根据从后台反映出的粉丝接收信息的情况不断调整即可，总之要越丰富越好。

2．微信粉丝准确定位

在微博营销领域有这样一句话："一切以粉丝数量为指标的营销行为都是耍流氓。"因为大家都知道，粉丝是可以花钱购买的，那些买来的"僵尸粉"对企业而言完全没有作用，只是一个数字而已。

这句话同样适用于微信营销。增加粉丝数量是每一个公众账号运营的重要任务，粉丝数量的增加是每个企业所必需的，但值得注意的是，企业不能盲目地加粉丝，粉丝一定要精准有效。

在微信营销里要注意微信粉丝质量的关系。因为微信最大的特点就是信任性和私密性，所以做微信营销，一定不要泛泛地追求粉丝，而是要以精确性为核心。

3．微信活动频繁互动

微信提供丰富的内容和全面的功能，就是让粉丝乐于分享微信公众平台账号。如果企业就是个"广告发射器"，那么粉丝都会避之不及，更谈不上去分享，所以企业要从内容和功能上让粉丝感觉到公众账号的价值。

首先要频繁和粉丝互动，互动率越高、越"有用"越好。还有就是和粉丝互动一定要越简单、越容易参与越好，越频繁越好。

4．微信活动有心意

策划活动最直接的目的是提升粉丝与平台的互动性，即提高粉丝对企业微信公众平台的依赖性。因此，企业一定要定期策划一些有心意的活动，促成与粉丝的互动，让粉丝"长期有效"。

要策划有心意的活动，企业就要展开分析：企业的目标人群是怎么样的？粉丝最需要什么？粉丝最容易被什么东西吸引？这样策划一两场活动也有助于将目标人群吸引到公众平台。

5．微信推广要用脑

企业如何推广微信公众账号？这是很多读者共同面对的问题。一句话："要动脑！"

首先，让老客户成为企业的粉丝。老客户是企业最为重要的资产之一，老客户不仅对企业和产品有一定的认知度和认可度，而且有一定的忠诚度。竞争的激烈让企业不得不倚重于老客户，而且从营销学上来讲，深挖一个老客户，比开发一个新客户所需的成本小很多。

其次，就是让这些成为粉丝的老客户来推广企业的微信公众平台。根据微信官方的统计，平均每个人的微信好友都不低于50个，而且微信的私密性使彼此的信任度非常高，让这些本来就是企业客户的人把企业推荐给他们的好友，可以极快地扩大潜在客户的范围。

6．微信功能根据自身定制

每一个企业的微信公众账号都是这个企业的全能APP，能维护客户，培养客户，展示品牌，促进销售，开展市场调研，能做在移动互联网端想到的所有事情。所以企业要在微信上实现营销价值的最大化，除了内容要丰富多彩，功能更要全面！

对于一个大品牌企业而言，在功能上的选择非常广，唯一要做的就是个性化定制，比如招商银行的查询余额，星巴克的自然醒，都是针对自己企业和目标人群的特点制定功能即可。

而对于大多数企业，就要根据自身需求制定了。一般来说，一个企业的微信公众平台可以先从天气预报、翻译、查股票等功能出发，不断根据粉丝的需求增加平台账号的功能，使其不断全面、完善。

7．公众账号运营要有计划

运营微信公众账号一定要有周密的计划，绝对不能盲目。因为企业微信公众账号既代表了企业的品牌形象，又有时效性，而且可以不断提高品牌的影响力和时效性。

计划大体包括建设、搭建、阶段性目标策划与执行。微信公众平台的建设和搭建是不同的，建设是指对于平台名称、账号域名、介绍、二维码的设计、认证等基础环节的完善，这是粉丝和客户看到的第一印象，而且这些东西都不太好修改，所以这些看似简单的环节非常重要。

搭建就是关于内容和功能的搭建，阶段性目标策划与执行就是设置节点。企业可以根据自身情况设置阶段性节点，比如第一步老客户是不是都关注，第二步是推广和活动要以什么为主，以此类推，做到运营有的放矢。

8. 粉丝维护挑重心

每一个微信粉丝都是企业的财富，只要他们愿意，每个粉丝都可以很轻松地把企业的微信公众账号推荐给自己的所有朋友，这些粉丝的精确度和转换率高得无法想象，所以做微信营销时，不管是内容，还是功能，都要从维护粉丝的角度出发。

9. 微信客服是朋友

从传统营销模式中走来，我们习惯了传统的客服模式，而在微信时代，客服的要求改变了。以医疗行业为例，当有患者从微信公众平台咨询时，他的路径我们是很清楚的，从他的路径完全可以看出他的需求是什么，所以沟通就不用客套，直接根据需求展开就可以了。

微信本身就是友情性和私密性的个人沟通工具，和手机等联系方式的作用相同，所以不需要再追着对方要联系方式了。微信营销最大的优势就是私密性，患者咨询时，以我们是朋友的态度回复患者，不问秘密性的问题，只为他们提供所需的帮助，这才是微信营销客服的要求。

10. 公众号要抓住依赖核心

微信营销的核心就是让粉丝依赖于我们，不管是内容还是功能，我们都是因为这个原因才去做的。一个企业微信营销是否成功，就是看他的粉丝对他的依赖性。所以想抓住微信营销机会的人，必须牢记这个核心，以这个核心为运营的根本准则。

12.2.3 公众账号运营技巧

微信看似是一个聊天工具，但对于企业来说，它是一个五脏俱全的营销工具。企业要想在如火如荼的微信营销中脱颖而出，就要全方位了解微信公众号，下足工夫，从中掌握运营技巧。

1. 内容定位

微信公众号的内容定位非常重要，内容必须精耕细作，一定要是高质量的原创或者转载率高的内容，不要推送无价值的内容或者纯粹的广告推送，这样只会引起用户的反感，从而很有可能使得用户对你取消关注。

公众号的内容应建立在满足用户需求的基础之上，包括生活服务类的应用需求、解决用户问题的实用需求等。

2．认证的完成

企业既然决定运行微信公众号营销，那么最好完成公众号的认证，那样企业会获得搜索中文的特权，便于企业的公众号被用户搜索到。而微信认证的门槛不高，企业只需要在有500名订阅用户的基础上，绑定企业的认证微博即可。

所谓的搜索中文的特权，是指确保用户直接在微信的添加好友内搜索到企业公众号，并支持模糊查找。例如，用户只要输入"减肥"，就可以搜索到一长串和减肥相关的公共号，如"减肥方法""每日减肥瘦身""p57减肥"等。

3．自动回复

自动回复接口对于微信公众号营销来说，非常有好处，企业通过自定义回复接口，可以对用户实现查询周边路况、查询违章、设置智能对话服务等节约企业时间、精力的服务。

4．多与用户互动

与用户互动对于企业类微信公众号的运营来说尤为重要，企业可以多发起一些活动，可以将答题赢奖品的模式植入微信中，采取有奖答题闯关的模式，设置每日有奖积分，最终积分最高的获得丰厚大礼。这种方式特别吸引用户，可以有效调动用户参与活动的积极性，从而拉近企业与用户的距离。

5．线上线下强强联手

企业在做微信公众号营销时，可以联手线上的火爆社交平台进行联合推广，如微博、百度贴吧、天涯论坛等。

微信公众号在线上推广的同时，不要忘记线下的推广。虽然现在流行线上支付，但还是有一部分用户会选择线下进行，因此，以营销为目的的企业可以线上线下双管齐下，吸引更多的用户关注。

12.3 微信营销的技巧

微信像是一个聚宝盆，提供了很多功能应用给企业创造财富，只要企业对微信营销了如指掌，那么收益就会自然而然地多起来。

12.3.1 最吸引用户的内容

微信内容的定位应该结合企业自身的特点，并从用户的角度着想，而不是一味地推送企业的内容。记住微信不是为企业服务的，而是为用户服务的，只有给用户想要的东西，他们才会加更忠实于你，和企业成为朋友，接下来的销售才会理所当然。要记住内容为王，用户是冲着内容才来的，推荐也是因为觉得内容有价值。

对于微信的内容，有一个"1+X"模型，"1"是指最能体现账号核心价值的内容，"X"则代表了内容的多样性，迎合和满足用户的需求，增强内容的吸引力。

以减肥产品来说，企业可以想想产品的性质能带给用户的好处是什么，减肥产品就是能带给用户好的身材，减掉多余的肥肉，因此可以推送一些减肥的技巧给用户，然后适当地融入自己产品的信息，只要内容吸引人，就会有一定的营销效果。如图12-7所示。

图12-7 微信"瘦身"订阅号推送信息

12.3.2 最用心的推送方式

绝大多数的微信公众账号每天都有一次群发消息的功能，其实这个频率已经很高了。现在每个用户都会订阅几个账号，推送的信息一多，根本看不过来。

推送频次最好一周不要超过5次，太多了会打扰到用户，最坏的后果可能是用户取消对你的关注。当然，太少了就引不起用户的注意了，觉得你的微信只是一个摆设。所以一定得把握好度。

推送的内容不一定都是图文专题式的，也可以是一些短文本，文本字数一般为一两百字，最为关键的是内容能引发读者思考，产生思想的火花，形成良好的互动效果。如图12-8所示。

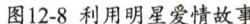

图12-8 利用明星爱情故事

这是一篇利用明星爱情故事来引发读者的感慨,让用户觉得这个世界并不是那么灰暗,在人生之中,终会有那么一个人给你奋斗的动力。在文章的最后引申出了另外一篇文章"未婚妻",用户在之前的煽情下,肯定大部分人会点击"未婚妻"来阅读,从而达到了推广者的目的。

12.3.3 最具亮点的用户对话

如今的人们都追求个性化,微信回复顺应了这个潮流。许多微信账号被"拟人化",用户咨询问题时,得到的回复非常有特色,并且很多微信账号都有一个十分特别的名字,如艺龙旅行网的"小艺",杜蕾斯微信的"杜杜小二"等,如图12-9所示。这样的对话亮点十足,吸引了不少粉丝。

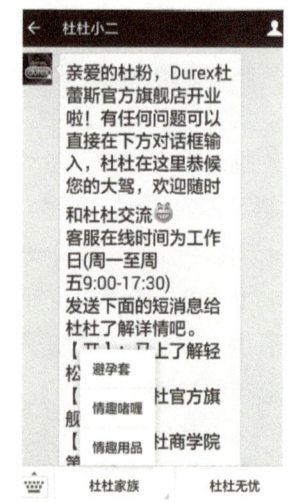

图12-9 "杜蕾斯"的特色名字

12.3.4 最具创意的微信活动

微信营销比较常用的是以活动的方式吸引目标消费者参与,从而达到预期的推广目的。如何根据自身情况策划一场成功的活动,前提在于企业愿不愿意为此投入一定的经费。当然,餐饮类企业借助线下店面的平台优势开展活动,所需的广告耗材成本和人力成本相对来说并没有达到不可接受的地步,相反，有了缜密的计划和预算之后，完全可以以小成本打造一场效果显著的活动。

以重庆小天鹅扫二维码成会员为例。重庆小天鹅只需制作附有二维码和微信号的宣传海报和展架，配置专门的营销人员现场指导到店的消费者使用手机扫描二维码。消费者扫描二维码并关注企业公众账号，即可成为会员。

消费者凭借微信会员卡，可在埋单时享受打折优惠。为防止顾客消费之后就取消关注的情况出现，重庆小天鹅会提醒用户优惠券快要到期了，及时推出新的优惠活动，使顾客能够持续关注并且经常光顾。如图12-10所示。

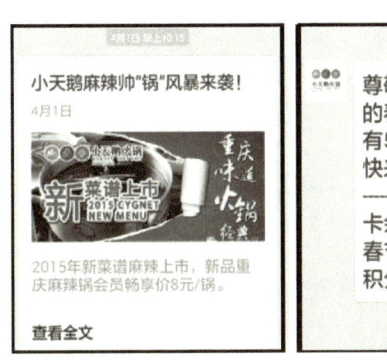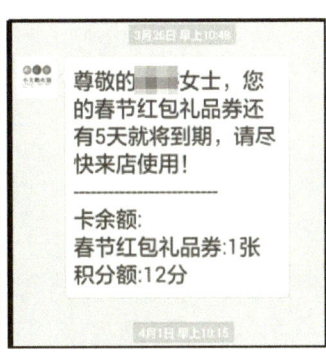

图12-10 重庆小天鹅微信会员活动

12.3.5 最实用的宣传技巧

除了网络宣传外，店面也是充分发挥微信营销优势的重要场所。在菜单的设计中添加二维码并采用会员制或者优惠的方式，鼓励到店消费的顾客使用手机扫描。一来可以为公众账号增加精准的粉丝，二来也积累了一大批实际消费群体，对后期微信营销的顺利开展至关重要。店面能够使用到的宣传推广材料都可以附上二维码，当然也可以独立制作海报、传单等材料进行宣传。

1. "病毒式"口碑营销技巧

微信即时性和互动性强、可见度、影响力以及无边界传播等特质特别适合应用病毒式口碑营销技巧。微信平台的群发功能可以有效将企业拍的视频、制作的图片和宣传的文字群发给微信好友。企业还可以利用二维码的形式发送优惠信息，这是一个既经济实惠又有效的促销好模式，使顾客主动为企业做宣传，激发口碑效应，将产品和服务信息传播到互联网和生活的每个角落。

2. "意见领袖型"营销技巧

企业家、企业的高层管理人员大都是意见领袖，他们的观点具有相当大的辐射力和渗透力，对大众言辞有着重大的影响作用，潜移默化地改变人们的消费观念，影响人们的消费行为。微信互动营销可以有效综合运用意见领袖型的影响力和微信自身强大的影响力刺激需求，激发购买欲望。

3. "视频、图片"营销技巧

运用"视频、图片"营销技巧开展微信营销，首先要在与微友的互动和对话中寻找微友们所喜爱的产品；其次，善于借助各种技术，将企业产品、服务的信息传送给潜在客户，为企业赢得竞争的优势，打造出优质的品牌服务。让微信互动营销更加吸引消费者的眼球。

第13章 微博营销

学前提示

在各大企业纷纷加入微博的背后,是微博作为社会化媒体对传统营销产生巨大冲击的直观表现。微博在营销里掀起了一场革命,微博可以成为品牌营销的利器、市场调查与产品开发的创新工具、危机公关的理想选择。

要点展示

- 微博营销概述
- 微博营销技巧
- 微博营销案例

13.1 微博营销概述

微博微营销是微博催生的新兴营销方式，利用140字内容与大家交流，传播企业、产品的信息，树立良好的企业形象和产品形象，达到营销的目的。随着微博的火热，越来越多的人注意到微博营销背后巨大的商业价值。

13.1.1 什么是微博营销

微博营销是指通过微博平台为商家、个人等创造价值而执行的一种营销方式，也是指商家或个人通过微博平台发现并满足用户的各类需求的商业行为方式。微博相对于强调版面布置的博客来说，其内容由简单的语言组成，对用户的技术要求门槛很低，而且在语言组织编辑的要求上也没有博客高。

在微博平台，用户只需要用很短的文字就能反映自己的心情或者发布信息的目的，这样便捷、快速的信息分享方式使得大多数企业与商家开始抢占微博营销平台，利用微博"微营销"开启网络营销市场的新天地。

> **专家提醒**
>
> 现在，国内有四大主要微博平台，分别是新浪、腾讯、网易和搜狐。其中用户基数最多、流量占比最庞大的微博平台是新浪，新浪凭借其强大的用户量，成为了微营销的最佳选择。新浪微博是国内最大的门户网站——新浪网于2009年8月推出的微博服务类网站，新浪微博的测试版推出后，便以极快的速度进入中文主流上网人群的视野。

微博是从一个单纯的社交和信息分享平台转化而来的。在网络营销时代，微博凭借其巨大的商业价值属性成为了企业重要的网络营销推广工具。微博营销的特点主要体现在以下几个方面。

- 微博营销可以借助先进的多媒体技术，用文字、图片、视频等对产品进行描述，从而使潜在消费者更立体地接收信息。
- 微博营销的发布信息主题，无须经过反复的行政审批，节约了大量的时间和成本。
- 一条关注度较高的微博，在互联网及与之相关的手机平台上，发出后的一段时间内互动性转发，就可以快速地传播起来。

- 通过粉丝关注的形式进行病毒式传播，影响面非常广泛，同时，名人效应能使微博的传播速度越来越快。

13.1.2 微博营销的作用

微博营销由于其信息发布便捷、传播速度快、影响面广、互动性、低成本、企业形象拟人化等特点被企业热捧。

在微博上，"人人不但是麦克风，而且是信息的传递者"。微博所具有的及时、便捷和强大的互动性，使越来越多的人在生活和工作中广泛使用微博，微博的即时性几乎消除了传播的过程，让消息的流通变得极为快捷。

美国《时代》周刊在评论微博这个强大的信息传播影响力时说："微博是地球的脉搏。"由此可见，微博在人们心中所占的位置是多么的重要。微博营销的作用如下。

- 微博营销第一级传播是与普通微博用户最初的交流和互动并无特定对象和确切目的，话题的跟随者都是零星分布和随即出现的，形成一种受众群细化、传播内容针对、实时更新的分众传播。
- 微博营销第二级传播已形成了分众传播与大众传播相互交织、相互作用的传播环境，而这两种特征结合，让微博传播有了新的模式。
- 微博传播第三级传播是从最初的分众传播形式到最终的大众传播效果，依靠微博平台上对其他大众媒体特别是网络媒体的链接和互动，从而让传播活动的参与者和受众由个体、群组迅速扩大为大众。

13.2 微博营销技巧

微博营销有成本低、传播快等传统营销方式不具备的优势。但微博营销是把双刃剑，用好了威力无边，但利用不善，利器也会伤及企业自身，最终导致负面的影响，使企业受损。 因此，微博营销特有的方法和思路是企业必须了解并灵活运用的。

13.2.1 基本设置技巧

微博营销要提高转化率，就必须具有诚信，上传真实的头像，资料设置要完善。

1．昵称

昵称是和微博定位关系密切的基本信息，只要把握好其设置原则和技巧，就能随意地想到适合微博营销的昵称。

首先，在设置昵称前企业要清楚四大原则。

- 昵称不能超过7个字，最好压缩到4个字。
- 让消费者知道你是做什么的。
- 让消费者知道从你这里能买到什么。
- 消费者看到昵称就能知道你们公司到底有什么。

然后，要注意以下两点技巧。

- 微博的昵称一定要突出所在行业的关键词，同时兼顾目标群体的搜索习惯，并尽量增加关键词的密度，以便获取更多被检索的机会。
- 昵称可设置为"姓名+行业+产品"。

总之，设置微博的昵称首先要考虑搜索的需要，注意用户的搜索习惯，因为用户一般是搜索行业或者产品，不会直接搜索昵称，这样能保证被其他消费者尽早地发现。

2. 头像

头像要看着真实，能一下知道你是做什么的最好。微博讲究有头有脸，无论是个人还是企业，都应该以真正的面目示人，如果是品牌的微博，可以用品牌标识做头像，如果是店面的微博，可以用店面或商品照片做微博头像，如果是连锁品牌，就可以以连锁品牌名称或标识作为头像。如图13-1所示。

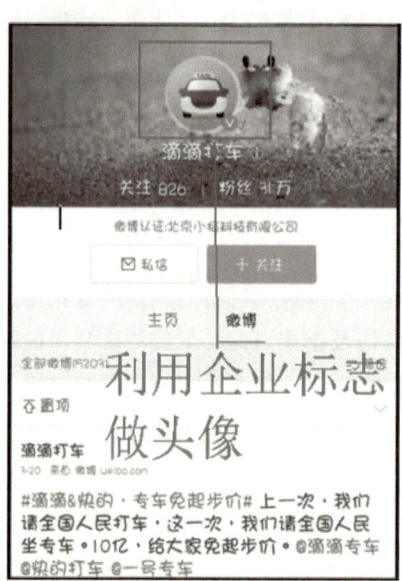
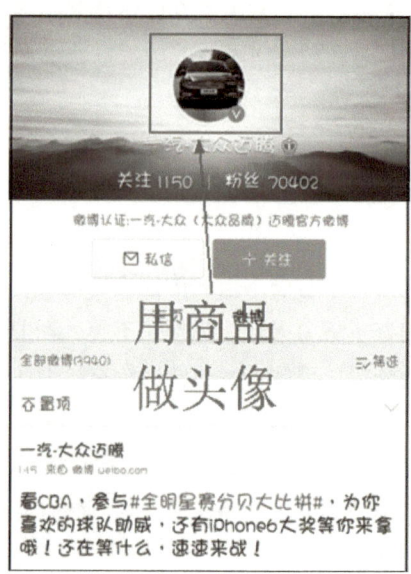

图13-1 微博头像的设置技巧

3. 简介

简介是微博账号基本信息的最后一项内容。企业可以根据自己的产品准备很多词组，去掉个人标签用掉的几个，剩下的就写到这里来。如图3-16所示。

简介的内容还要考虑搜索概率。需要注意的是，词语之间要用空格隔开，不要用任何标点符号，简介后面加你的电话号码或者微信、QQ号都可以，但最好不要写网址，因为对于手机用户来讲，简介中的网址是无法直达的。

4. 个人微博要完善基本资料

个人微博基本信息中的个人标签、个人介绍、头像、工作信息、职业信息要完善，这样用户才能根据里面的关键词搜索到你，而且还会给人真实的感受，增加用户的信任感。另外，最好绑定手机，这样能充分利用微博的高级功能，否则有些功能用不上。

5. 微博广告牌

微博广告牌类似于QQ空间的背景设计，利用这个位置来宣传的前提是开通会员，这样可以设置自定义背景，然后把二维码、电话号码、网店地址、QQ号码等写在广告牌中，让别人打开你的微博主页时第一眼就能看到。

微博最好申请认证，微博的个性域名可以用官方网址，没官方网址的可以用你的英文名字或者微信号，这样能起到容易记忆的作用。

 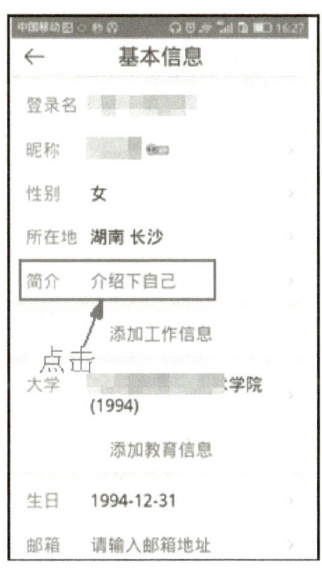 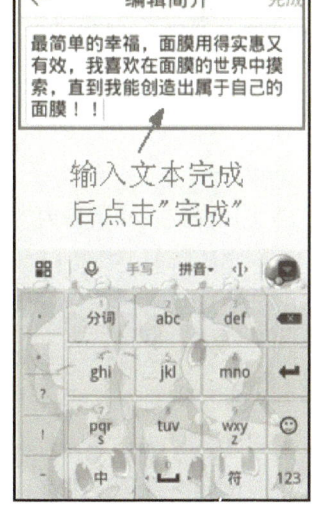

图13-2 微博简介的设置方法

13.2.2 推广内容技巧

微博推广单单做前期工作是不够的,更重要的是后期的内容更新以及推广技巧。不要注册好一个微博,却放在那儿当摆设,不去更新它,或者是一天发一百条广播,这样都是不正确的。平均每天发二十几条广播就行了,但是内容一定要吸引人。

如果微博的内容来来去去都是那些无趣的东西,用户也就慢慢地对你的微博失去兴趣。相反如果微博每天都有一些用户感兴趣的新颖的内容,那么用户对于你的微博忠诚度也会提升,并且帮你转发微博,让更多的人来关注你。例如,一组简单、搞笑的动态图,就能引起广大网友的转发、评论和点赞,它没有软文华丽的辞藻,只是以让人们放松,笑出来为目的。如图13-3所示。

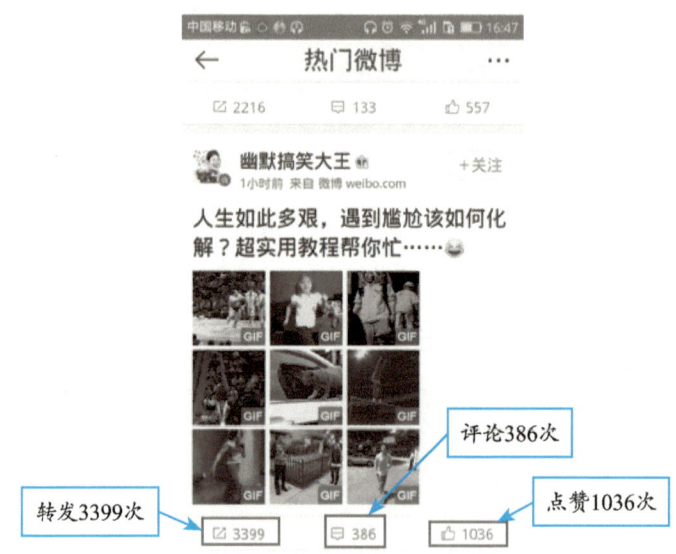

图13-3 热门微博转发量、点赞次数、评论量

下面介绍一些微博内容推广技巧。

- 坚持原创内容建设,制定适合的转发热门内容的比例。
- 适当利用"时光机"可以减少工作量、增加发布频率和微博活跃度。
- 图文并茂的内容更受人欢迎;在图片上打上水印,有利于微博的推广。
- 重视突发事件的直播报道和现场直播,更容易受到网友关注。
- 内容要贴近生活和现实、新闻热点、事件;热门排行里的内容更受用户关注,可以适当转发和参与。

13.2.3 标签设置技巧

微博个人标签能让用户搜索时快速找到你，还能增加在搜索结果中排名靠前的概率。

个人标签可以设置为10个词。

- 设置6个完整的关键词。如，美容类的标签，站在消费者的角度，可设为"美白""养颜""祛斑""消痘""瘦身""去疤"等。
- 后面4个词就把一个词分开写，如美、白、痘、消痘等，这样的目的是让一个字能匹配到标签，俩字也能匹配到标签，三个字也能匹配到标签。

总之，微博标签词的匹配度越高，被用户搜索并曝光的概率就越高。

当然设置微博个人标签有一定的规则，不能盲目设置，否则没有什么好的效果。下面总结了设置微博个人标签的5个规则。

- 定期调整标签词汇：企业需要提前准备十几组标签词汇，定期查看用户的搜索习惯，根据搜索最多的词汇来调整自己的标签。
- 注意概率问题：微博作为一个媒体平台，不可能所有搜索到你的人都去关注你，有百分之一的人关注你就已经很不错了。
- 根据节假日更换标签词：标签词最好一个月换一次，如果遇到节假日，就更换与之相关的标签词，如"情人节"，就把"情人节"写进标签里，当人们搜索关于情人节的词汇时，就容易搜索到你的微博了。
- 为标签合理排序：选好标签词的，要合理排序，进行优化，前面的6组词都用4个字的词语，从第7个词开始，按照4、3、2、1个字的顺序，如"美容瘦身""美容瘦""美容""美"。
- 重视4字词语的作用：在产品较多时，标签尽量用4个字的词语，如卖衣服就可以用"服装女装""服装裤子""服装男裤"等，这样的好处是可以写更多的词，在用户搜索时会自动匹配到你的关键词。

13.2.4 提高粉丝量的技巧

微博营销是一种基于信任的用户自主传播营销手段。企业在发布微博营销信息时，只有取得用户的信任和引起他们的兴趣，用户才可能帮企业转发、评论信息，使信息产生较大的传播效果与营销效果。如图13-4所示。

图13-4 微博粉丝的营销力量

企业想要提高粉丝量，首先要知道自身微博的状况，自己微博的粉丝量决定了微博的不同阶段。每个微博账号最多只能加2,000个关注。因此，当企业的粉丝还没到1,000了时就全部诚信互粉，到1,000了时开始清理不重要的粉丝。

随后，可开始定位微博，同时每天要有计划地发布内容，不要发布一些没用的，而要发一些原创有趣、高质量的内容，长此以往，粉丝量将迅速增长。当然想要提高粉丝量，还需要掌握以下几点技巧。

- 坚持原创，吸引志同道合的人关注。
- 多更新微博，不要半途而废。
- 多组织活动，吸引粉丝加入，提升微博传播力，并在实践中不断提升自己的话题策划能力。
- 多与粉丝互动，积极@别人并参与回复、转发、评论、点赞。
- 积极向知名微博投稿，推荐自己，寻求活跃粉丝的关注与支持。

13.2.5 品牌营销技巧

在微博的平台里，企业可以对用户进行实时跟踪，从而快速了解用户对企业产品或服务发出的质疑或请求帮助等信息。企业还可以通过微博来回复用户的信息，以解决用户的问题，避免用户因为不满而大规模地在网络上传播不利于企业的信息。微博能快速解决用户的问题，有效提高用户的满意度，并增加品牌真诚度。

例如，著名的餐饮品牌"海底捞"就利用微博快速了解用户的反馈信息，并通过即时回复，解决了用户的问题。"海底捞"在2014年中秋节举办了一次在海底捞拍摄最佳幸福照评选活动，规定由海底捞的粉丝投票评选出最佳照片。如图13-5所示。

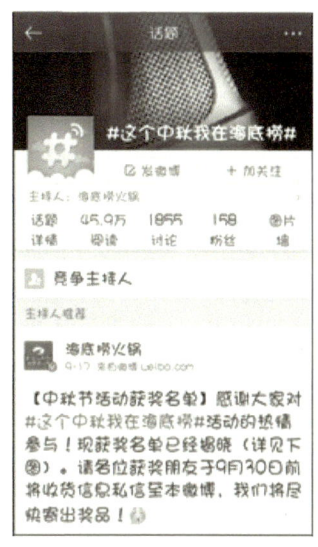

图13-5 海底捞最佳幸福照评选活动

活动开始后，有的用户积极参与，并大力赞扬，"海底捞"从众多参与者中评选出10张最幸福照片，利用微博投票功能再次发动粉丝互动，进一步提升粉丝的积极性。如图13-6所示。

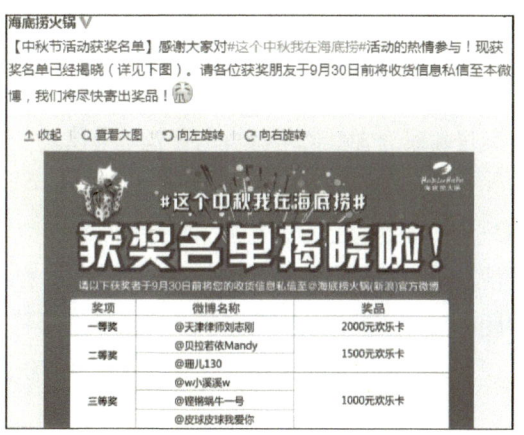

图13-6 海底捞最佳幸福照评选活动获奖名单

企业对微博的关注反映了新社会化媒体在"消费者对品牌进行公开讨论"方面的力量，对品牌的真正话语权已经转移到消费者手中，这是技术使然。

13.2.6 互动营销技巧

进行微博互动营销最主要的一点就是要主动与别人互动。当别人点评你的微博后，可以和他们对话；还可以创办一些热闹的活动，让别人参与，这样才会有客户和潜在客户愿意与你交流，才会分享你的内容。

抽奖活动或者促销互动都能吸引用户的眼球，达到比较不错的营销效果。企业的抽奖活动可以规定，只要用户按照一定的格式对营销信息进行转发和评论，就有机会中奖。如果是促销活动，就要有足够大的折扣和优惠，才能引发粉丝的病毒式传播。如图13-7所示。

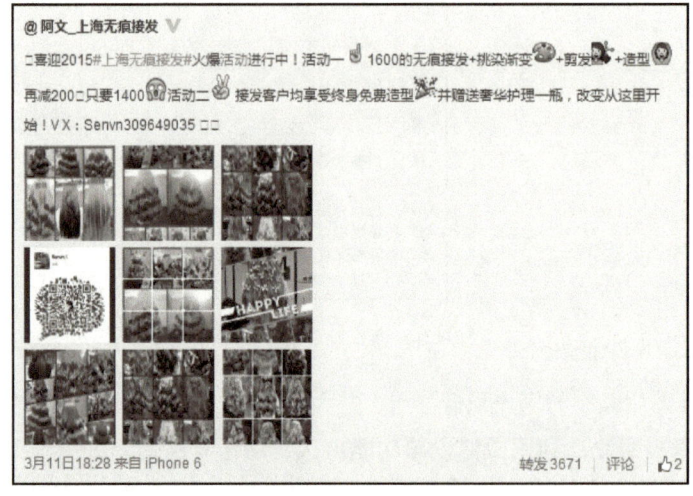

图13-7 微博促销活动

促销信息的文字要有一定的诱惑性，并配合精美的宣传图片。此外，企业与商家如果能够请到拥有大量粉丝的人气博主帮自己转发微博消息，就能最大限度地发挥活动的效果。

总之，获得用户信任最重要的方法就是不断保持与粉丝之间的互动，让粉丝感受到企业的真诚与热情。企业要经常转发、评论粉丝的信息，在粉丝遇到问题时，还要及时帮助其解决问题。只有凡事都站在粉丝的角度来考虑问题，才能与粉丝结成比较紧密的关系，如此一来，在企业发布营销信息时，粉丝也会积极帮企业转发。

13.2.7 硬广告营销技巧

硬广告是生活中最常见的一种营销方式。人们在报纸、杂志、电视广播、网络四大媒体上看到和听到的那些宣传产品的纯广告就是硬广告。

微博硬广告具有传播速度快、涉及对象广泛、经常反复可以增加公众印象、有声有色、具有动态性等特点。如图13-8所示。

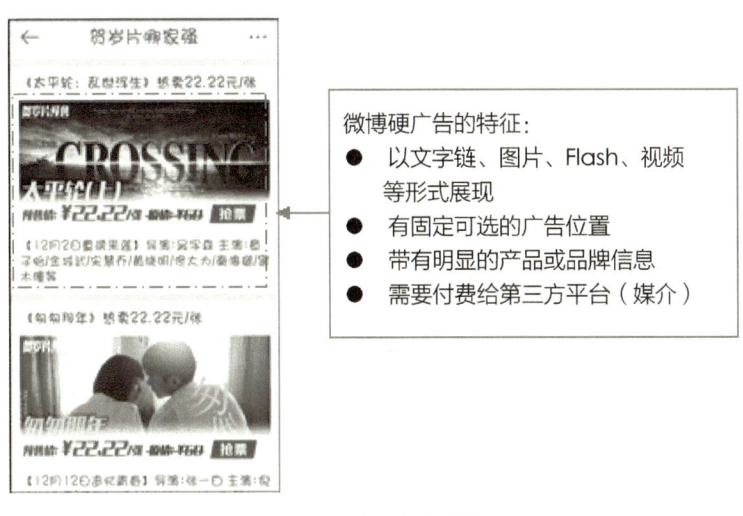

图13-8 微博硬广告的特征

企业在优化微博关键词时，尽可能以关键字或者关键词组开头，尽量利用热门的关键词和容易被搜索引擎搜索到的词条，增加搜索引擎的抓取速率。

企业广告的措辞不要太直接，要尽可能把广告信息巧妙地嵌入有价值的内容当中。

如果企业的微博广告能够为用户提供有价值的东西，而且具有一定的隐蔽性，就会提高转发率，使营销效果变得更好。一些生活小技巧、旅游奖励、免费资源以及趣味故事都可成为植入广告的内容。

发布微博硬广告，最常见也是最直接有效的方式是图文结合。图文结合既能让用户了解企业营销活动的具体信息，又能让用户被图片上的内容吸引，从而进一步参与企业的营销活动。

13.2.8 公关服务技巧

移动互联网特有的病毒式传播，使得用户快速传播某些产品或企业服务的负面言论与评价，这很有可能导致企业遭遇公关危机。 不过，微博作为一个信息共享社区，传播效率极高，当企业遭遇公关危机时，通过微博快速处理危机情况，能够将危机的影响降到最小。

微博在为企业营销提供新思路、推动公关传播手段创新的同时，也给公关行业提出了新的课题。微博时代信息的去中心化和碎片化给谣言和危机的产生和传播创造了温床,危机的源头无处不在。

当暴露在无数关注的眼睛下,任何一个微小的疏忽或者细节的失败都可能发生恐怖的连锁反应。要想切断这个恶性的连锁反应链,最好的办法就是将事态扩大的趋势扼杀在摇篮里,通过有效的微博公关手段,快速、合理地解决危机源头。

在微博时代里,每个人都是媒体,同时也是受众。由于每个发布者都隐藏在一个微博账号后,任何一个人都可以是危机发生的触发器,任何一个细节都可能是危机的诱发因素。与传统公关相比,难度在于无法控制每一个人。

如今,微博营销与公关已成为许多企业的网络营销新配工具之一。企业可以通过自己的官方微博向外界传播企业活动、产品销售的信息,帮助构建负责、严谨、有规划的企业形象。

对微博用户的品牌口碑实时监测对于企业来说十分重要,使用微博平台的搜索功能,以及相关的实时监测功能,企业可以在平台上实时监测品牌的口碑,预防企业危机情况的出现。

市场产生了需求,就会有满足需求的服务提供商出现。一些通过微博运营来进行危机公关的专业团队已经产生,杜蕾斯官方微博已成为企业微博的经典案例。

例如,杜蕾斯将一位微博名为"辣笔小球"的微博原文直接复制粘贴发布在自己的微博上,而且未注明出处,并被转发了上千次。如图13-9所示。

图13-9 杜蕾斯抄袭的微博内容

"辣笔小球"据此提出了自己的质疑:"这条微博是我原创的,你们复制粘贴时能不能注明出处呢?微博有转发功能的,点一下转发,并不费事。"

之后,"辣笔小球"决定通过起诉维护自己的合法权益,同时提出了诉讼标的,这个标的颇具讽刺意味:"索赔要求不高,精神损失费1元+100箱杰士邦。如胜诉并成功索赔,奖励代理律师50箱杰士邦+5毛钱,本球是认真的。"

最终,"辣笔小球"与杜蕾斯以200盒杜蕾斯避孕套达成了和解,她决定把这200盒避孕套全部馈赠给粉丝们,并由杜蕾斯负责把它们邮寄出去。

微博公关作为一种新的方式,打破权威,为公众与企业提供了可以交流的公众平台,企业充分利用微博这一平台进行公关,参与和回复关注者的评论,实现沟通和影响舆论的目的。

13.2.9 话题营销技巧

微博用户打开微博后，通常首先会迅速浏览信息流里有什么好玩的内容，其后便是查找热门微博或者看热门话题。

微博运营者们上班打开微博后，看一看热门话题，然后一一记下，熬干脑细胞思考如何将自己运营的品牌微博与当天的热门话题搭上关系。

微博话题营销是"我听见你的声音→我在听你说→我明白你说的→达成营销目的"的过程，微博运营者则希望能借势营销。用户的眼睛看到哪里，价值便在哪里。所以不管是线下、线上，还是在门户网站，热门话题都备受关注。

例如，电影《我是女王》便是微博话题营销上很好的尝试，《我是女王》共有话题讨论7140条，阅读量达到662.4万，这对于微博上的影视类宣传算是不错的数字。如图13-10所示。

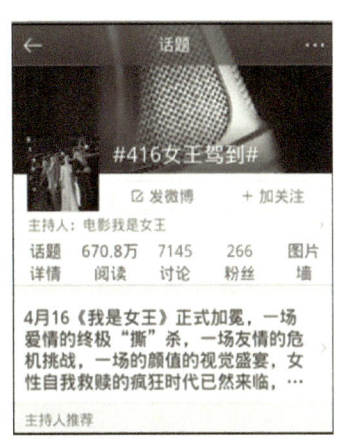

图13-10 《我是女王》话题

企业在更新自己的微博前，先搜索别人感兴趣的热门话题，然后将它策划为自己的营销内容，这样可以增加被用户搜索到的机率，从而达到营销的目的。企业一般在发广播时，在热门关键词前后加双井号，如#整容新模板#。

当然，适当转播他人的热门话题，也会给你带来人流量，博主会认为你很关注他，他就会收听你，也会经常看看你更新的微博。但是不要过分地转播，这样别人反而会觉得厌恶，所以保持适度的微博留言量就行了。

总而言之，"话题"是微博话题营销的核心和灵魂。企业只有选择准确的话题，并结合品牌和产品的实际情况进行把握、提炼和升华，才能取得话题营销的成功。

13.3 微博营销案例

企业在了解微博营销的理论知识后，只有试着展开实际的操作，才能融入微博营销中。也许刚开始会遇到很多挫折，微博营销没那么顺利地进行，不要灰心，企业可以多看看微博营销前辈们的案例，从中学习。下面介绍2个微博营销案例，供企业参考。

13.3.1 可口可乐微博体验

著名的国际品牌可口可乐,在研究微博营销上花了大量的功夫。可口可乐发现社交媒体——微博具有强大的商业作用后,便开始利用微博与用户进行情感互动,网罗大量粉丝,增强用户的黏性。

1. 可口可乐微博"明信片"

可口可乐通过调查发现,如今,大部分的社交媒体用户在享受美食、收到礼物的开心时刻,都会选择发微博并@相关的朋友,而这正是社交媒体线上与线下结合的绝佳触点。

基于此,在圣诞节来临前夕,可口可乐选择了用明信片传递情感的方式,通过线上@收件人,线下为用户本人和家人、朋友寄送明信片的方式,创造并实践了一种社交媒体情感微博营销新模式。如图13-11所示。

图13-11 可口可乐明信片情感传递活动

可口可乐通过聆听用户的心声,了解到受众在享受网络时代便捷的同时,内心深处也渴望着一些过往传统所带来的情感回忆。人们希望除了每天在邮箱里收到账单、广告、垃圾邮件外,还想奇迹般地从门口的邮箱发现一张来自远方亲人与朋友的明信片。

在看惯了电子屏幕上整齐划一、面目可憎的符号后,人们更希望能够看到一些带着回忆和性格的文字,握在手里反复翻阅仿佛还能感受到寄件人的美好与思念。基于此,可口可乐结合消费者切身的情感需求,采取微博@传递活动消息的方式,为用户提供了"明信片"传递情感的活动方式。

微博线上信息的传播与线下活动举办的营销模式是企业营销的亮点。 在互联网与移动互联网时代，微营销与O2O营销兴起，可口可乐正是掌握了这两种营销方式，将微博营销与O2O完美结合，打造了企业品牌。

2. **可口可乐微博平台搭建APP**

在设计微博互动应用时，可口可乐又基于社交媒体用户的特性，以简化用户流程、覆盖更多用户群为原则，选择采用HTML 5技术，在新浪微博平台上搭建APP，提升手机用户的体验。如图13-12所示。

图13-12 可口可乐微博平台手机APP

在可口可乐的APP平台，用户在线上发送虚拟祝福时，可口可乐还会运用自动生成图片的功能，在用户发出一条微博时，自动抓取发信人和收件人头像，形成GIF动画版圣诞贺卡，并作为一条新帖子发出。

移动互联网快速发展，对于企业来说，提高用户的"移动"体验是关键。可口可乐在提高移动体验方面就做得很好。可口可乐结合智能手机APP与微博平台，让用户能够更加便捷地发布帖子，从而为自己的品牌营造了口碑。

13.3.2 凡客诚品利用微博传播信息

作为新浪微博最早的广告主之一，凡客诚品多年来培育出来的成熟电子商务实战技巧成就了其作为广告主"围脖"明星的天然优势。

在凡客诚品的微博页面上，一会儿联合新浪相关用户赠送凡客诚品牌围脖，一会儿推出1元秒杀原价888元衣服的抢购活动来刺激粉丝的神经，一会儿又通过赠送礼品的方式，拉来姚晨和韩寒等名人就凡客诚品的产品进行互动，这很难不引起网友的注意。如图13-13所示。

图13-13 凡客诚品的微博页面

除此之外，还能看到凡客诚品畅销服装设计师讲述产品设计的背后故事，看到入职三月的小员工抒发的感性情怀。对于关注话题中检索到的网民对于凡客的疑问，凡客诚品幕后团队也会在第一时间予以解答。

凡客诚品还推出了"凡客怒放体"，与网友互动，让网友自己动手制作出属于自己的"怒放体"，这又调动了网友专注凡客诚品的积极性。

由此可见，微博是一个可供网友自由选择和交流信息的平台。基于这一特性，如果广告主们试图通过单一地发布品牌硬性广告进行微博营销，不仅对于品牌内涵的深化和宣传毫无作用，还会打搅到用户的浏览体验，从而使他们从品牌的粉丝圈中流失，显然，这背离了微博营销的最终目标与聚拢消费者的初衷。

新闻营销

第 14 章

学前提示

在网络营销中,新闻营销是必不可少的一部分。它有一股"化腐朽为神奇"的力量,能帮助企业"起死回生",高效地创造出企业公信力、品牌美誉度,从而引导市场消费。

要点展示

- 新闻营销概述
- 新闻营销策略
- 新闻营销的步骤

14.1 新闻营销概述

在快节奏的今天,广告信息铺天盖地,消费者对此嗤之以鼻人,因为人们愿意看新闻而不愿意接受广告,从而出现了新闻营销,利用新闻的方式让读者在不知不觉中接受企业要传播的内容。在网络营销中,通过精准的新闻营销,可以让信息传递到每一个人的手中。

14.1.1 什么是新闻营销

新闻营销简单来说就是利用新闻为企业宣传的一种营销方式,它通过新闻的形式和手法全面、真实地诠释企业文化、产品信息、企业品牌、行业资讯,引导市场消费。在营销活动中它能快速、有效地创造传播效能,提升产品知名度以及更好地塑造品牌的信誉度。

企业在真实、不损害公众利益的前提下,凭借新闻营销自身的特点,通过制造"新闻热点"来吸引媒体和社会公众的注意,从而达到销售的目的。新闻营销的特点如图14-1所示。

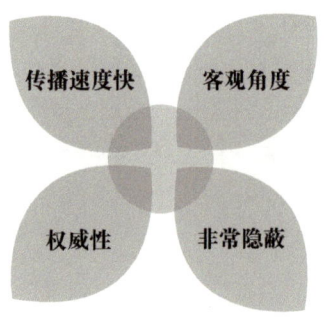

图14-1 新闻营销的特点

1. 传播速度快

不管是在互联网,还是在现实生活中,新闻是人们必不可少的内容,其传播速度非常快。就拿最近一则新闻"中国买家1.2亿元买下澳洲豪宅"来说,新闻一经公布,就受到各大媒体的关注、转发、跟进以及评论,甚至还出现在了百度风云榜上,这充分证明了此新闻的传播速度之快。因为只有各大媒体在网络上同时关注并发布的新闻,以及网民频繁在百度搜索引擎搜索的新闻关键词,才会出现在百度风云榜上。如图14-2所示。

图14-2 百度风云榜以及新闻搜索结果

2. 客观角度

新闻都是站在第三方的角度进行报道，新闻营销也不例外。利用新闻做推广，广告内容能客观地展现在人们的眼前，会让人们产生错觉，认为自己接收的信息是新闻分析出来的，而不是很明显地在做广告，从而会认为其内容客观可信，愿意接受。

3. 隐蔽性

在网络营销中，就属新闻营销最具有隐蔽性。由于它是以新闻的方式进行包装，普通的网民看不出里面有没有猫腻，只会觉得是一篇值得深究的新闻信息，从而主动接受新闻中的讯息。

4. 权威性

大家都知道新闻是权威的象征，它具有真实性，在生活中真实永远是人们所追求的。而企业利用这种方式进行营销活动，能增加企业产品的说服力。

总之，不管新闻具有什么特点，只要人们不抛弃追求真实的思想，那么新闻事业就不会垮掉，只要企业掌握住新闻营销方法，定能在网络营销里稳住脚尖。

14.1.2 新闻营销的要点

企业想要把新闻营销做成功，就要抓住新闻营销的要点，将企业和产品信息巧妙地嵌入新闻中，达到借势传播的效果。下面总结了新闻营销要点，供企业在做新闻营销时参考。如图14-3所示。

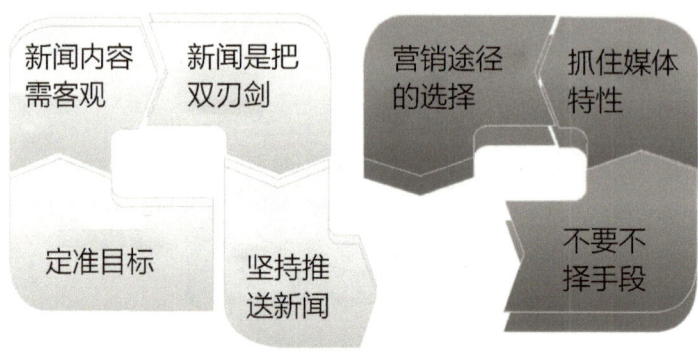

图14-3 新闻营销的要点

1. 明确目标

企业利用新闻营销制造新闻不是最终目的。新闻的背后是为了突出并达到某种目的，想要把新闻营销做好，首先要明确营销目标，新闻必须围绕目标策划，这样才能通过新闻提升品牌知名度和美誉度、促进产品销售。

2. 新闻内容需客观

企业虽然是以新闻的幌子做网络营销活动，但也要遵循新闻客观、公正的原则，写出来的内容不能夸大其词，一定要以媒体的立场客观、公正地进行报道，只有用事实说话，才能创造良好的新闻效应。

3. 新闻是把双刃剑

企业在策划每一个新闻时都应该反复推敲、研究细节，从读者的角度审视新闻内容，这样才能给企业带来无限好处，如果企业不加以重视，新闻这把双刃剑会对企业产生负面的影响。

4. 坚持推送新闻

企业在做新闻营销时千万不要半途而废，应该循序渐进地围绕新闻主题层层推进，不断创造新的事件和新的角度，以"契合"的方式进行"新闻轰炸"，从而更好地吸引读者的注意力，达到新闻营销的目的。

5. 不要不择手段

企业千万不能为了达到营销目的而不择手段，用"造假"来蒙骗大众。不管你的新闻显得多么真实，要永远记住"天下没有不透风的墙"，一旦被大众知晓新闻是造假而来的，就会大大折损企业形象。

6. 抓住媒体特性

随着互联网的发展，网络上相继出现了很多新闻媒体平台，这些平台的编辑为了给自己的网站增加人流量，会在各大媒体平台上寻找实时热点、有趣事闻等文章。如果企业抓住网络媒体的这一特性，只要把新闻写得有"含金量"，吸引媒体编辑的注意，就会被免费报道，反之，如果策划出来的新闻质量低劣，那么即使花钱，媒体也不会报道。

专家提醒

如何才能吸引媒体编辑的目光，让他们自动为企业传播呢？其实很简单，企业只要记住以下要点，就会有事半功倍的效果。
- 根据媒体编辑的需求策划相应的新闻。
- 新闻需要有创意。
- 要以客观的角度写出新闻的内容。
- 不要夸大其词，应实事求是、图文并茂。

7. 营销途径的选择

企业在选择营销途径时，尽量选择大众媒体，只有这样的媒体，才能扩大新闻传播范围，引起网民的注意。一个传播面很窄的媒体，是很难达到预期目的和效果的。

14.2 新闻营销策略

新闻营销是以新闻来做整个营销的支撑点，而新闻内容只有以时事热点、名人、体育等话题展开内容，才能达到营销目的。企业在做新闻营销时，只有抓住一些重要策略，才能有效地进行新闻营销。

14.2.1 名人攻略

在这个充满娱乐氛围的时代，名人可谓是人们茶余饭后最喜欢讨论的话题，如果企业能有效抓住名人效应，就能轻而易举地引起关注。当然企业不能盲目地利用名人来创造营销活动，企业应该结合自身产品的需求、资源和时机来选择写合适的名人新闻。

事实上，企业利用名人的知名度可以加重产品的附加值，借此培养消费者对该产品的感情，从而赢得消费者对产品的追捧。

前段时间Angelababy作为国际知名品牌新秀丽代言人，出席了代言发布会，在短短的时间里,就被韩方多家媒体报道,而"新秀丽"名正言顺地借助了Angelababy在韩国的人气,从而提升了品牌知名度。如图14-4所示。

图14-4 当天韩国各大媒体报道Angelababy出席新秀丽代言发布会

14.2.2 体育攻略

足球世界杯是永恒的话题,因为它贯穿于整个世界,吸引全世界人的眼球。企业主要是通过赞助、冠名活动来推广自己的品牌。

例如,2014年巴西世界杯期间,所有接送运动员、裁判的车辆的显著位置都标记了现代汽车的字样和Logo。还有国际足联、贵宾的专用座驾,足球场边的广告屏,新闻发布会等无一不是现代汽车进行营销的战场,这让球迷在看世界杯的同时,还深深地记住了现代汽车。如图14-5所示。

图14-5 北京现代与世界杯足球递交赛会用车

14.2.3 时政攻略

时政新闻给人们的感觉是枯燥、乏味、生硬的，相对于社会新闻多渠道的来源，时政新闻软文的主要来源渠道大多都一样。不过时政新闻带给人们的是社会的真实变化，具有比较强的权威性。企业可以根据如图14-6所示的几点来构造一篇的好时政新闻。

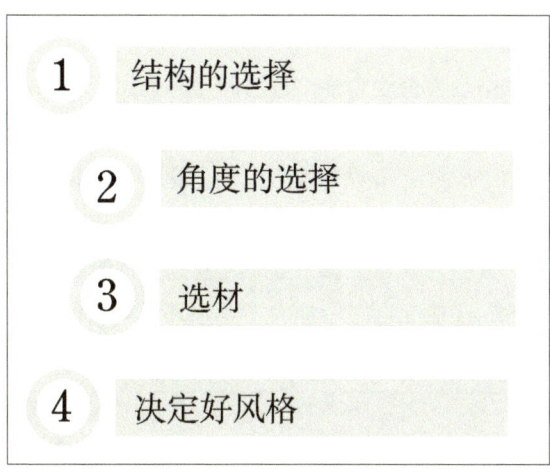

图14-6 时政攻略

1. 结构的选择

时政新闻的结构是至关重要的，要让读者感觉文章条理清晰，结构框架不混乱，至少给读者一个好的印象。一般文章的基本结构需要是完整、连贯的，在结合时政时也要有一些创意，这样才能使得文章更具有可读价值。

2. 角度的选择

时政新闻一般关注者比较多，一般一篇时政新闻成为热点后，各大新闻媒体平台所采用的角度都比较一致。

企业想要在众多媒体平台中脱颖而出，仅仅靠诠释一篇时政新闻是不够的。企业应该多角度地看待时政新闻，寻找那些既有意义而旁人又忽略的角度来写，报道所选的角度只有立意新、题材新、表现手法新，才能在新闻媒体中出类拔萃，赢得较高的关注度。

3. 选材

企业在选择新闻题材时，一定要以"去其糟粕取其精华"为核心，要懂得"取舍"，要弄清楚哪些材料要详写，哪些材料要略写。只有选择好材料，才能使新闻稿具有可读价值。

4. 决定好风格

企业在做新闻营销之前，一定要先考虑好新闻的风格形式，千万不要有文体、风格不对的情况出现，那样会使整篇文章看上去很别扭。例如，时政新闻具有一定的严谨性，却用诙谐、轻松愉快的口吻写，可想而知，就没有什么说服力了。

14.2.4 活动攻略

企业新闻活动攻略是指企业为推广自己的产品而组织策划的一系列宣传活动。

如企业可以从社会角度进行公益活动、慈善活动等来推广产品，也可以从企业战略角度进行合作签约、股票上市等来推广产品。这些都可以吸引公众和媒体关注企业和品牌。例如，电影《左耳》上映期间，导演苏有朋捐赠了20万元给一名患白血病的小男孩做移植手术，并且《左耳》影片也向V爱基金捐赠25万元。这一举动，不仅帮助到了需要帮助的人，还在无形之中加大了《左耳》电影的声势，引起广大网民的注意。如图14-7所示。

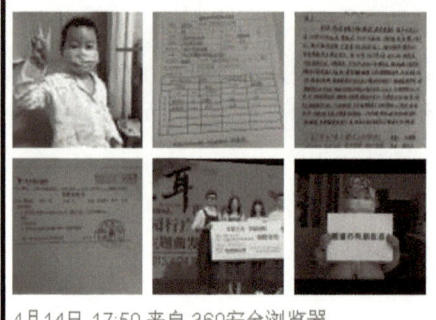

图14-7 活动攻略

活动新闻的结构如下。

- 第一段写导语、主承办单位、参与人员。
- 第二段主要写活动的过程、活动现场以及现场观众的反应。
- 第三段评论开展本次活动的意义。

企业在撰写此类软文时，尤其要注意以下几点。

（1）要有主题

新闻活动必须有主题，主题概括了整个活动的内容。在开篇介绍活动主题，有助于读者首先把握活动的主要内容和活动的形式。如图14-8所示。

第七届株洲读书月活动方案

组织机构

主办单位：中共株洲市委、株洲市人民政府

承办单位：市委宣传部、市文化广电新闻出版局

协办单位：株洲军分区政治部、市直机关工委、市委农村工作部、市教育局、市民政局、市总工会、市妇联、市新华书店、市图书馆、各县市区委宣传部、文广新体局、株洲新闻网、市儒学会、市啦啦好儿童俱乐部

媒体单位：光明日报、湖南日报、红网、三湘都市报、潇湘晨报、长株潭报、株洲日报、株洲广播电视台、株洲新闻网、株洲网、株洲传媒网

图14-8 活动类软文

（2）内容紧扣主题

新闻内容一定要紧扣活动主题，否则会给人文不对题的感觉，整个活动的内容必须体现出活动的主题。

（3）适合的投放平台

企业要根据活动决定投放的媒体平台，要根据新闻稿投放的媒体，确定新闻事件的主角。

（4）掌握主次

活动新闻一定要分清活动程序的主次。不要大篇幅专攻一些次要的信息，却没有重要信息表达那样营销效果不会显著。要记住主体部分才是报道的重点。

14.2.5 挑战攻略

企业利用新闻营销挑战策略时，不要用那些过时的挑战做新闻噱头，应该尝试创新，这样才能吸引广大群众的眼球。

就拿前段时间风靡全球的ALS冰桶挑战赛来说，ALS冰桶挑战赛简称冰桶挑战赛，要求参与者在网络上发布自己被冰水浇遍全身的视频，然后该参与者便可以要求其他人来参与这一活动。如图14-9所示。

图14-9 明星携手挑战冰桶挑战赛

该活动旨在让更多人关注渐冻人,并达到募款帮助治疗的目的。ALS冰桶挑战赛在全美科技界大佬、职业运动员中风靡。活动规定,被邀请者要么在24小时内接受挑战,要么就选择为对抗"肌萎缩侧索硬化症"捐出100美元。

这一挑战,既传播了渐冻人的罕见疾病,又筹集了很多捐款。这就是利用"挑战攻略"做营销的经典案例。

14.2.6 概念攻略

如果企业能用人们未接触过的领域进行产品创新,会非常引人注意。新闻营销也是如此,企业为自己产品创造的"新理念""新潮流",定能吸引网民的目光。

在新闻营销中,完全可以同时启动理论市场和产品市场,先推广一种观念,有了观念,就有了新闻价值。

2015年1月米兰展现掌上世博新概念,引起广大民众的关注。世博会为了顺应飞速发展的移动互联网时代,让更多的人足不出户也能轻松地体验世博,从而提出"掌上世博"的概念。

据报道,为了让更多的民众了解、参与掌上世博,在上海举行了新闻发布会,新闻发布会不仅向世人展示了上海后世博研究中心创新理念和创新成果,"掌上世博"还首次亮相。如图14-10所示。

图14-10 掌上世博

掌上世博概念的推出,让人们通过手机终端就能随时随地了解世博会展示的最新成果,满足了不同用户的观展需求,弥补了大部分无法到现场观展人士的缺憾,使手机终端成为民众参与"世博嘉年华"的新天地。

在传播"掌上世博"的过程中,成功地提高了用户的热情参与度,以及上海后世博研究中心和《掌上世博》项目的知名度。

14.3 新闻营销的步骤

新闻营销的第一步是做好新闻策划,第二步是做新闻撰稿,第三步是选择适合的媒体发布,最后一步是及时跟踪新闻。

14.3.1 新闻策划

新闻策划是指对已经发生或将要发生的新闻事件如何报道进行分析、构思,经过反复酝酿、调整,从多个报道方案中优选出最佳报道方案来加以实施,以达到一定的报道目标、实现预期的传播效果。新闻策划的步骤如图14-11所示。

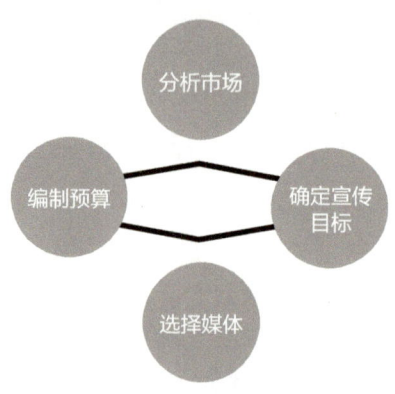

图14-11 新闻策划的步骤

1. 分析市场

企业想要做好新闻策划，就必须先深入了解并分析策划对象的行业情况，了解得越仔细，掌握的信息就越多，就越可以挖出有价值的新闻点来进行新闻策划。

2. 确定宣传目标

了解策划对象的行业情况后，要确定宣传的范围和目标人群。因为宣传目标影响企业新闻的预算和媒体平台的选择，这对新闻营销来说是非常重要的。如果策划目标范围是地域性的，就无需大规模传播，可减少推广成本。

3. 选择媒体

在新闻营销中，企业可以根据产品的特性和宣传目标来选择适合的媒体平台。如企业目标客户是女性，就可以选择女性聚集比较多的媒体平台。

4. 编制预算

企业在做策划时，编制预算是非常重要的，如果没有编制预算，新闻营销就会像一个无底洞，企业很有可能出现只有付出没有回报的后果。

一般企业做一次宣传，都会衡量投入产出比，做出一个心中有数的预算。广告投放通常采用以下两种预算方法。

- 销售百分比法：以销售额的某个百分比，如2%，作为广告宣传费用。
- 竞争对比法：以主要竞争对手的大致费用来决定自己的广告预算。

不过，企业的策划编制预算与企业宣传预算有不同之处，广告费用主要包括广告制作和媒体投放的费用，新闻策划则主要是新闻事件的实施费用。

由此可见，企业宣传的费用大致相同，新闻策划的实施费用会针对不同的策划制定不同的预算，大多数新闻策划预算都是采用"目标任务法"来做预算的。

> **专家提醒**
>
> 目标任务法就是先确定新闻策划的目标，然后估算出要达到这一目标所需的费用，包括新闻事件实施费用和新闻发布费用，这两项费用相加就是一次新闻策划的总费用。

5. 新闻策划的实施

企业在策划实施方面没有媒体的配合，那么再值钱的精美策划也只是一个美丽的花瓶，如果在实施的过程中得不到媒体的配合，那么新闻策划是绝不可能获得成功的。

6. 新闻策划的注意事项

企业在做新闻策划时，应该先了解清楚新闻策划的运行规则，再开始做策划，全方面地进行新闻营销。新闻策划的注意事项如下。

- 新闻营销的主体是企业，企业要站在自身的角度进行策划。
- 新闻营销的目的是达到企业的某项要求，不达目的的新闻策划对企业是没有任何意义的。
- 新闻策划的传播途径必须是大众媒体，这样才能引起轰动效应。
- 新闻发布是以媒体的立场，客观、公正地报道，用事实说话，造成新闻现象和新闻效应。
- 在运作上，必须按照新闻规律，不要写假新闻、伪新闻。
- 新闻策划可以是人为构想，也可以是社会新闻热点，总之是各个环节都需要精心策划，从而使事件顺理成章。

14.3.2 新闻撰稿

企业在做新闻营销的过程中，要使新闻体现出它的价值，就必须能够引起目标人群的兴趣。虽然企业是以营销目的做新闻营销活动，但也要遵循新闻规则，客观、公正地撰写新闻稿。

如果没有专业人士，企业想撰写一篇专业和有效的新闻稿可能是很困难的。下面总结了几点新闻撰稿的注意事项。

- 企业在运行新闻营销之前，首先要正确地撰写新闻，尽快切入主题，用引证和事实来支撑主题。但不要一开始就进入主题，这样会显得太直接了。

- 应当客观地撰写新闻稿,以第三方的口吻来诉叙,这样才能使得新闻营销更具有信服力。在内容上应恰当地使用语法和标点符号,不要有语病。
- 在写新闻稿时千万不要说太多的套话。新闻需短小精悍,用网络上流行的话来说"全是纯干货"。
- 在新闻营销中不要随意下结论,在文章里加自己的结论是不对的,结论应该让读者自己总结出来。新闻只是阐述一件事。
- 企业在运行新闻营销时,应该先撰稿重要的方面,再写次要的方面,越是次要的越要放到后面写。
- 投稿时需要反复校正,尽量不要有错别字、格式不对、语句不通顺等常见问题。

14.3.3 媒体发布

企业做新闻营销时,应该根据自身的新闻素材选择相应的渠道发布,确定发布媒体和发布比例。

新闻营销最重要的环节就是新闻媒体发布,因为新闻稿可以修改,而如果没有选择适合的媒体发布,要修改就很不划算了。对于刚刚接触新闻营销的企业来说,选择合适的媒体发布是一大难题,不知道如何下手。其实是企业没怎么去了解新闻媒体的发布渠道,如果掌握了媒体发布的渠道和方法,就可以在新闻营销里动作自如了。

媒体发布渠道如表14-1所示。

表14-1 媒体发布渠道

	召开新闻发布会	媒体代发	自主免费发布
费用	大	小	无
媒体范围	广	广	小
操作系数	难	简单	难
适用范围	大型企业、重大的事件	大中小企业、产品推广、速度快	稿件创意、质量要求高,难融入广告

1. 召开新闻发布会

所谓的新闻发布会,就是请各大媒体记者参加发布会,由企业新闻发言人对外公开发布企业重大消息的一种形式。这是那些知名的大型企业常用的方法,当然也只有它们才有这样的号召力和媒体关注度。

2. 媒体代发

企业可以先与媒体平台搞好关系，企业有重要新闻时，就可以通过这些媒体关系发布出去。这种方式比较快捷，费用相对于召开新闻发布会会少很多，唯一不足的就是工作难度系数大、媒体范围小、发稿数量受限制。

3. 自主免费发布

企业可以在免费的网络平台上发布新闻稿，或者与公关公司合作。因为公关公司在公关传播服务方面比较专业，资源和服务流程都是现成的，所以企业可以省去一些不必要的琐事。公关公司通过挖掘企业的新闻事件，撰写成新闻稿，然后通过公司的媒体资源发布到全国各大媒体，从而加大了关注度和品牌传播的速度。

第 15 章 事件营销

学前提示

事件营销是一种随时抓住热点信息和跟随网民目光的营销方式,对于网络营销来说,它是不可缺少的方式;对于企业来说,它是无可替代的"摇钱树";对于网民来说,它是时事热点的推动者,让网民在闲暇时还能找到感兴趣的话题并积极讨论。

要点展示

- 事件营销概述
- 事件营销5张牌
- 事件营销4大要点

15.1 事件营销概述

事件营销是一种能快速提交网民关注度的网络营销方法,只要企业掌握住事件营销的技巧,那么事件营销能给企业带来一定的利润。

15.1.1 什么是事件营销

加多宝冠名《中国好声音》一炮而红;干露露借车展之势迅速提升知名度;茅台在世界博览会上摔酒瓶;名流印象寻找"6号线女孩"(见图15-1),互联网上的热点讯息无不跟事件营销扯上关系。

事件营销是指企业通过策划、组织和利用具有新闻价值、社会影响以及名人效应的人物或事件,来吸引媒体和消费者的关注,以提高企业或产品的知名度、美誉度,树立良好品牌形象,并最终促成产品或服务销售的手段和方式。

图15-1 事件营销

根据互联网出现的热点事件来看,可以把企业事件营销运作手法分为两类。
- 企业借用已有的社会热门事件或话题,结合企业或产品在销售或传播上的目的而展开的一系列活动。
- 企业通过策划、组织和制造具有新闻价值的事件,整合自身资源,以吸引媒体、社会团体及消费者的关注。

15.1.2 事件营销的特点

事件营销的特点如图15-2所示。

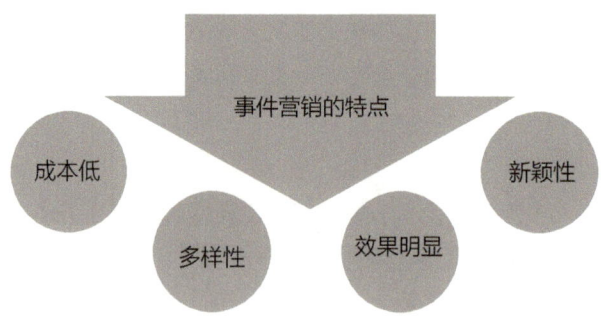

图15-2 事件营销的特点

1. 成本低

事件营销一般通过软文形式来表现，避免了其他营销方式的高额宣传费用，可以产生低投入高回报的宣传效果。

2. 多样性

事件营销可以集合新闻效应、广告效应、公共关系、形象传播、客户关系于一体来进行营销策划。多样性的事件营销已成为营销传播过程中的一把利器。

3. 效果明显

企业利用时事热点来做事件营销，很容易聚集网民讨论事件，如果反响好，则会被多次转发，从而扩大营销效果。

4. 新颖性

事件营销基本上都用热点事件来展开营销，而热点事件一般应是对大众来说比较新颖、反常等的事件，受到大众的关注与讨论。

只要营销事件够新颖，就能很容易引起大众的注意力，不用花费过多的宣传广告费，还不让大众感到反感，只要把握好事件营销，就能做到一举多得。

15.2 事件营销5张技巧牌

事件营销可以认为是围绕某项事件而做的营销活动。"事件"可以包括美女、情感、热点、争议、公益等事件。只要运用得好，企业定能化腐朽为神奇，成就一番事业。事件营销的技巧牌如图15-3所示。

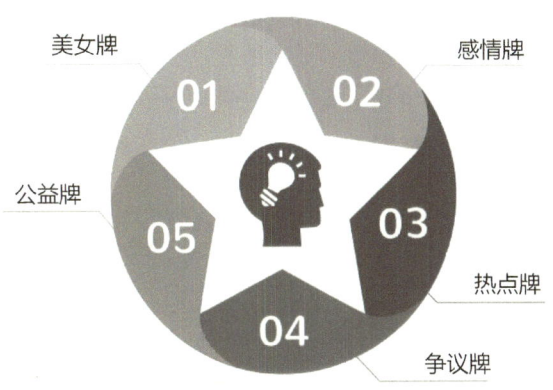

图15-3 事件营销5张技巧牌

15.2.1 美女牌

企业打出美女来进行事件营销是第一个技巧牌，毕竟现在是一个"看脸"的时代，美女出现定能引起轩然大波，特别能吸引宅男的目光。

例如，一款手机游戏与杭州地铁站合作推出的一项"专车充电"活动。当天，该公司派出了12名美女，分散在地铁车厢，随身携带充电宝，免费为车厢里手机没电的人充电。如图15-4所示。当天上午，就有不少网友在微博、朋友圈发布消息称杭州地铁车厢有美女出没，免费给手机充电，这些消息被大量网友转发评论。

由此可见，如此具创造力，又懂得把美女牌和实用牌相结合的活动，引起人们的广泛参与和热烈讨论倒也不足为怪。只要活动热点足、话题足，又能被大众接受，那必然是一个能达到预期宣传效果的事件营销。

图15-4 地铁美女充电宝活动

又如，2012年的"度娘"——百度公司HR管理职位的一名职员，在一次百度年会中，其妖娆的身姿和甜美的长相，获得了无数网友的注目礼，从而一夜红遍了网络，也相继获得了"度娘"的称号。"度娘"也成为了百度历史上最好的一次招聘广告，吸引了很多网络才子的目光，大家都直呼"众里寻她签百度"。总之，美女"度娘"赚足了网民的眼球，而百度也随之赚足了人才。如图15-5所示。

图15-5 百度用"度娘"做招聘海报

总之，在这个"刷脸"的时代，以美女作为载体来传播企业产品，无疑是一个富有创意而又"养眼"的传播途径。打出美女牌，只要不恶俗，必然是一种成功的事件营销方式。

15.2.2 情感牌

前面的美女牌对男性同胞比较奏效，那么怎样才能吸引广大女性同胞的注意呢？企业需要打出情感牌了。

女性相对来说比较感性，情感需求很丰富，很容易被富有感情的事件打动和吸引，所以企业在进行事件营销时，打出情感牌来打动女性同胞柔软的心，也是一种不错的选择。

例如，大学毕业季时，大学恋情、大学离别、怀念青春的话题本来就很热，这时把很具有话题性的《致我们终将逝去的青春》电影投放市场，就像把一粒火种投放到干草堆里，引起熊熊大火，一发不可收拾。如图14-6所示。

图15-6 致青春宣传海报

与其说这是一部怀念青春的电影，不如说在这个时间节点网友需要这样一部怀念青春的电影。这样网友边看电影，边会想到自己的青春时光，观看电影、谈论电影成为这个时间节点重要的精神消费。所以这时，可能这部电影本身的好坏并不重要了，重要的这部电影已经融入网友的情绪中，随之缅怀已逝去的青春。

随之在微博上也出现了一篇长微博"致我们永远不朽的蓝颜"，说的是赵薇作为"致青春"的导演来到"鲁豫有约"做客时的点点滴滴，最重要的是突出了赵薇和黄晓明不朽的友情。文章里最具代表性的一段文字是"有一种友情叫赵薇黄晓明，有一种坚守叫16年我依然在，有一种陪伴叫当你需要的时候，有一种遗憾叫你是黄太太却没有嫁黄晓明……他们不是红颜，却是最好的蓝颜知己"。这段话引起了无数女性的憧憬，并想起以前那个陪着她们的蓝颜，在网络上也引起网友们的热烈讨论和传播，也促使了《致我们终将逝去青春》电影的票房呈上升趋势。

总之，**事件营销的感情牌，就是用最牵动人心的事件，引发人们感触，夺得眼球。**

15.2.3 热点牌

事件营销也可以叫"借势营销"，是指企业及时抓住受关注的社会新闻、事件以及明星效应等，结合企业或产品在传播上达到一定高度而展开的一系列相关活动。**简单地说就是企业利用热点牌，围绕时事热点展开的营销活动。**

以电视剧《来自星星的你》来说，从2014年2月13日中国粉丝筹钱为偶像都教授买下《新京报》整版广告预祝生日快乐一事，便可看出该部电视剧的火热，在网络上网民们大肆热论"我要遇见一个都教授就好了"之类的话题。淘宝店主们也不闲着，纷纷推出了《来自星星的你》淘宝同款，粉丝们都会按耐不住对《来自星星的你》的狂热，不约而同地去淘宝寻找所爱的同款，从而让淘宝店主们赚了个"盆满钵满"。如图15-7所示。

图15-7 某淘宝店《来自星星的你》同款

在网络上还出现了《来自星星的你》中的"炸鸡和啤酒"热点关键词,微博上出现了大量的炸鸡啤酒相关话题。一夕之间,朋友、同事、情侣之间相继请吃炸鸡啤酒成为一个时髦的举动,很多餐馆顺势推出相关套餐,卖得相当火爆。就连小米董事长雷军发出的小米食堂提供炸鸡和啤酒的微博,都能轻松获得2000多的转发量,如图15-8所示。可见在网络上大家都学会打出热点牌来做事件营销,从而达到营销目的。

图15-8 小米食堂提供炸鸡和啤酒的微博

总之,企业只要抓住热点进行事件营销活动,就能轻松获得广大群众的目光,让他们自愿跟着企业的营销活动而走，从而得到意想不到的营销结果。

15.2.4 争议牌

事件营销牌就是争议牌。在事件营销中，具有争议性的话题很容易引起广泛传播。但争议往往又都带有一些负面的内容，企业在口碑传播时要把握好争议的尺度，最好使争议在两个正面的意见中发展，不然会让企业臭名远扬，那就得不偿失了。

如今企业的招聘条件可谓是"怪招不断"，让人目不暇接。在遭遇性别歧视、属相拷问后，求职者又遭星座考验。某企业招聘员工的广告中，招聘条件为"处女座、天蝎座不要，摩羯座、天秤座、双鱼座优先"，如图15-9所示。这则招聘广告被热传，引起了网友、媒体的关注与讨论，多家媒体纷纷报道。但事件却并没给企业带来正面的收益，大众纷纷指责该企业存在用人歧视、封建迷信等问题，给企业带来了极其严重的负面效果。

图15-9 失败的争议营销

相反，另一家企业在打争议牌时就做得比较成功，这家企业为了把事件营销做成功，在举行一次展会之前，就采用麒麟作为中国的象征物并打算制作成展会的吉祥物向社会征求意见，引起了大众的关注和讨论："到底中国该用龙做象征物还是用麒麟？"此问题一推出就备受网民的争议，不过，大家在争议的同时，知晓了此次展会的存在，从而达到了很好的传播效果。最后该讨论以企业把麒麟和龙都作为展会的吉祥物而告终。

对比以上两个案例可见，企业不能盲目地为了引起网民的注意，就随意想出怪招打出争议牌，应该贴合正常人群的心理，不要做超出人们底线的营销活动，不然只会费力不讨好，事件营销不成功就罢了，还损害了企业的名誉。

15.2.5 公益牌

如今大家对公益事业都大加赞誉。企业在做事件营销的过程中可以打出公益牌，以关心人的生存发展、社会进步为出发点，借助公益活动与消费者沟通，在产生公益效果的同时，使消费者对企业的产品或服务产生偏好，并由此提高品牌知名度和美誉度。这是一种互惠的行为，既帮助了那些需要帮助的人，又提升了品牌形象，获得消费者的信任。

例如，2014年"鲁甸地震"发生后，阿迪力•买买提吐热向灾区捐献1万斤切糕（价值约50万元），如图15-10所示。利用这次公益活动，阿迪力不仅提高了他自身的美誉度，其切糕也变得更加知名，销量大增。

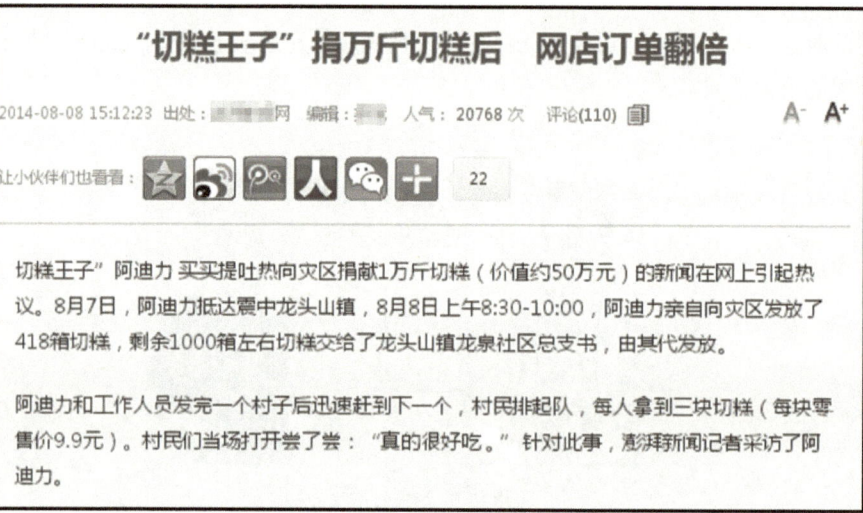

图15-10 巧用公益营销

15.3 事件营销4大要点

刚接触网络营销的企业新手，不能只理解营销方式的理论，还要掌握其要点。事件营销的四大要点如下。

15.3.1 对事件的敏锐性

事件营销，首先必须有具体的事件可供企业"借势"，而企业必须敏锐地抓住一件具有高关注度和高传播度的"事"。事件营销的本质，就是借助更大的"事件"帮助品牌造势。

例如，在汶川地震期间，王老吉的捐款数额足以引起一片赞誉。

从那之后，网上一篇名为"封杀王老吉"的帖子尤为火爆："作为中国民营企业的王老吉，一下就捐款一个亿，真的太狠了。网友一致认为：不能再让王老吉的凉茶出现在超市的货架上，见一罐买一罐，坚决买空王老吉的凉茶。今年爸妈不收礼，收礼就收王老吉！支持国货，以后我就喝王老吉了，让王老吉的凉茶不够卖！让他们着急去吧！" 这篇文章首次出现在天涯论坛就获得了极高的点击率，而后又被网友们疯狂转载。如图15-11所示。

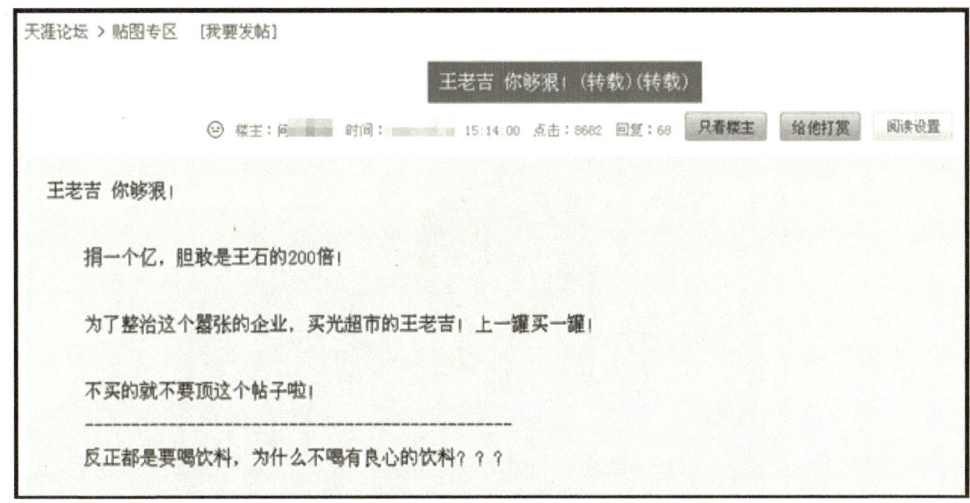

图15-11 "封杀王老吉"帖子

由此可见，这起事件营销尤为成功，敏锐地利用王老吉在汶川地震上造的势气，从而造就网民的关注。此事件首发天涯等大论坛，然后迅速转载各个小论坛，变成广为人知的事件。

这次成功的事件营销为王老吉带来了极大的影响。在销售量上，许多城市的终端都出现了断货的情况；在王老吉品牌宣传上，很多人之前都只是听说过这个牌子，但没有喝过，在此事件营销之后，他们开始试着去喝，甚至还点名就要王老吉。

15.3.2 学会创造事件

事件营销除了打出热点牌"借势"之外，还可以利用如提出新概念与引领生活、借助新闻事件、企业自身公关宣传活动等方式来"创势"。

企业可以自己想出一个新概念，引发群体关注和追捧，如发布新产品、新思想、新做法、新方式。总之，就是要创新，有了创新才能更好地引起广大网民的关注，才能在网络营销的圈子里立足。

例如，海尔为了给多年来一直赤裸亮相的"海尔兄弟"置办新的"行头"，特意在网上开展了一场别开生面的新形象征集活动。不过，海尔兄弟被脑洞大开的网友们"玩坏"了，在网上出现了许多另类版本的海尔兄弟，如肌肉美男版、土豪版、Q版，甚至还有不能算人形的版本，如图15-12所示。网友直呼："雷翻了""毁童年"，从而引出了"海尔兄弟玩'变装'捡肥皂根本停不下来"的热议话题。

"海尔兄弟"新形象活动顺利成为网友热议的话题，作品在微博上疯传，同时创造了品牌亲近消费者的机会。

图15-12 网友的海尔"变装"

15.3.3 讲究抓住时机

企业找到一个适合的热点做事件营销时，应该乘胜追击，就当时的火爆程度展开营销活动，不要等热点冷却之后再进行推广营销，那样的话，就难以再引起网民太多的注意，他们会觉得这已经是过时的东西，没有必要关注下去了。

就如之前所说的百度"度娘"已经是过去式了。随着时间的流逝，人们对"度娘"已经过了保鲜期，如今最火的是"韩国90后柳胜玉"，她是因为在某电视剧中显露了凹凸有致的身材，从而成为热议话题。慢慢就有人说，她还通过Balletion运动法成为Balletion教练，被粉丝们称为曲线终结者，而这一切全靠健身所得，如图15-13所示。在柳胜玉成为话题的过程中，同时也将她所演的电视剧以及Balletion运动推广了出去。

> 【韩国90后嫩模走红 完美身材获封"曲线终结者"】近日韩国爆红的90后嫩模柳胜玉走红韩国娱乐圈，柳胜玉是首位在 MUSCLE MANIA 大会上进入前五位的东方人；她还通过Balletion运动法成为Balletion教练，她被粉丝们称为曲线终结者，而这一切全靠健身所得。🔗 网页链接
>
>
>
> 今天 14:40 来自 微博 weibo.com

图15-13 微博热点

试想一下，如果现在用过时的度娘打美女牌事件营销，和用柳胜玉来打美女牌事件营销作对比，必然是后者获胜，前者已经过了人们热议的时间，而后者正是人们感兴趣的。

由此可见，企业只有及时并准确判断出社会热点事件，才具备利用该事件进行事件营销的前提。企业在有效时间内进行决策并合理实施，最终决定了企业能否抓住机会并把握机会、能否真正搭上事件营销的快车，在这一点上，时间重于金钱。

15.3.4 抓住事件的切入点

在网络营销中，事件营销普遍被企业所用，而事件营销的一大关键就是要将最为关键的信息准确地传播给公众。因此，企业在运作事件营销时，必须抓准事件的切入点，并与目标受众心理高度契合，才能发挥事件营销的作用。

例如，2015年4月7日，奥运宠儿刘翔正式宣布退役，而耐克迅速作出了"平凡也能飞翔"的9张致敬图，分别以眼睛、大脑、肩膀、手、耳朵、心脏、左脚、嘴、右脚展开致敬语，并在每张图上印上了耐克的Logo，如图15-14所示。这也算是一种创新，能引起广大网友的关注和讨论，并在微博上发起了"#平凡也能飞翔#"的热门话题，导语是"平凡也能飞翔，奥运冠军刘翔于2015年4月7日17：00正式发长篇微博宣布退役。作为中国体育界的'超级明星'，'翔飞人'从此隐退，无疑成为永恒的'时间节点'。让我们一起为他送上祝福。"引起大量网友的关注、转发、点赞、评论，如图15-15所示。而耐克的做法，非常切合广大网友对刘翔退役的心情，那股又遗憾又祝福的感情，被耐克公司准确地抓住，以致成为了热点话题，不仅向刘翔表达了满满的祝福，还提高了知名度。

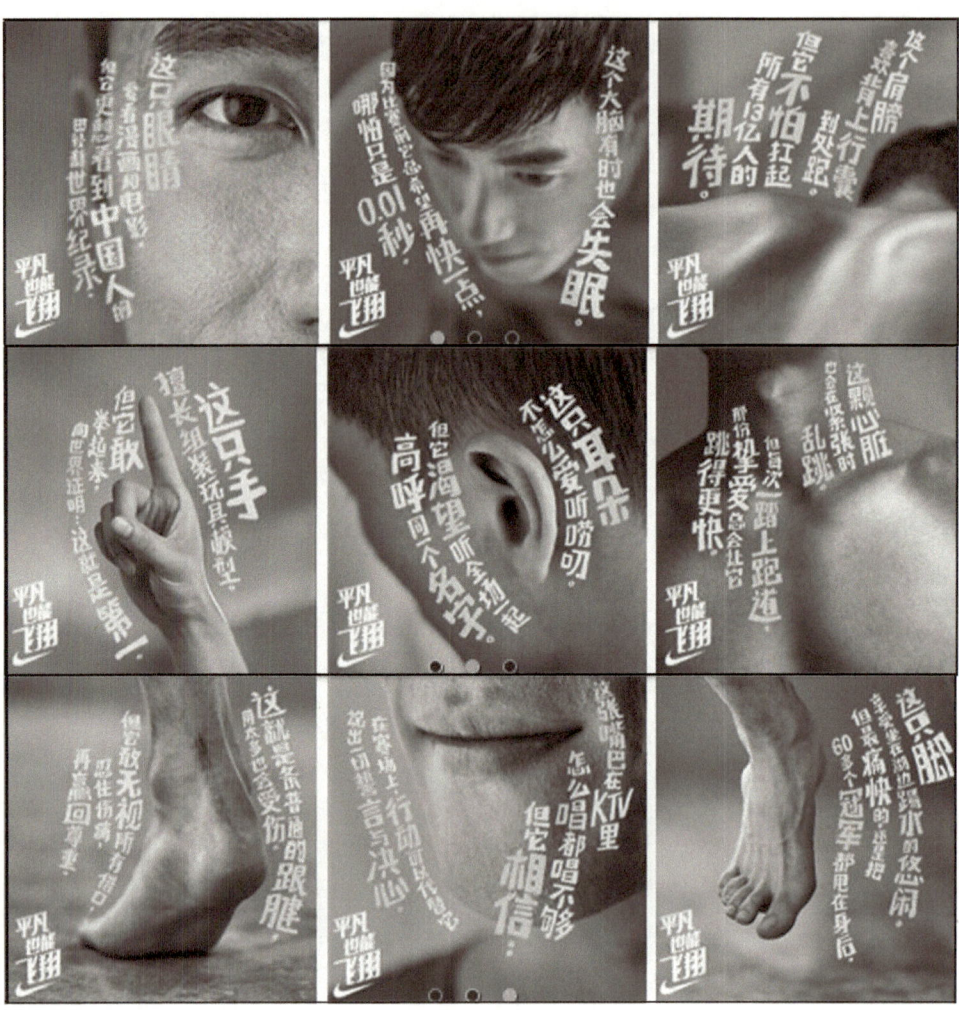

图15-14 耐克"平凡飞翔"致敬图

图15-15 微博热门话题"#平凡也能飞翔#"

专家提醒

企业在做事件营销时,一定要抓住事件的切入点,并与公众心理完美契合,才能有效提高自身品牌知名度、产品销量以及企业信誉度,更重要的是,能让企业营销不那么明显,让大众无意识地接受企业的产品,这种营销的传播效应会比较久,效果比较好。

第 16 章 软文营销

学前提示

软文营销是一种古老的网络营销方式,它贯穿于整个网络营销的手段中,辅助其他营销手段进行营销活动。总之,软文营销在网络营销中是不可或缺的一部分。

要点展示

- 软文营销概述
- 软文营销实例分析
- 软文营销的风险

16.1 软文营销概述

软文营销是一种神奇的营销手段，它可以用简单的文字组合成有趣的文章，让网友无意识地深陷其中。企业通常借助文字表达与舆论传播使消费者认同某种概念、观点和分析思路，从而达到宣传企业品牌、促进产品销售的目的。

16.1.1 什么是软文营销

所谓软文营销，是指通过特定的概念诉求，以摆事实、讲道理的方式使消费者走进企业设定的"思维圈"，以强有力的针对性心理攻击迅速实现产品销售的文字模式和口头传播，包括新闻、访谈、采访、口碑等。

为了宣传茅台品牌，引导大众口碑传播，茅台酒厂名誉董事长季克良亲自撰写和发表了《茅台酒与健康》《告诉你一个真实的陈年茅台酒》《国酒茅台，民族之魂》等文章。这些文章一经发表就被各大网络媒体争相转载。通过简单的几篇软文，就释放巨大的引爆力，达到了传播品牌的目的。如图16-1所示。

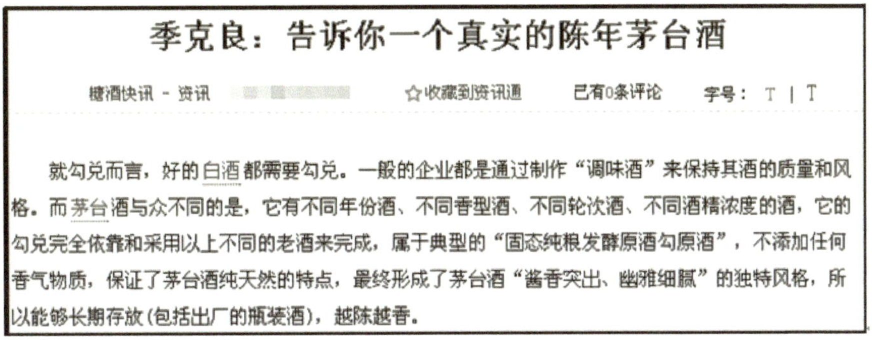
季克良：告诉你一个真实的陈年茅台酒

糖酒快讯 - 资讯　☆收藏到资讯通　已有0条评论　字号：T | T

就勾兑而言，好的白酒都需要勾兑。一般的企业都是通过制作"调味酒"来保持其酒的质量和风格。而茅台酒与众不同的是，它有不同年份酒、不同香型酒、不同轮次酒、不同酒精浓度的酒，它的勾兑完全依靠和采用以上不同的老酒来完成，属于典型的"固态纯粮发酵原酒勾原酒"，不添加任何香气物质，保证了茅台酒纯天然的特点，最终形成了茅台酒"酱香突出、幽雅细腻"的独特风格，所以能够长期存放（包括出厂的瓶装酒），越陈越香。

图16-1《告诉你一个真实的陈年茅台酒》软文营销

16.1.2 软文营销的特点

软文营销不需要华而不实的文字，它的精华在于鼓舞人心，用看似平常的口吻，一步步打开读者的心房，一字一句，娓娓道来的全是以读者角度看待的事情，能更好地拉近与读者的距离，以便提高企业的营销效率。

软文营销的特点如下。

1. 形式多样

软文的文字资料很丰富，不拘泥于文体，表现形式多样。在互联网上，随处都能看到软文，如图片、论坛、新闻、娱乐专栏等，都能捕捉到软文营销的影子，它们几乎遍布网络的每个角落,因此,也是企业寻找潜在消费者的场所。

2. 性价比高

软文营销具有很高的性价比,信息量大,且不受时间的限制,可以随时在网络上发布。软文有非常好的搜索引擎效果,可以进行二次传播,甚至可能被网站的"小编"看中,只要软文有吸引力并新颖,他们就会免费帮你推广,把文章放到自己的网络平台上,作出评论、分析、传播。

3. 口碑传播

软文营销的重点是口碑传播。口碑的影响力是不容忽视的。试想,如果周围的朋友都在用某件产品,并且时不时地提及产品的好处,想必会有人动心。软文营销的重要特性就是利用精炼的语言拼凑起来的文章吸引读者的眼球,可以很好地传播品牌。

4. 吸引力强

软文的宗旨是制造信任。它不用强硬的手段给读者灌输广告,一般在消费者的消费心理、生活情趣的基础上,投其所好,用极具吸引力的标题或话题来吸引网络用户,然后用具有亲和力或者幽默、搞怪的文字来打动读者,从而引导读者接受广告信息。

16.1.3 软文营销三要素

企业要成功开展软文营销,就必须深入了解软文营销,掌握软文营销里面的精华部分,从而成功地迈向营销目的。企业首先要了解软文营销的要素。

1. 标题

在一个快节奏的时代里,一个具有吸引力的标题,才能引起网民的好奇,促使他们点击查看。如果是一个毫不新颖的标题,就算软文内容再丰富,不能引起网民的注意那也是徒劳,甚至还有可能拉低企业的形象和信誉度。

所以创作软文的第一步,就是赋予文章一个富有诱惑、震撼、神秘感的标题。笔者记得有篇叫《"徒儿"休得无礼》的报道,说的是西安名胜大雁塔南侧有尊高大的玄奘铜像,经常有游客爬到"唐僧"身上玩耍嬉戏,因为标题有吸引力,而让报道的分量得以提高。

还有北京市控烟条例实施倒计时50天宣传活动上,以标题"劝阻吸烟的手势,支持哪个?"发布了3种劝阻吸烟的手势备选方案,如图16-2所示。市民可通过微信或电话投票,最终将根据最高票数确定控烟手势并进行全面推介。截至2015年4月12点24:00,在微信上支持率最高的是"我介意"手势。

图16-2 引人注意的标题

企业在定制软文标题时,一定要与文章内容相符合,千万不要做"标题党",那样会给读者"挂羊头卖狗肉"的感觉。

2．话题

企业要抓住时事热点作为软文营销的题材,捕捉到用户的心理。用具有时效性、最新鲜、最热门的新闻作为软文的题材,可以很容易地引起用户的关注。例如,最近火热的"新整容模板""左耳""我是路人甲"等,都可以作为软文的题材。如图16-3所示。

图16-3 "我是路人甲"热门话题

3. 广告

企业要把广告内容自然地融入文章中是软文营销最难的一步。因为一篇完美的软文是要让读者感受不到太过明显的广告意味，读者读完之后还能够受益匪浅，认为文章为他提供了不少帮助，那么这篇文章就成功了。下面通过一篇铁观音软文范例进行分析。

"我天生爱茶，从小就以茶为乐。小时候，只是单纯地喜欢茶叶的那种淡淡的清香。如今，对生活有了深刻的认识，就逐渐喜欢上品茶的感觉。在每个早晨，我总会泡上一杯清茗，细细品味氤氲的香气。

"我爱茶，但不泛滥，唯独对铁观音情有独钟。想那铁观音溢味鲜爽，香气清高，向来素有"绿叶红镶边，七泡有余香"之美称。据说，铁观音还是一种珍贵的天然饮料，又有很好的美容保健功能。小时候就听家里的老人说，铁观音除具有一般茶叶的保健功能外，还具有抗衰老、抗癌症、抗动脉硬化、防治糖尿病、提神醒脑、减肥健美、清热降火、敌烟醒酒等功效。"

这篇软文很常见，不过广告植入却让人很舒服，不会有生硬感，这也是软文营销宣传广告的关键。

16.1.4 软文营销的策略

软文营销是最需要技巧的广告形式，企业掌握了软文营销的策略，就能达到销售企业产品、宣传品牌的目的。软文营销有很多策略，企业不可能每一种都能兼备，应该选择最适合自己产品的。下面总结几点重要策略。

1. 话题策略

话题是最容易在用户中引起口碑效应的策略。因为只有足够热的话题，用户之间才会自发地讨论与传播。获得足够热的话题的方式有两种，一是围绕、结合社会热点制造话题；二是针对用户的喜好与需求引发争议。

制造话题时，要注意话题的可控性，特别是制造争议话题时，不能引发用户对产品的负面情绪，一定是对产品品牌做正面引导。

例如，最近微博上热议的"#左耳再见青春#"，很多人都参与了这个话题的讨论、评论、发表自己的见解等，电影《左耳》利用这个话题向大家推出了"V爱基金"，既可以推广影片《左耳》，又可以让大家知晓"V爱基金会"。如图16-4所示。

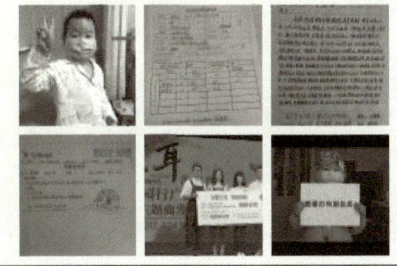

图16-4 "左耳再见青春"热门话题

2. 技术策略

技术策略的关键是通过技术层面的东西去打动用户。不能用伪技术搪塞读者,必须要用亲民的技术话语,并且能够真正帮助用户解决一些问题。企业发微博时,不要太过于笼统和高深,要用一些平常与人聊天的语言和例子,让用户浅显易懂地明白其大概的原理,从中找到自己需要的知识。

3. 概念策略

企业在打造软文概念时应该注意,用与目标用户生活息息相关的概念,只有高度符合用户需求,才能够引起受众强烈的关注与足够的重视,否则不管包装多漂亮,都是在做无用功。

4. 经验策略

企业在写软文的时候,不妨写一些分析经验型的软文,通过免费向读者分享经验、免费给与他们帮助,从而引起读者的注意。图16-5为某贴吧的经验分享帖子。

驾考全套讲解视频：倒车入库车走偏了调正、S路、侧方… 只看楼主 收藏 回复

楼主

驾考新规全套学车视频教程
QQ: [illegible]5

[illegible]26
正式会员 5

在驾考中科目二考试应该说是比较难的了，当然如果都会了，车开的熟练了，哪个也不难，这只是相对而言罢了。下面就把科目二考试时要注意的事项给大家说一下。

首先在考试前自己要做好准备工作，
（1）如果是冬到不要穿太厚的棉衣，这样系安全带不方便的。
（2）调整好自己的心理状态，不要紧张，就当作自己的一次训练。
（3）记准自己的顺序号，等轮到你的时候考官只叫号不叫名字的。
（4）自己准备好一双自己穿着比较舒服的运动鞋，或平底鞋。

上车以后要注意几个问题：
（1）自己先调整好自己的驾驶姿势，调整坐位，
（2）调整两边的倒视镜，调到适合自己的位置，具体调到什么程度，教练应该讲过了。
（3）系好安全带，这个很重要，如果不系直接不及格。还要注意安全带不要系反了。
（4）所有的准备工作做好以后就等听着考官点考试开始了，如果有人坐在车里你就听他的指挥。如果没有坐在车里也会有人提醒你，考试开始。

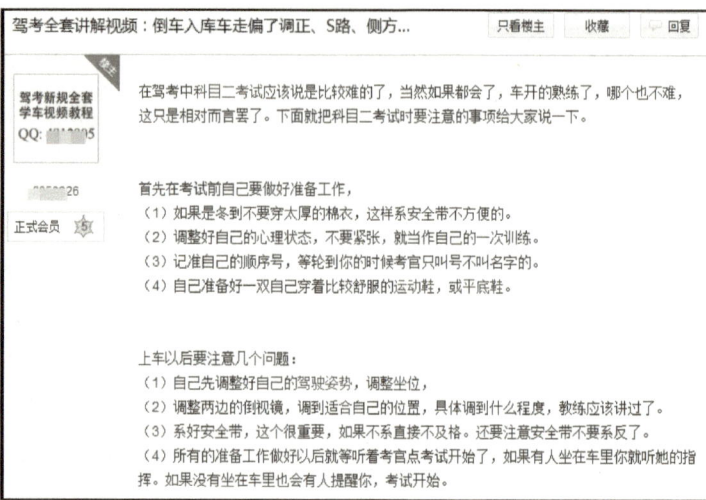

图16-5 经验分享软文

5. 新闻策略

每个人都有一颗好奇的心，都渴望了解新事物、学习新知识，所以新闻性的软文非常容易得到人们的关注。如图16-6所示。

iPhone6s开始发货：苹果优先送货海外国家用户

2015.09.17 11:42:46

9月17日消息，据快科技报道，iPhone 6S、iPhone 6S Plus 12日开启预售，25日才会发售，不过第一批下单的用户陆续发现，他们的订单状态已经从正在处理变成了准备出货。

不过有趣的是，这些更新订单的用户全部在美国之外，主要来自加拿大、法国、德国、英国等地。苹果也已经开始向部分用户的戏弄卡扣款了。

即便做好了发货的准备，快递物流也会暂时按兵不动，直到25日才会将新iPhone交到你手上，但是意外总是免不了，少数幸运儿有可能会提前拿到。

目前预订的用户基本都会在10月2日之前拿到货，但是如果你买了iPhone 6S Plus 128GB/玫瑰金这样的稀缺版本，可能要多等一段时日。

图16-6 新闻软文

不过在操作时注意，新闻软文一定要突出一个“新”字，文章中的内容一定是人们所不知道的、不了解的、不熟悉的，如新鲜事，新鲜的观点、事物、知识、话题等。文章的形式要符合新闻写作规范，发布的媒体及具体的板块也应该是正规栏目，切记不要发到广告板块。

16.2 软文营销实例分析

下面分析几篇不同类型的软文营销案例。

16.2.1 故事性软文

小时候人们喜欢听故事，长大了人们喜欢看故事，如果企业能写出一篇好的故事性软文，就能相对容易地找到潜在客户和提高企业信誉度。

下面就来欣赏一篇故事性软文：

不抛弃不放弃

"知道你不轻易放弃，我们也不轻易抛弃，永不畏惧一起向着目标勇敢迈进；我们永不抛弃、不放弃，永远和你在一起，就算前路迷茫也要坚信梦想希望闯荡……"一首荡气回肠的《不抛弃不放弃》恰如其分地唱出了我对奇瑞A5这些年来的所有感触。两年里A5陪着我东奔西跑，不管是上班旅游，还是搬家装修，它陪着我干了很多事。

转眼间，A5来我家已经两年多了。我不是个很细心的人，也没把车当回事儿，所以A5和我一样是完全粗放式成长的。装修的时候，我用它的后备箱装过磁砖，装过五金，装过勾缝剂，装过防水材料，它承载这些东西时，虽然很费力，却毫无怨言……当我从家乡回来时，A5照样驮着妈妈给我做的棉被和一后备箱的鸡蛋等土特产，奔跑千里，并把我对家乡的满满思念带回了北京。

两年多了，奇瑞A5早已成了我家中不可或缺的一员。随着它的成长，我对它的喜爱也与日俱增。我喜欢它那"穹顶"式的外观造型，是那么流畅、大气、沉稳，同时又不乏动感，而正是这种稳重的灵活感让我每次驾乘它时总会分外踏实。仿佛只要有A5在，一切难题都能迎刃而解……其实，也正是因为A5所具有的这些高配置、高品质的特性，才让我敢放心地让它完全粗放式地成长。

身边很多坐过我车的人都说，这车用了这么长时间该换了。我随声应承着，却始终找不到真正要置换它的理由。也许是我对它太放心了，几乎从未仔细关注过它的健康，在跑出四万五千公里以前，我除了对它进行正常保养外，其他什么也没有管，虽然出过几次不大不小的事故，但是扔到4S店里一修也就完事了。然而再健壮的树苗如果缺少充足的养分也会枯萎，A5也一样。在我的不管不问下，终于有一天，它变得萎靡不振了，转向不如以前自如了，发动机的声音犹如牛喘，方向有些跑偏，行驶起来也不那么平稳了，我这才醒悟，我对A5的关心实在太少了。

为了弥补A5，我这一次花了很多钱，将A5送到奇瑞汽车的4S店里，把该换的都换了，并给它做了四轮定位，清洗了发动机，让它美美地享受了一番。虽然花费并不多，但它的气顺了，声小了，转向灵活了，刹车也灵敏了，又重新回到了年轻时代。当我再次打量和驾驶它时，看着它俊朗的外表，感受着它自如地行驶，对它又有了新的感觉。我只想说："只要你不放弃，我就永远不抛弃。你是多么棒的一部车啊！"

现在是5日凌晨，以为车没有锁，于是下楼去锁了一次。回到楼上，我向下看见奇瑞A5的防盗器红灯一闪一闪的犹如熟睡的孩子静静地呼吸，忍不住想说："我的A5，我会陪着你一起慢慢变老，绝不放弃、不抛弃。"

【分析】全文将"我"与奇瑞A5紧紧相扣，每一处都在诉说奇瑞A5陪伴在主人公生活中的故事。可能这篇文章的关键词"奇瑞A5"出现的次数太多，很容易让读者联想到此文是否是软文，但此文的故事性、生活感非常强，整篇文章都充满了真情实感，让读者深深地感觉到奇瑞A5陪伴在主人公身边是那么的契合、那么的不可分离，也可以感受到奇瑞A5给主人公的生活带来的便利。这很容易激发消费者购买汽车的欲望，并想要进一步了解奇瑞A5。

总之，这是一篇故事性软文，走的是朴实路线。这篇文章没有华丽的辞藻，却让读者在视觉上有享受之感；没有感人的故事情节触动读者的内心，但就是这样一种细水长流般普普通通的字眼，让读者能够静下心来细细品味。

16.2.2 新闻性软文

新闻性软文就是用新闻的方式推广软文。企业可以以时事热点为主题来写出与自己产品契合的软文，这样软文效果会比较可靠，用户关注度也会比较高。

例如，英菲尼迪QX80抓住了时下火热的《爸爸去哪儿》节目而推出的营销软文。

爸爸去哪儿　英菲尼迪QX80最清楚

在"爱的旅程，勇敢出发"的主题下，英菲尼迪赞助的《爸爸去哪儿》第二季暨英菲尼迪"敢爱亲情季"启动仪式在D-PARK北京时尚设计广场温情启幕，提前引爆全民亲子互动热潮。英菲尼迪宣布推出"敢爱亲情季"大型体验活动，面向5~12岁的儿童及家庭，以一系列富有互动性、教育性和娱乐性的体验，号召社会各界人士和消费者参与，共同感受亲情、回归亲情。

在启动仪式上，第二季节目中的"明星家庭座驾"也揭开了神秘面纱，在保留英菲尼迪QX60的基础上，增加了一款豪华全尺寸SUV英菲尼迪QX80。这款旗舰型车型拥有超大空间搭配第二排独立行政座椅，智能全模式四驱系统，全方位安全屏障系统以及丰富功能及娱乐装备，全面保障了爸爸和孩子们的乘坐舒适与安全。

此外，在之后的节目录制中还将引进英菲尼迪QX60混合动力版。这款车拥有一套全新的高性能混合动力系统，由一台2.5升直列四缸机械增压发动机与15KW电动机组合构成，是英菲尼迪车型首次装备小排量混合动力系统；得益于发动机与电动机的高效配合，2.5升高性能混合动力发动机既能满足动力需求，又可保证出众的燃油经济性，其动力输出堪比QX60的3.5升自然吸气发动机，综合油耗却显著降低了20%，充分满足消费者对高效能、低排放、低油耗的产品诉求。

【分析】这篇新闻软文，是诉说英菲尼迪的"敢爱亲情季"启动仪式，以《爸爸去哪儿》节目为连接点，把英菲尼迪的车子性能在新闻中体现出来，不会显得那么突兀。因此，企业在写新闻稿时，可以找到契合自身产品的时事热点来展开软文营销。

16.2.3 创意性软文

在网络世界里，网民们对很多平常的东西都司空见惯了，他们开始追求新意，每天都希望有新的事情发生，希望有不同的创意围绕在身旁，那样他们就能每天都与新鲜的事物打交道，会觉得生活不再单调。

在软文营销中也是同样的道理，软文不一定要写得非常好，不一定要有很感人的故事，如果有一个让人们感到意外的创意软文，那么很有可能受到人们的追捧和喜爱。例如，凡客的凡客体是一种很简短的软文，它充满个性，并且是之前网民没有接触过的，会觉得很有新意。从而，很多网民都会用自己的想法，写出属于自己的凡客体，不仅使得凡客品牌知名度提升了一个档次，还增加了品牌的口碑。如图16-7所示。

图16-7 凡客诚品创意软文

16.3 软文营销注意事项

软文营销是一种成本低的营销方式,为提高企业的知名度有巨大的推动作用。 但是,企业在进行软文营销时还要注意以下事项。

16.3.1 操作注意事项

企业运行软文营销操作上的问题主要集中在软文的撰写创作以及发布投放上,下面进行详细讲解。

1. 产品包装不要太夸张

中秋时节,月饼过度包装的新闻早已屡见不鲜,如图16-8所示。过度包装不仅造成了资源的浪费,同时也有欺骗消费者的嫌疑。软文营销也是一样,适度包装能够宣传产品,而夸张的包装则会给人不真实的感觉,营销效果适得其反。

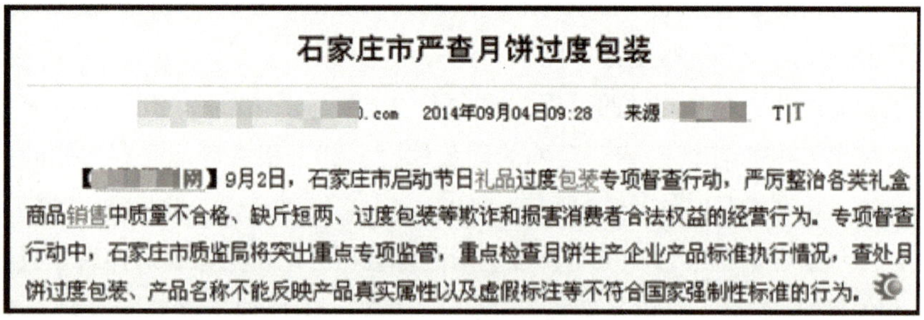

图16-8 产品过度包装

虽然企业在做网络营销时,总会有那么一丝的夸大,但是要结合实际情况来做宣传。企业首先要真正了解产品或服务查询相关行业的法律法规,对比国家行业标准,然后利用网络搜索企业的产品或者服务的实际效用,最后写出适合自身企业需求的软文文案,选择适合的平台发布出去。

2. 拒绝恶性炒作

对于企业来说,高知名度是营销的目的,但是炒作要有度,如果是与社会相悖的营销案例,如暴力、贪欲等,企业应该尽量避开,不能一味追求网民的眼球,而忽略了企业的美誉度。

炒作只有在新闻的前提下才能运作,通过强化新闻要素,使商业事件成为适合媒体运用的新闻材料,从而不知不觉中影响受众,让受众在获取新闻的同时接受某种商业信息。

也就是说，新闻炒作的前提是制造真正的新闻事件，提供真正的新闻信息，只是一味通过夸大的软文来发布缺乏新闻要素的"新闻"，以期引起公众的注意，是不道德的，企业在进行软文营销时应该坚决杜绝恶性炒作。

如今，恶性炒作的案例屡见不鲜，许多明星都曾想利用炒作使自己"红起来"，这与企业软文营销的目的是一样的，可是一些炒作手法实在拙劣，反而起了反作用。如下面这则关于某明星的炒作新闻：某明星在一个综艺节目上当评委，有一位女选手错把"曹冲称象"混淆成了"曹植称象"，但这位明星却以"关于这些，历史上没有很多记载"为由进行搪塞，企图蒙混过关，掩盖自己文化知识的贫乏。

随后另一名选手在"佩服曹操一统天下"时，这位明星更是不懂装懂地附和说"曹操一统天下，确实是很厉害"。如图16-9所示。

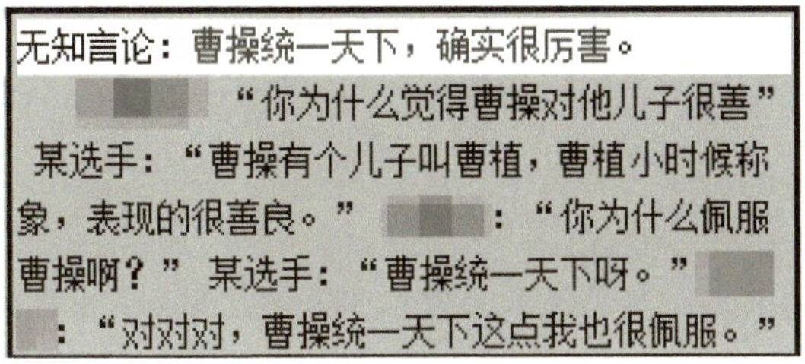

图16-9 明星无知炒作

如此利用无知炒作，虽说明星"名声大噪"，可是落得骂名却是得不偿失的。

3．不要单一投放

有些企业为了省事，就只盯着一个平台或方向投放软文，这样效果不会明显。

企业宣传产品的根本目的在于寻找目标客户，最终完成产品销售。而要将软文投放到覆盖所有目标客户的所有媒体并不现实，所以营销者需要在明确客户需求定向的前提下，达到营销的最佳效果。

使用多种定向的方式，可以覆盖不同途径获取信息的目标需求人群，还可以更大范围地传播企业信息，使有需求的人群能够及时得以满足需求，从而获得更多的转化。

16.3.2 软文写作注意事项

软文营销是最容易碰到"雷区"的，风险很多。常见的风险包括侵犯他人名誉权、著作权、肖像权等。无论对于企业还是对于软文营销公司来说，写作时会遇到的风险都应该重点关注，并坚决规避。

1．注重原创

有些企业为了省事，就随意找几篇文章，不注重软文的原创性，直接抄袭文章的全部内容，这样做会给企业带来很大的负面影响，从而降低企业在人们心中的形象。目前的软文创作中，常见的抄袭行为包括以下几种。

- 版权修改：是指只修改原本文章的出处，甚至是连"转载"二字都没有，这样做的风险太大了，侵权的可能性很大。
- 创意分享：就是抄袭一篇文章的主题部分，用自己的语言表诉出来，让它变成自己的原创，这种文章现在是出现最多的。
- 段落修改：就是指对标题的修改、对内容的简单修改，这种修改一般包括标题和结尾的修改，一般而言，只要修改前面一部分的内容，后一部分内容可无须修改。

2. 注重书写格式

文章一般都有规定的书写格式，软文也是一样，并且软文的书写格式特别容易写错。软文常见的书写格式错误包括字段之间间距不规范、标点符号不用统一的格式等方面，软文撰写者必须严格校对。

3. 软文质量要高

企业里一般没有专门写软文的人员，如果企业配备了这样的人员，无疑增加了成本。所以很多企业为了节省成本，写不出质量高的软文，尤其是中小企业，营销费用的不足使得企业软文撰写质量不高。

那么，这些企业应该如何做呢？办法有两个，一是加强学习，了解软文营销的流程，掌握软文撰写的基本技巧；二是聘请专业的软文营销团队，因为他们不像广告公司和公关公司那样业务范围比较广，他们专注于软文撰写，软文质量很高。

4. 内容要得体

软文营销要讲道德，违背社会道德的文章尽量不要写。这个风险主要集中在内衣行业、游戏产业等。企业只要掌握软文写作技巧、内容真实，读者的反感心理将会减小。

5. 爆料要有原则

企业在爆料行业内幕时，需要把握好一个度，不能没有原则地爆料，那样只会降低企业的信誉度和品牌知名度。

只要掌握好爆料的度，就很有可能获得很高的点击率。由于现在网民对广告的判断能力越来越强，让读者读完一篇文章可能有点难度。那么如何才能吸引网民，使之不中途离开呢？这就要掌握爆料软文的写作技巧。爆料软文写作首先应多参考一些内幕文章的写作技巧，开篇最好曲折，行文最好具有传奇色彩，同时还要注意档案、资料的搜集和背景知识的掌握，这样才有助于编写一篇成功的爆料软文。

6. 著作权风险

著作权也称版权，是指作者及其他权利人对文学、艺术和科学作品享有的人身权和财产权的总称，分为著作人格权与著作财产权。其中著作人格权包括公开发表权、姓名表示权及禁止他人以变更方式、利用著作损害著作人名誉的权利。

侵犯著作权罪是指以营利为目的，违反著作管理法规，未经著作权人许可，侵犯他人的著作权，违法所得数额较大或者有其他严重情节的行为。一直以来，侵犯著作权的案例层出不穷。

2014年12月，经国家版权局部署，有关版权执法部门对"射手网"和"人人影视网"涉嫌未经权利人许可、通过网络传播大量影视作品和字幕作品案进行查处。两家网站先后停止了侵权行为，并自行关闭了网站。"射手网"经营方受到行政处罚。这两起案件的查处给打着"免费、分享"的旗号进行侵权盗版的网站敲响了警钟。

专家提醒

相关法律规定：著作权要保障的是思想的表达形式，而不是保护思想本身，即"保护文字，不保护思想"。因此软文撰写者必须坚持原创，并且做到引用注明出处。

7. 肖像权风险

肖像权是指人对自己的肖像享有再现、使用并排斥他人侵害的权利，就是人所享有的对自己的肖像上所体现的人格利益为内容的一种人格权。具体而言，肖像权的内容包括肖像拥有权、制作权和使用权等方面。

企业在做软文营销过程中，难免会使用到明星配图，以达到图文并茂的效果，可是有些配图容易引起法律纠纷，因此在软文撰写时，必须注意软文的配图方式。

（1）直接使用宣传图片

通常企业写完一篇软文后，会搭配一些相应的图片，可以达到解释说明的作用。这时可以直接使用产品或者服务宣传的广告，还可自己设计图片。

（2）用文字在图片上做图解

文字图解主要是以文字形式讲解图片内容，使图片表达更加清楚明了。图解的种类比较多，如文本框、艺术文字等，企业可以根据图片整体美观度决定用哪种图解。

（3）制作图表作为图片使用

图表虽然不像彩图那样吸引人，但是比起单纯的文字表述，它还是很有效果的。

图表能让人一目了然,给文章增添不少色彩,特别是对比相关数据和同类产品或者服务时,适合使用图表。

8. 名誉权风险

名誉权是指公民或法人保持并维护自己名誉的权利。公民、法人享有名誉权,公民的人格尊严受法律保护,禁止用侮辱、诽谤等方式损害公民、法人的名誉。

(1)诽谤

捏造并散布某些虚假的事实,破坏他人名誉的行为称为诽谤。

以韩寒与方舟子之间的"口水战"为例。事件的起因是方舟子质疑韩寒之父代笔为子写作,与韩寒展开隔空"骂战"。针对愈演愈烈的"代笔"质疑,韩寒在其博客上公布了当年《三重门》所有的手稿,并表示将把两部手稿出版成书。

方舟子打假引来微博骂战,"挺韩派"和"倒韩派"各执一词。出版人路金波、微博女王姚晨、作家宁财神、石康等人也纷纷在微博上对方舟子质疑韩寒代笔一事发表看法。最终韩寒诉诸法律,状告方舟子侵犯自身名誉权,而搜狐首页也专门开设了"论战"板块。如图16-10所示。

图16-10 韩寒与方舟子的论战

对于这次事件我们暂且不论谁对谁错,仅从营销的角度来看,两人都是成功的,两人之间的微博、博客软文大战,收获的是巨大的曝光度和知名度。

(2)侮辱

用语言(包括书面和口头)或行动公然损害他人人格、毁坏他人名誉的行为称为侮辱。例如,用大字报、小字报、漫画或肮脏的语言等形式辱骂、嘲讽他人、使他人的心灵蒙受耻辱等。

第16章 软文营销

第 17 章 大数据营销

学前提示

随着互联网云时代的来临,大数据也吸引了越来越多的关注,全新的IT时代正在来临。大数据与云计算的关系就像一枚硬币的正反面一样密不可分,可见大数据的兴起和发展成为新IT时代行业互联网化最为典型的特征之一。

要点展示

- 大数据技术概览
- 大数据营销八大切入点
- 大数据营销案例

17.1 大数据营销技术概述

随着互联网的发展，越来越多的企业参与到大数据营销的竞争中来。大数据营销是一个修辞学意义上的词汇。在数据方面，"大"是一个快速发展的术语，且数据库、大数据已经成为变革的中心，事实上可以称为一场革命，大数据营销改变了IT领域、制造业、零售业、政府管理、科技的运行方式。因此，如今可称互联网为大数据营销的新世界。

17.1.1 大数据营销的定义和特征

大数据营销从字面上来理解就是用大量、海量的数据合成的营销活动，但其具体的定义也是众说纷纭。互联网数据中心的报告对大数据营销进行了简单的描述：大数据营销是一个看起来似乎来路不明的大的动态过程。但是实际上，大数据营销并不是一个新生事物，虽然它确实正在走向主流和引起广泛的注意。大数据营销并不是一个实体，而是一个横跨很多IT边界的动态活动。

互联网数据中心对大数据营销的定义太笼统、模糊，大多数人都看不懂。因此，要明白"大数据"的概念，还要从"大数据"的名词本身入手。

首先要从"大"入手，那么"大数据"的"大"到底是指哪些方面呢？大数据同过去的海量数据有所区别，其基本特征可以从4个方面来总结概括。

- 数据体量大：大数据一般指在10TB规模以上的数据量。
- 数据类别大：数据来自多种数据源，数据种类和格式日渐丰富，已经冲破了以前所限定的结构化数据范畴，囊括了半结构化和非结构化数据。
- 价值密度低：大数据所创造的价值密度明显更低。
- 速度快：有数据显示，在全球范围内，数据量以每年50%的速度增长，数据增长的速度已经远远超过IT设计发展的速度。

其次，从"数据"上分析，大数据是海量的、巨大的，它关乎数据量。简而言之，大数据就是一个体量特别大、数据类别特别大的数据集。也就是说"大数据"本身并不是一种新的技术，也不是一种新的产品，而是我们这个时代出现的一种现象。

综上所述，大数据营销是基于多平台的大量数据，在依托大数据技术的基础上，应用于互联网广告行业的营销方式。

17.1.2 大数据营销结构特征

时代在进步,互联网也随之增强实力,其存储的数据数量正在急剧增长,数据量大也是大数据营销的特征。在2000年,全球存储了800 000PB的数据。预计到2020年,这一数字会达到35ZB。只Twitter每天就会生成超过7TB的数据,Facebook为10TB,一些企业每小时就会产生数个TB的数据。

由于数据自身的复杂性,作为一个必然的结果,处理大数据营销的首选方法就是在并行计算的环境中进行大规模并行处理,这使得同时发生的并行摄取、并行数据装载和分析成为可能。实际上,大多数的大数据营销都是非结构化或者半结构化的,这需要用不同的技术和工具来处理和分析。

大数据营销的结构体现了它最突出的特征。几种不同数据结构类型数据的增长趋势如图17-1所示。

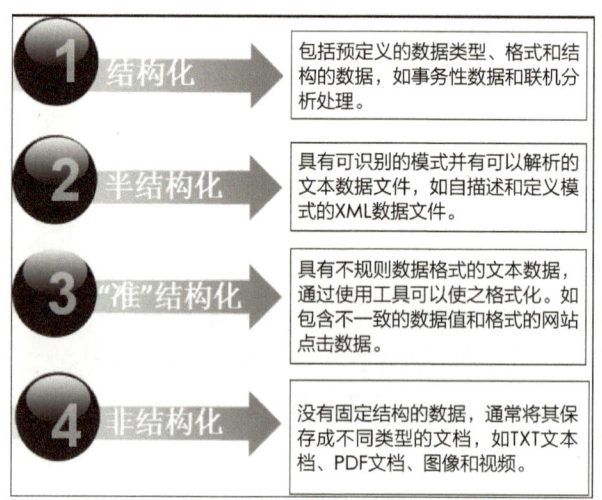

图17-1 数据增长日益趋向非结构化

17.2 大数据营销八大技巧

对企业而言,大数据营销意味着大商机。一个运用了大数据营销做网络营销的企业,相比运用普通网络营销方法的企业要更胜一筹。而对于刚接触大数据营销的企业来说,只有掌握技巧,才能融入大数据营销中。

17.2.1 用户行为与特征分析

企业想要谋取盈利,关键在于顾客,在普通的营销中以"顾客就是上帝"为核心,在大数据营销商业时代,分析用户行为也很必要。

1. 时间维度分析

从时间的维度来看,"现代营销学之父"菲利普科特勒有一个理论,用户的行为轨迹包括产生需求、商业信息搜集、方案比选、购买决策和购后行为5个阶段,其中购后行为包括使用习惯、使用体验、满意度、忠诚度等。如图17-2所示。

2. 空间维度分析

用户的空间维度就是用户购买行为的要素。例如,要全面描述用户在购买

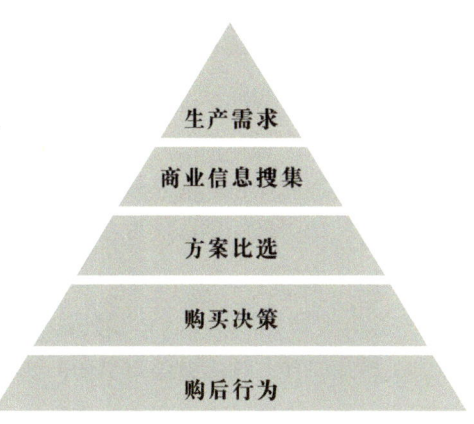

图17-2 用户的行为轨迹

阶段的行为,通常用5W2H来分析:who(购买的人物)、when(购买的时间)、where(购买的地点)、what(买什么)、why(购买的原因)、how much(买多少)、how(如何购买)。如图17-3所示。

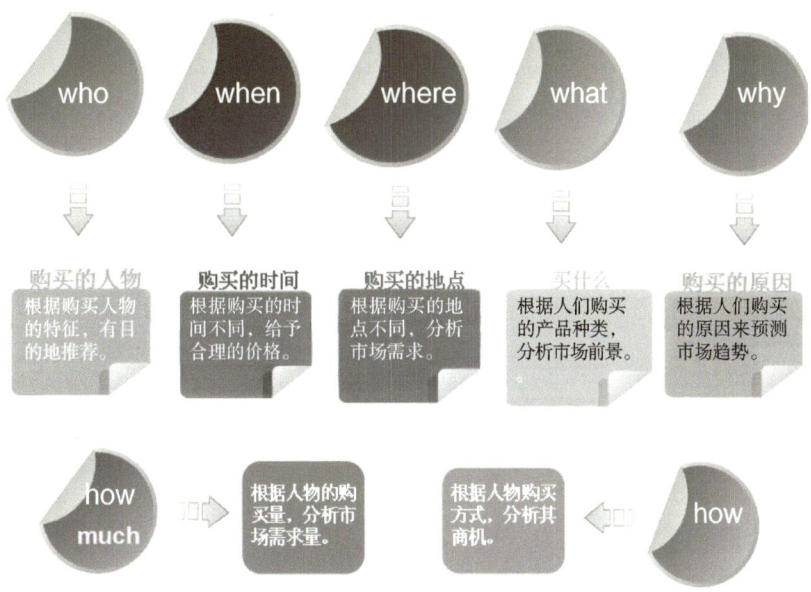

图17-3 购买的行为要素

大数据营销通过结合空间维度和时间维度要素，形成了用户行为分析的研究体系，这个体系细化了用户行为的研究内容。基于这些内容，就相当于有了用户调查问卷的一些基本问题。

用户的行为特征是实现大数据营销商业价值的根本。因为通过用户的行为特征，基本上可以为某一类用户定性，这不仅仅是为了自身获取最大的商业利益，更重要的是要考虑到用户的实际情况。因为客户选择某一项消费，信任占很大一部分，信任的建立很困难，需要很长的时间，但信任的失去也许只是一瞬间，一个不小心的安全漏洞，就可能摧毁和用户之前长时间建立的信任关系。所以分析用户的行为特征不能只为自身考虑，用户的切身环境也要考虑到。

17.2.2 大数据精准营销信息推送支撑

在大数据时代，精准营销是最大的商业销售方法。企业拥有大数据营销体系，会使企业更加快速地掌握潜在用户，实现精准营销。例如，通过分析客户信用卡的消费记录，就可以获知客户的消费水平、消费方面、消费地点等信息，从而为商家提供精准的短信广告。

精准营销信息推送要考虑的因素很多，大致分为5大类：给谁推送、推送的效果如何、谁来推送、推送哪些信息、通过什么推送。如图17-4所示。

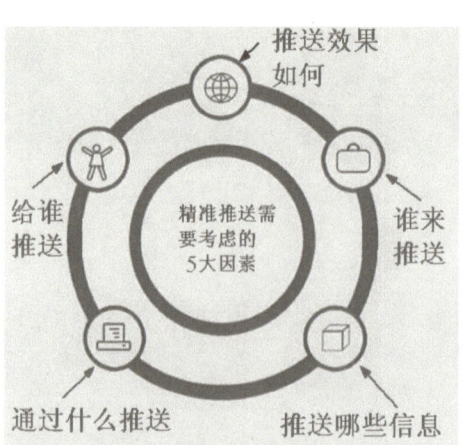

图17-4 大数据精准营销5大因素

1. 给谁推送

给谁推送也就是寻找商业信息的接收者，这要建立在系统信息分类的基础之上。根据不同的信息类别属性，向符合这个类别属性人群推送信息，就像商家永远不可能向和尚推送梳子一样。

2. 推送效果如何

大数据营销信息推送的目的就是达到推送的效果，包括信息的影响范围、用户的口碑等。对信息精准、智能推送的效果衡量，就商家而言，在于信息的影响力以及为商家带来的利益，就大众而言，在于大众对此信息的口碑，就个人而言，在于是否习惯这样的信息接受方式。

3. 谁来推送

谁来推送就是利用合适的商业信息载体传达信息。再大的新闻，倘若没有传统媒体、网络转载等信息载体的介入，也是无法形成持久宽广的传播影响的。由此，信息载体的可靠性、真实性，将成为衡量信息质量与受欢迎度的重要指标。

4. 通过什么推送

通过什么推送就是选择合适的信息格式与表达方式有效传达信息内容。例如，常用的信息传达方式有印刷物、文字、图片、视频等。应根据不同的终端要求，运用不同的方式呈现信息。

5. 通过什么推送

推送的商业信息种类要根据所获取的信息源为依据，通过对获取的信息进行分类，从而精准地推送某一类信息。

- 领域的分类，如医疗、金融、零售等领域，根据不同的领域，推送符合该领域的信息。
- 关键词推送，是通过搜索改变以往的推送方式，由传统信息数据源才能制定的分类，变成每个人都可以设定的关键词。
- 从需求程度上，可以分为一级、二级、三级分类等，根据需求的不同，推送的方式和力度也不同。

大数据精准营销信息推送还要注意一点就是什么时候推送。一个在荒岛中即将饿死的人，你向他推送再优惠的黄金，他也会无动于衷，如果向他推送面包，他会毫不犹豫地买。由此可见，企业为了发挥精准推送到最佳效果，选择一个合适的时间是非常重要的。

17.2.3 引导产品及营销活动投用户所好

在大数据营销中，企业在产品生产前必须做市场调查，以此来判断该产品的市场需求，以及企业可以获得的利润等信息。

企业要在产品生产之前了解潜在用户的主要特征，以及他们对产品的期待，这样企业的产品生产便可投其所好。例如，现在的电影在公映之前都会在网上公布电影的预告片，电影公司通过预告片的市场反响，对包括电影适合的观影者年龄层来确定下一步的宣传策略。例如，投放电影《小时代》的预告片后，即从微博上通过大数据营销分析得知其电影的主要观众群为90后女性，因此后续的营销活动主要针对这些人群展开。如图17-5所示。

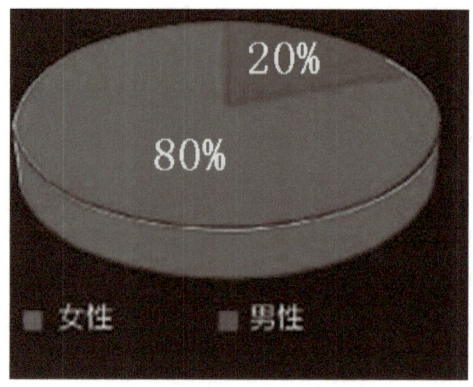

图17-5 《小时代》用户数据

当成为市场领先者时，更要时刻了解市场、监控市场变化。因为当企业处于商业金字塔顶端时，自己就成了众多竞争对手的目标，而自身已经找不到合适的目标来学习提高，所以只有推陈出新，使自己永远都是竞争对手的目标，才能不给竞争对手任何占领市场的机会。

总之，企业想要做好大数据营销，首要任务就是引导产品及营销活动投其用户所好，使之所爱。

17.2.4 大数据营销竞争对手监测与品牌传播

在大数据营销竞争中，一定要做到"知己知彼，百战不殆"。以往，企业在公布产品之前，是不会让竞争对手知道产品的功能和制作方法等信息的，这些就像商业机密一样，其他企业想要获取是很困难的。

但在大数据的时代，即使对方不告诉自己，企业也可以通过大数据营销的监测分析得知对手的经营状态，根据对手的经营状态进行商业调整，努力占领整个市场，直至击败对手。

品牌的传播亦可通过大数据分析找准方向。现在很多企业都在利用大数据分析传播趋势、内容特征、产品属性分布等，还可以通过对竞争对手的检测与分析，借鉴方法，从而作为企业营销运作的参考。

17.2.5 企业重点客户筛选

一般企业面对的客户群可以说是非常庞大的，这些客户群中的每一个人虽然都是自己商品对应的客户，但是消费能力、购买能力等都有很大的区别。

例如，白酒有着广大的客户群，有的客户一周一瓶，有的可能是一天一瓶；有的人喝的是茅台，而有的人喝的是劲酒。因此对于这些消费水平参差不齐的客户，客户的筛选就是找到对大数据营销最有利的那一部分客户。

从市场和企业自身的角度来看，企业可以利用以下四大因素来筛选客户。如图11-6所示。

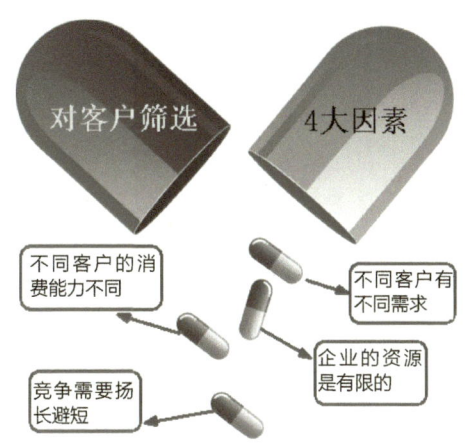

图17-6 对客户筛选的4大因素

1. 不同客户有不同的需求

大数据营销在市场多元化条件下，企业每个客户都有自己的需求，需求的个性化决定了每个客户会购买不同的商品。例如，有很多人在夏天喜欢喝加多宝，加多宝的销量一直很好，而这些喜欢喝加多宝的人就是加多宝的忠实客户。

2. 企业的资源是有限的

由于企业的资源有限，所以筛选客户是很重要的环节，企业只有找出与自己资源匹配最高的客户资源，才能把大数据营销做成功。企业不可能做到想做什么行业就做什么行业，如生产电动车的企业想要开始生产汽车，无论是从资金上还是技术上都是大难题，而当企业在电动车领域已经占据了重要的市场份额时，再去涉足汽车产业又有什么意思呢？

企业不可能负荷这么多的技能，这会把企业压垮的。既然已经有一门出类拔萃的领域，就应该专攻下去，或者挖掘与之相关的产品，那样才能有效地运用好企业的有限资源。

3. 不同客户的消费能力不同

在需求相同的情况下，消费能力通常决定客户的购买能力，资金富裕的人每出一款苹果手机就立即购买，而不怎么有钱的人直到手机用坏了才会想到换手机。所以不同人的消费能力的高低，决定了企业要筛选出能从中获利最多的大客户，这是每一个企业都不会放过的一类客户。

4. 竞争需要扬长避短

每个企业都有各自的长处，如果想通过自己不熟悉的产业去碰撞其他有着上百年发展历史的公司产业，那无疑是以卵击石。例如，某公司是有着一百多年历史的高档汽车制造商，而一个刚成立十几年的汽车制造商也想要生产高档车与其竞争，可能不太现实。那么为了生存的需要，就必须筛选出其他企业还没有影响到或者影响不是很深的产业，这些产业中才有自己最重要的目标客户。

17.2.6 大数据营销可用于改善用户体验

企业想要改善用户体验，就必须真正了解用户及其产品使用情况，而这些情况都可以通过大数据获悉。在大数据营销中能帮助企业了解产品售后信息，并在产品出问题时适时提醒用户。

改善用户体验其实就是方便用户使用，下面介绍几个这方面的成功案例。

1. 螺旋葡萄酒软木塞

在如今的葡萄酒市场上，用螺旋软木塞封装的葡萄酒越来越多。如图17-7所示。

对于服务者以及顾客来说，螺旋软木塞的酒瓶很容易被打开，因为它不需要使用开瓶器，可直接用手拧开螺旋软木塞，即可食用红酒。新西兰和澳大利亚等国的葡萄酒行业已经进入螺旋塞时代，很多酒商把螺旋塞应用在了他们的整个生产线上。

图11-7 螺旋葡萄酒软木塞

2. 自拍杆

自拍杆是最近风靡的"自拍神器"，它能够在20厘米到120厘米长度间任意伸缩，使用者只需将手机或者傻瓜相机固定在伸缩杆上，通过遥控器就能实现多角度自拍。如图17-8所示。

图11-8 自拍杆

3. 符合人体工学的枕头

这种枕头依照人体解剖学颈椎40°的仰角设计，能有效支撑颈部，避免了传统枕头不科学的曲度，减少颈椎不适。如图17-9所示。

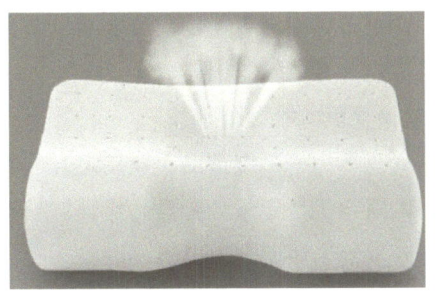

图17-9 符合人体工学的枕头

17.2.7 大数据营销需要客户分级管理的支持

在企业运行大数据营销的过程中，客户分级管理在一定程度上能增强客户对企业的依赖性，尤其是新用户，为了获得更多的权限与优惠，可能就会购买企业产品。随着时间的推移，新用户会形成一种消费习惯，适应这个企业的销售模式。

客户分级管理就是根据客户对企业的贡献率等各个指标进行多角度衡量与分级，最终按一定的比例进行加权。

许多企业都通过分析粉丝的公开内容和互动记录，将粉丝转化为潜在用户，激活社会化资产的价值。大数据可以通过分析粉丝的互动内容，准确设定消费者画像。

客户分级管理的作用主要有三点。如图17-10所示。

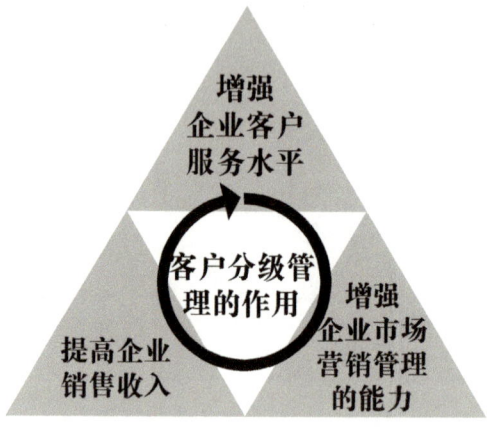

图17-10 客户分级管理的作用

1. 增强企业客户服务水平

增强企业客户服务水平是众多企业实施企业客户管理系统的一个主要目标。系统整合和记录企业各个部门所接触的客户资料，并进行统一管理。通过对这些客户信息的分析，深入了解客户的需要，发现企业的重要客户，企业才能运用大数据营销向客户提供更加具有针对性、更加专业化的服务。

2. 增强企业市场营销管理的能力

增强企业市场营销管理能力，可以帮助企业制定合适的大数据营销市场计划，并对各种推广渠道所接触的客户进行记录、分类和辨识，加强企业对潜在客户以及现实客户的管理，对企业的各项营销活动效果进行评价。

当前企业大数据营销的客户管理解决方案，很多游离在各个独立的部门之间，并没有实现各个部门之间资源的整合，各个部门之间的协调也很欠缺，所以在很大程度上影响了客户管理系统的发展。为了能够有效重组业务流程，必须实现从职能管理到面向业务流程管理的转变，使整体流程得以优化。

3. 提高企业销售收入

提高企业大数据营销中的销售收入，是诸多实施客户管理系统的一个重要目标，销售自动化又是企业客户管理系统不可分割的一部分。销售自动化是通过相关通信设备、网络设施以及相应的管理软件进行商业信息资源分析，从而得到销售记录的实时信息，并利用该信息为企业带来更大的价值。

17.2.8 市场预测与决策分析支持

大数据营销的分析与预测对于企业洞察新市场与把握经济走向都是极大的支持。企业要提早发现市场走向，提早预防市场对企业的不利变动，这样在市场运作中才能屹立不倒。

1. 啤酒与尿布

沃尔玛超市利用带宝宝的爸爸喜欢喝啤酒的特点，在放置宝宝尿布的货柜旁放置啤酒的货柜，从而实现了在尿布销售量增多的同时，啤酒的销售量也随之递增。如图17-11所示。

图17-11 沃尔玛的"啤酒与尿布"

2. 360手机卫士解决电话骚扰

之前，困扰iPhone手机用户几年的骚扰电话问题，终于在360手机卫士上得到了解决。360手机卫士通过对海量数据的运算和精准匹配，将一组大小仅为10KB的数据，即1000个骚扰号码同步到用户手机上，打造个性化的骚扰号码数据库，向iPhone手机用户提供骚扰电话识别功能。如图17-12所示。

图17-12 360手机卫士解决电话骚扰

3. IBM利用社交大数据分析世界杯排名

在2014年的世界杯期间,IBM便通过社交大数据技术对舆情数据进行了分析,在半决赛开始前,就已经通过大家的支持率准确判断出了四强名次(德国、巴西、阿根廷、荷兰)。在这四强中,德国队得到16%的最高支持率,阿根廷与荷兰分别以15%和10%的支持率位列第二、第三位,而东道主巴西队因为当家球星内马尔的受伤,不被广大球迷看好,仅以8%位列四强之尾,如图17-13所示。如果那个时候球迷看了IBM的分析数据,就不会有那么多人"天台见了"。

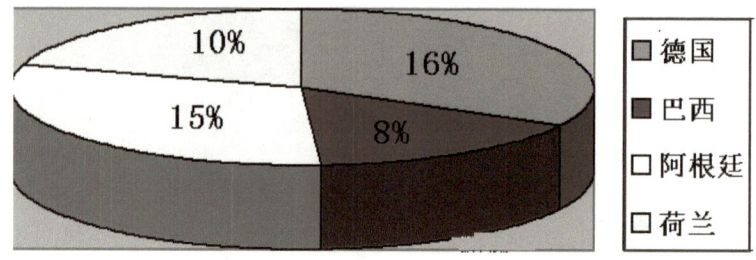

图17-13 IBM利用社交大数据分析世界杯排名

现在,大数据时代中的数据规模大及类型多,对数据分析与数据挖掘提出了新要求,只有更全面、更快速、更及时的大数据,才能为市场预测、决策分析以及进一步的发展提供更好的支撑。

17.3 大数据营销案例

随着互联网的发展,出现了很多新型的网络营销方式。大数据营销是现在相当普遍的营销方式。企业在做大数据营销时,只了解大数据营销的理论知识是不够的,而应该一边实践,一边学习,多看看大数据营销的成功案例,从中学习,找到适合自己的营销方式。

17.3.1 工商银行大数据精准营销

工商银行为了推进信息化银行建设,利用大数据应用,不断完善"以客户为中心"的精准营销,促进了市场营销和客户服务模式的转型,实现信息技术与经营管理的深度融合。

2014年,工商银行的电商平台"融e购"商城正式上线。"融e购"的商家是由工行方选择邀请入驻，其交易费用全免。电子商务平台上积累的大量数据为银行发展潜在客户、规避信贷风险起到重要作用。如图17-14所示。

图17-14 工商"融e购"

国务院国资委、工业和信息化部、中国企业联合会共同组织的全国企业管理现代化创新成果审定委员会上，联合发布了"第20届全国企业管理现代化创新成果"，而工行的"大型商业银行基于数据仓库的精准营销管理"创新成果荣获一等奖，这标志着我国商业银行在应用大数据创新市场营销模式、提升企业管理现代化水平方面又取得了新的进步。

其实，早在前几年，工商银行就建设了数据仓库，经过多年的持续完善，已经形成了数据标准、数据质量、数据架构、元数据、数据生命周期、数据安全、数据应用等全流程管理机制，并且实现了客户信息、账户信息、产品信息、交易信息、管理信息及重要外部信息的集成管理，建立了集团统一信息视图和综合评价体系。

目前，该行的企业级数据仓库存储的数据量已超过350TB，居国内同业第一位，这对于我国企业如何抓住大数据、云计算等新一代信息技术发展和应用机遇，拓展新业务、提升管理水平、增强竞争力具有重要借鉴价值和示范意义。

17.3.2 Enevo利用大数据营销减少成本

Enevo是芬兰一家专注于垃圾管理和回收的创业公司，许多人直观觉得这不就是中国的环卫部门吗？这是完全错误的。Enevo是一家科技公司，他们的第一款产品Enevo ONe Collect实现了让垃圾桶智能化。

Enevo ONe Collect可以感应到垃圾桶内的各项数据信息，如垃圾高度、垃圾桶内温度等，并将数据传送给工作人员。当环卫工人将Enevo ONe Collect安装好后，设备内置的传感器会检测桶内垃圾高度，当桶内垃圾大于一定高度时，就会提醒工作人员"垃圾快满了"；若低于一定高度，就是"垃圾没有满"。如图11-15所示。

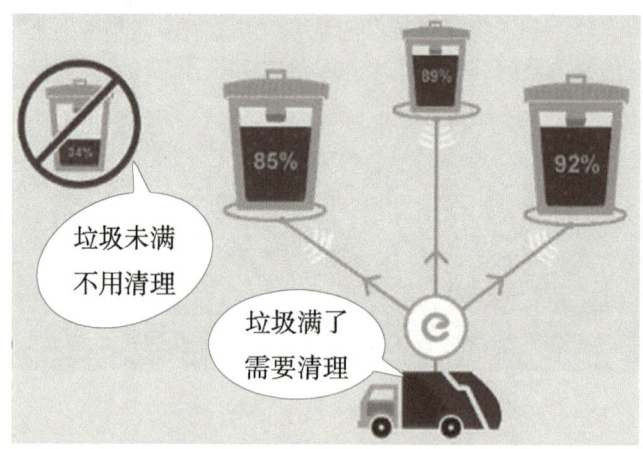

图11-15 Enevo ONe Collect系统

工作人员可以通过计算机或手机上的Web工具实时查看管辖区域内所有垃圾桶的状态，垃圾没有满的垃圾桶就暂时不清理。所以当工作人员一早开着清洁车从环卫所出发时，系统就能帮他规划好回收垃圾的最优路径。另外，该系统还能实时监控垃圾桶内的异常，如温度过高（着火）或者是被移动（被盗）。

由此可见，Enevo ONe Collect系统使垃圾处理工作轻松许多，也减少了不必要的浪费。根据Enevo的数据统计，通过减少不必要的车辆燃油费和人工费用，大约能减少20%~40%的运营成本，同时也保证了城市环境的卫生。

17.3.3 视频网站利用大数据营销制作自制剧

目前各大视频网站都开始自制电视剧、电影、微电影等，如优酷网的《男神女神》、腾讯视频的《暗黑者》。截至2014年上半年，网络自制剧就有近24部。如图11-16所示。

YOUKU优酷 土豆	万万没想到第二季	Letv乐视	STB超级教师
	万万没想到之小兵过年		蕾女心经
	乙方甲方第二季		青春忏悔录
	绝世高手之大侠卢小鱼		唐朝好男人2
	分手大师		屌丝日记
	曾经想火		学姐知道
iQIYI爱奇艺	灵魂摆渡	腾讯视频	暗黑者
	废柴兄弟		微时代
	你好外星人		探灵档案
	白衣校花与大长腿		我的西游
	高科技少女喵		腾空的日子
	不可思议的夏天		冰箱少女

图11-16 2014年上半年各大视频网站的自制剧

在大数据营销的运用上，相比较电视媒体，视频网站有天然的优势。用户只要登录视频网站，什么时候播放、什么时候暂停，甚至看了几分钟就关闭视频，都会进入后台被分析。通过分析这些数据，对流行文化的趋势与观众欣赏心理的研究，再加上网络剧没有电视剧有那么多严格的要求，所以网络自制剧成为视频网站的新宠。

大数据为自制剧寻找题材提供的帮助是很大的。爱奇艺影视剧影视出品总制片人戴莹透露，爱奇艺的《人生需要揭穿》《灵魂摆渡》等几部自制剧获得的高点击量与百度的大数据支持不无关系。

视频网站通过运用大数据营销，能够提前预测到哪些题材和内容会受到网友的追捧，为网站带来巨大的商业利益。

专家提醒

大数据营销对于当下电影创作具有关键性作用，在吸引网民关注上作出了巨大的贡献。尽管电影作为具有艺术属性的工业产品，大数据营销无法在创作中发挥作用，但除了创作之外的部分，如前期吸引网民目标、后期的宣传大多可以运用大数据营销来解决。

第 18 章 二维码营销

学前提示

随着互联网的发展，相继出现了很多新的营销模式，如O2O、APP、二维码等。最近，二维码营销像一匹黑马杀入网络营销的世界，为用户带来便利，为企业盈利。

要点展示

- 什么是二维码
- 二维码营销平台
- 二维码营销渠道
- 二维码的使用范围

18.1 二维码营销入门必读

二维码营销是目前最火的移动互联网营销手段,门槛和成本低、可应用行业广泛、简单方便、可朔造性强是网络营销界最有潜力的微营销方式,是各行业进军移动互联网营销必备的手段。

18.1.1 什么是二维码营销

二维码(2-dimensional bar code)是指按一定规律,在平面上分布的黑白相间、记录数据符号信息的特定几何图形。二维码也是条码,但二维码能够在横向和纵向两个方向、两个维度同时存储和表达信息。如图18-1所示。

二维码营销是指企业利用二维码制作一系列的营销活动,如产品信息、企业活动、企业简介等。很多企业都会把二维码与一些营销互动的媒介结合在一起,引导消费者扫描二维码,其中的营销互动的媒介类型包括视频、电视、订阅信息、社会化媒体、商店地址等。

图18-1 二维码

18.1.2 二维码营销业务分类

因为二维码具有小巧易读、方便、信息容量大等特点,所以二维码营销应用的场景非常广阔。它的业务主要分为主读类业务和被读类业务。

1. 主读类业务

主读类业务是指二维码用户在手机上安装二维码客户端,使用手机拍摄并识别媒体、报纸等上面印刷的二维码图片,获取二维码所存储内容并触发相关应用。

(1)防伪

在二维码营销应用中,客户端识别二维码后可获得验码系统中事先生成的票据或产品信息。通过将这些信息和实物的比对,客户即可核实实物的真伪。

(2)电子名片

企业在印制纸质名片时,将包含姓名、联系方式、电子邮件、地址等信息的二维码图一起印在名片上。收到名片的用户使用手机客户端识读名片上的二维码,即可将二维码营销中包含的信息存入手机的通讯录中。

（3）溯源

企业可以利用二维码营销，使用户只要用手机扫描产品包装上的二维码，即可获知该产品的正品安全信息，从而实现产品溯源。例如，消费者在购买食品时，只需使用手机扫码或发短信，即可查询产品认证状况等信息，并可及时举报虚假、错误信息。

（4）广告媒体

商户将包含网址的二维码印制在杂志、报刊、户外广告上，用户通过自己手机中安装的二维码软件扫描，即可快速访问商户网址，加强了商家和潜在用户的互动。

2. 被读类业务

被读类业务是指当二维码存在于用户手机上时，用户持手机到应用现场，通过二维码机器扫描手机进行内容识别。

（1）二维码支付

二维码支付功能让手机在线支付成为可能，真正实现随时随地购物。消费者选择商品、加入购物车、填写收货信息，完成商品选购后，后台提醒商家消费者购买情况，商家与消费者联系协商支付事宜，消费者也可选择用支付宝、财付通等在线支付方式进行在线支付。

（2）团购

团购网站在商品或服务的销售环节引入二维码作为购买凭证，消费者在线付款后，向消费者手机发送二维码购物凭证，消费者可直接凭借该二维码凭证到销售该商品或服务的商家消费。例如，在美团上购买电影票，支付成功后便会将二维码发到手机上，然后可以用二维码在取票机上取票。

（3）电子VIP会员凭证

企业为自身会员发放二维码短彩信会员凭证，会员凭借存储在手机上的二维码短彩信，即可在特定场所享受会员服务，实现电子VIP会员凭证的使用。

（4）积分兑换

企业将积分兑换的商品或服务以二维码电子凭证的方式发送到其会员手机上，会员通过二维码凭证到指定的地点兑换商品。电子积分兑换为客户提供了便捷的体验服务，为企业减少了物流成本，成为一种便捷的服务形式。

（5）在线投票

如今电视节目特别喜欢利用扫二维码的方式，让用户参与投票，如《男神女神》节目让网络用户扫描二维码，并给自己心中的女神投票，从而下意识地吸引很多用户的注意力。

除了一些当场可知晓中奖的情况外，获奖用户的手机还能及时收到奖品的二维码电子凭证，并可随时前往商家门店兑换奖品或享受服务，使抽奖活动变得更为方便快捷。

18.2 二维码营销技巧

随着智能手机的普及，二维码的运用领域越来越广泛，很多商家利用二维码营销进行企业宣传。下面介绍二维码营销的4个方面的技巧。

18.2.1 吸引用户

企业想要实现二维码营销的目的，首要任务就是吸引消费者的眼球。下面介绍利用二维码营销吸引用户眼球的技巧。

1. 带图形的二维码

如今的二维码并不只是黑白格的形式了，它还可以添加图片。企业把宣传物主题的核心元素与二维码搭配显示，可以营造出比较时尚的构图。

企业做二维码营销的时候，可以利用图形二维码放置产品图片，使二维码承载的不仅仅是文字，还富有创意地使用了图片来完善企业的二维码信息。如图18-2所示。

图18-2 图片二维码

2. 有创意的二维码

如今媒体传播环境日益丰富，年轻化的消费受众更是喜欢尝鲜，彩色二维码更能适应市场需求。更多的企业愿意用彩色的二维码作为产品的营销方式，并且缤纷的色彩能给人带来视觉的有力冲击，给人留下深刻的印象。如图18-3所示。

彩色二维码的生成技术也并不复杂，而且备受年轻人的喜爱。除了彩色二维条码的生成技术，当前还有不少"个性二维码"的生成工具，把一些个性图案与二维码进行合成，得到个性化并能被扫描设备识别的二维码。随着二维码的发展，这种"个性二维码"已经在二维码营销中流

图18-3 彩色二维码

行了起来。

3. 品牌植入二维码

企业运行二维码营销时可以将品牌植入二维码，做成了一个以生活为主题的情景画面。在二维码中放入大众生活场景的画面，极具创意，借此吸引顾客目光。如图18-4所示。

图18-4 品牌场景融入

4. 结合产品的二维码

企业做二维码营销时，可以让产品信息与二维码外观相结合，给二维码加入其他元素，使二维码具有突出活动主题、扩大活动影响力的作用。如图18-5所示。

图18-5 结合产品的二维码

5. 创造惊喜

企业在应用二维码营销的过程中，可以利用微博、微信送祝福，甚至还可以以二维码的形式给用户发一份红包。如图18-6所示。

图18-6 二维码红包

6. 趣味性

趣味性的二维码营销活动也是取得成功的捷径。例如，灵动快拍与阳澄湖大闸蟹股份有限公司进行二维码防伪合作，消费者只要扫描大闸蟹"腰带"上的二维码，即可辨别大闸蟹的真伪。如图18-7所示。

图18-7 大闸蟹二维码

7. 内容介绍明确

企业在运用二维码营销时，最好明确告诉用户二维码里面的内容，如果二维码里面是优惠券，就应该在二维码旁边加以说明。如图18-8所示。

图18-8 明确告诉消费者里面有3元优惠券

最忌讳的就是只放一个二维码,可是却没有说这里面是什么,这样会导致以下两种结果。

- 用户扫了之后觉得很失望,也会对你的产品或品牌失望,因为内容并不是他期望的。
- 用户不会扫描,因为用户没有动机去执行。

18.2.2 圈住用户

顾客扫描二维码后,怎样让顾客持续消费本产品呢?营销的原则之一就是给顾客带来利益和几乎完美的服务。下面从这两个角度介绍二维码微营销圈住顾客的技巧。

1. 给用户带来利益的二维码营销

如果企业的二维码只是一味地塞给顾客企业想传递的信息,而没有给予顾客需要的信息,那商家的二维码营销将寸步难行。所以一定要考虑到给顾客带来利益的二维码营销创意。

例如,某家咖啡店针对上班族习惯一边喝着香醇的咖啡一边阅读当天早报的生活方式,创意使用二维码体积小、信息含量大的特点,在咖啡杯上印可以提供早报的二维码,让顾客可以边喝咖啡边读早报,给顾客带来利益。如图18-9所示。

图18-9 印有二维码的咖啡杯

2. 提供售后服务的二维码营销

企业可以利用二维码营销给顾客提供良好的售后服务。企业只需在每一件产品的售后服务卡上印有一个独一无二的二维码，顾客只要扫描二维码就可以随时随地地享受企业服务。如图18-10所示。

图18-10 二维码营销为顾客提供售后服务

3. 利用二维码的网站链接功能

企业在实行二维码营销的过程中，可以利用二维码的网站链接功能，在方便用户进入网页的情况下，还能增加网站流量。

在报纸上印制二维码，不仅能增加文字新闻的生动性，还能让消费者更加了解事情经过，增加报纸的销量。如图18-11所示。

图18-11 报纸上的二维码

4．调动用户积极性

企业想要应用二维码营销，就要利用二维码与用户互动，并且强化消费者购买产品的欲望，达到提高产品的成交转化率的最终目的。

企业可以利用二维码互动营销平台，将官方二维码印刷在多种载体上，用户通过手机扫描二维码，即可快速浏览企业的活动信息、获取优惠券、参与抽奖等。

5．及时追踪二维码营销效益

引导消费者扫描二维码后，可以评估二维码的营销效益，营销者可以通过实践以下三方面，掌握二维码营销效果，进一步开展二维码微营销。

- 二维码扫描跳转后，消费者在活动页面停留的时间才是营销活动成功与否的主要指标，毕竟二维码只是一个辅助工具。
- 如果消费者扫描后在跳转页面中停留的时间极短，甚至没看清这个页面到底是做什么的，那么只能说，这个二维码非常吸引人，但活动是失败的。
- 若二维码扫描量过低，就该反省中间的细节。

18.2.3 增加用户

企业成功吸引顾客后，应该利用二维码营销来想办法增加用户。二维码营销增加用户的技巧如下。

1. **链接页面的设计**

消费者通过智能手机扫描二维码后要能链接到网页。

（1）尽量使用较短的网址

一般使用的网址，经过处理后变成短网址，则二维码上的黑白点颗粒会变大，其判读速度快，如图18-12所示；而没有经过处理的网址，二维码上的黑白点颗粒会比较密集，判读速度较慢，如图18-13所示。

图18-12 判读速度快　　　　　图18-13 判读速度慢

（2）网页的内容要精简干净

由于手机屏幕的限制，网页的信息最好限定在一页，尽量不要让消费者往下拖拉才能看完整个信息。

（3）链接网页不要放Flash元素

Flash不一定能够体现出更多具有价值的信息，而且苹果系统的iPhone和iPad都不支持Flash格式文件，如果二维码链接过去的网页有Flash元素的话，则那些拥有高消费能力的人群无法看到产品和活动。

2. **增加二维码清晰度**

二维码营销能否成功，取决于二维码能否成功被扫描。用户扫描二维码时除了尺寸限制，还包含"清晰度"的问题。清晰度的问题可能来自以下两个方面。

- 企业不能使用自己的LCD屏幕来测试影片二维码，因为电视信号传播到消费者的家里后会有衰减，都会变得模糊一些，这对于二维码扫描成功率有很大的影响。
- 如果二维码图形没有调整成适合放在户外广告的尺寸，而直接放置在户外广告上，消费者可能根本扫不出来。

3. **让用户深入体验广告**

大部分企业在做网络营销的时候，二维码广告仍然只是做了一个官网或者优惠活动的链接入口，对于用户来说，这种二维码根本没有设计可言。

企业应该想出一些新奇的方式，把二维码展现到用户的面前，即使二维码内容单一,但是展现的方式有趣、有创意,那么也会引起用户注意,勾起用户扫描的欲望,那么这样的二维码营销就算是成功了一半。

雪佛兰Volt汽车上市后就受到了很多用户关注,商家在汽车机体上贴上二维码,用户只要扫描二维码,就能获取Volt汽车的相关信息。这样做,对于对Volt汽车感兴趣的消费者来说,不用专业讲解员讲解,只要掏出手机,扫描二维码,一切疑问都可以得到解答。如图18-14所示。

图18-14 雪佛兰Volt汽车上的二维码

18.3 二维码营销渠道

在经济高速发展的今天,二维码营销已经成为商户、企业之间竞争的方式,但需要注意的是,任何营销活动首先都要明确目标,这不但为整个过程定下基调,而且企业的目标越明确,活动结束后就越容易评估结果。因此,企业在运行二维码营销的时候,首先要明确投放二维码的目的,针对企业的最终目的,确定适合的二维码营销渠道。

18.3.1 微信

如今的微信已经不仅仅是通信工具了,它除了支持语音、短信、视频、图片外,还具有二维码扫描功能。

微信二维码是二维码营销的主要渠道,它是腾讯开发的用于微信用户添加好友的一种新方式,是含有特定内容格式的,只能被微信软件正确解读的二维码。

随着微信的火热，企业把营销目光放到了微信二维码上，制作自己公司的微信二维码，放置于企业微信账号上，如图18-15所示。关注了企业微信账号的用户即可通过扫描企业微信二维码了解企业文化。一些针对附近人群经营的小型企业，还可利用微信中"查看附近的人"和"向附近的人打招呼"两个功能，推广自己的二维码。

图18-15 微信企业二维码

18.3.2 企业名片

名片对于企业来说是非常重要的，因为名片可以代表一个企业的形象，上面的元素包括企业名称、姓名、联系电话、地址和公司标志等。

二维码与传统名片相结合，有利于二维码营销的运行，可以承载电话、邮箱等传统联系方式之外的更多信息，如个人网址、住址、QQ、微信、微博等信息。二维码也可以同时存在于纸质名片上，用户使用扫码软件轻轻一扫，就可读取二维码内包含的文字和图片信息。

通过二维码名片，企业可以引导买家直接进入指定页面，了解产品信息，如图18-16所示。以广交会出现的二维码名片为例，买家只需要用手机在二维码上扫描一下，就可以马上进入企业在环球市场国际电子商务平台上的英文网站，了解更多产品的款式、详细的产品参数和介绍等。这不仅可以减少企业产品目录手册的制作成本，而且大大提高了企业在电子商务平台上的投入效益。

图18-16 企业二维码名片

如今，越来越多的企业向客户派发二维码名片，力图用最低的宣传成本获取更大的经济效益。

18.3.3 微博

如今,人们随时随地都在使用微博,微博已经成为一种时尚。网民们喜欢在微博上看自己感兴趣的话题,了解新话题,企业则利用名人效应,在微博上给自己的产品打广告。

韩寒曾在微博上发布了一张女儿小野的照片,引起网友们的回复,有的网友在回复中称韩寒为"岳父大人",韩寒将该条回复转发到微博上,"国民岳父"的美名自此广为人知。随后,就有网友开辟了"国民岳父韩寒"的微博话题,该话题的讨论量也超过10万,阅读量则达到121万。

紧随其后,韩寒抓住势头开始推广他将要上映的电影。在微博上放置了电影《后会无期》(如图18-17所示)的各种花絮照和《平凡之路》的MV,其中以《平凡之路》的MV反响最为热烈。

在《平凡之路》MV发布的同时,宣告了朴树的复出。朴树和韩寒联手勾起了千万80后关于青春的记忆。这两位青年领袖成为引发热烈讨论的网络事件的主人公,该MV转发量最终突破40万,而这首歌也登上了当天虾米、腾讯网的音乐排行榜榜首。

韩寒在整个营销过程中,从社交话题的制造、时机的选择、营销节奏的把控以及品牌的维持,都做得很到位,最终《后会无期》收获了不错的票房。如图18-17所示。

图18-17 《后会无期》宣传照

18.3.4 宣传单

随着时代的进步,企业不再用以前的老思想,看好一个好的营销方式就只专攻这一种方式,而是会把自己所掌握的营销方式都整合在一起。例如,很多企业把传统的派单与新兴二维码营销方式结合在一起,增加了推广受众范围。

通过平面、户外、网络以及印刷品等媒体,可以很方便地展示二维码,二维码与现有媒体的捆绑方式,可以将现有媒体传播价值保留和延伸至移动互联网中,以沉淀新产生的潜在客户。

企业在运行二维码营销的过程中,可以在印刷活动单页的时候,印刷相应的二维码,如图18-18所示。用户可以直接扫描二维码,单页随时都可以扔掉,却让用户把你的真正目的带走。

宣传单是最普通、最能直接接触用户的推广方式。宣传单的主要好处是可以将广告的推广成本降到最低,每一个接受广告的人都是实际的或者潜在的顾客,因为印刷宣传单的量越大越优惠,将二维码印制在宣传单上能极大地起到宣传推广作用。

图18-18 印有二维码的单页

18.4 二维码营销的方法

如今,二维码应用已经进入人们生活的每个角落,机场、餐厅、公交、电影院、旅游等生活中随处可见。随着二维码应用在技术、终端等方面的突破,手机二维码市场几乎引领了企业营销的潮流,出现了各种运用二维码营销的方法。

18.4.1 信息储存

二维码营销几乎不限制空间,可以用来储存文件,携带方便,保存时间长,甚至可以影印传真,做更多备份,且具有高密度、大容量、抗磨损等特点,因此扩展了条码在备援方面的应用领域。

例如,网络上出现的一款可以存储语音资料的多信二维码便签。如图18-19所示。

图18-19 多信二维码便签

多信将便签纸和二维码结合在一起，用户只需扫描便签纸上的二维码，即可进入内容编辑页面，不管是文字、图片、语音，还是视频，用户都可以根据自己的想法使用，没有局限性。

一张多信便签可以存储的信息量为250个汉字、6张照片或者120秒的语音，视频则最长支持20秒。而接收方想要读取便签纸存储的信息，只要扫描上面的二维码即可，不需要下载客户端。

多信为了保护用户的隐私，提供了设置访问密码的服务，从而使便签纸变为可以和指定的人共享的秘密。

18.4.2 清查盘点

二维码营销可以应用在物流中心、仓储中心、联勤中心的货品及固定资产的自动盘点方面，发挥"立即盘点、立即决策"的效果。

所谓盘点，是指定期对库存商品的实际数量进行清查、清点作业，核对仓库现有物品的实际数量与保管账上记录的数量，以便准确掌握库存数量。对企业来说，盘点具有如下作用。

- 通过盘点可以控制存货，以指导日常经营业务。
- 能够及时掌握损益情况，以便把握经营绩效，并尽早采取防漏措施。
- 可以核实管理成效。

二维码技术可用于部队官兵的盘点管理，将标识官兵的姓名、年龄、性别、身高、体重、部队番号、血型、家庭地址、电话、照片等个人信息的二维码印在官兵的衣服、证件、标志牌上，即可对每个官兵进行管理。

用二维码营销技术进行盘点应用和物流管理，将大大减少数据录入工作以及庞大的数据库运作费用，还可以实时了解每一件商品的信息。

18.4.3 信息保密

二维码营销可以应用在商业情报、经济情报、政治情报、军事情报、私人情报等机密资料的加密及传递过程中。二维码信息容量大、信息密度高、编码能力强，可以对文字、照片、指纹、掌纹、声音、签名等信息进行编码，并且它容易印制，成本低廉，纠错能力强，译码可靠性高。

例如，二维码营销依靠其强大的保密性能，在火车票上充当了很重要的角色，为打击黄牛党、保证乘客购票安全提供了保障。

现在，有一些乘客担心火车票上的二维码会泄密个人信息，并传言只要下载一些二维码的解码软件到手机上，对准二维码，一分钟就能将乘客的个人隐私信息全部显示出来。对此铁路部门已经统一对车票二维码进行了加密，这种技术具有高防伪性。同时，笔者也就此问题进行了反复的实验，结果表明网站下载的解码软件不能破解。

二维码营销不但具有一维码的特性，还能加密数字信息编码，起到很好的防伪作用，这样便同时具备了物流和防伪的双重功效。由此二维码营销技术便开始在防伪、防窜货领域大放光彩，备受众多厂家关注。

18.4.4 证件调用

如今二维码营销的应用非常广泛，在护照、身份证、挂号证、驾照、会员证、识别证、连锁店会员证等证照的资料登记及自动输入过程中，可以做到立即读取的资讯管理效果。

例如，现在餐饮企业运用最多的二维码营销方式是"扫二维码变会员"，无需登记、签名等烦琐的过程，只要拿出手机扫一扫二维码，就能轻轻松松地成为会员，无门槛地享受会员服务，这无疑是给用户和企业提供了方便。

据悉，新版营业执照上附有二维码标签，并具有当地工商局特有的防伪标识，其防伪纹理随机生成，具有唯一性，无法仿制，与后台数据库图片一一对应。消费者通过智能手机扫描执照上的二维码标签，联网后即可进入工商分局防伪查询页面；也可以直接登录工商分局网站，输入防伪标识上的序列号，系统将显示防伪标识图片信息。消费者对比执照防伪标识图片信息与网上显示信息是否一致，进一步查询工商登记信息，再与执照登记信息比较，以此辨别执照真伪。

18.4.5 地图导航

如今，许多城市都推出了公交二维码查询系统。

在不少公交站牌上推出了二维码地图导航，游客凭借随处可见的二维码，一经扫描便可知道自己现在身处何方，附近有什么好吃好玩的，距下一个公交站还有多远等信息。如图18-20所示。

图18-20 公交二维码导航

18.4.6 报纸资讯

二维码是一种特殊的平面几何形体，代表不同的信息内容，通过光电扫描即可实现信息自动处理。目前，二维码营销已经成为报刊、网络、广电等媒体实现跨界互动的最佳方式。

如今，在报纸、杂志的文章旁，可以看到附带的二维码，用户只需用手机扫码软件扫描，即可获得与该文章相关的延伸资讯。如图18-21所示。

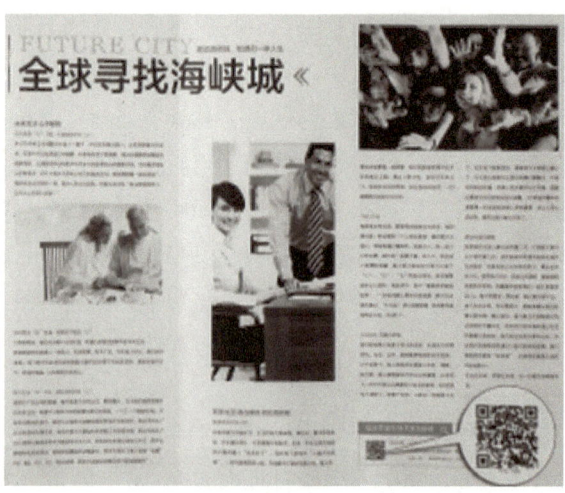

图18-21 报纸上的二维码

报纸二维码的优势在于，一是弥补报纸内容的生动和现场感的不足，加入视频、声音等元素；二是可以丰富报纸的内容，很多报纸上不能展现的内容都可通过二维码获得。

> **专家提醒**
>
> 二维码在公文表单、商业表单、发货单据、舱单等资料之间的传送交换应用过程中，不但可以避免人为错误，还可以降低企业的人力成本。
>
> 其中发货单据含有大量的信息（发货人信息、收货人信息、运输方式等）。如果企业采用人工键盘录入的方式录入发货单据，就会存在效率低、差错率高等问题，已经不能适应现代经济的发展了。如果将二维码应用在发货单据上，则是一个很好的解决方案。企业可以将单据的内容编成二维码，打印在发货单据上，在运输业务的各个环节使用二维码阅读器扫描条码，信息便录入计算机管理系统中，这样做既快速又准确。

第 19 章 其他营销方式

学前提示

随着网络营销的不断发展,相继出现了不同种类的营销方式,让受众防不胜防,企业也大动脑筋想出各种奇招,为自己创造效益。

要点展示

- 口碑营销
- 病毒营销
- 饥饿营销
- SEM营销
- SEO营销
- 电子邮件营销
- 微视频营销

19.1 口碑营销

在网络营销中，口碑营销就是网民们口口相传，主动提高企业传播效率，为企业提高美誉度、品牌知名度和产品销量。

19.1.1 什么是口碑营销

口碑营销是指企业在网络营销的过程中，通过网民的相互交流，将企业的产品信息或者品牌传播开来。

在网络营销中，口碑话题威力的强弱，直接影响口碑营销传播的效果。在这个信息爆炸的时代里，网民对广告具有极强的免疫能力，只有创造新颖的口碑传播内容，才能吸引大众的关注与讨论。如图19-1所示。

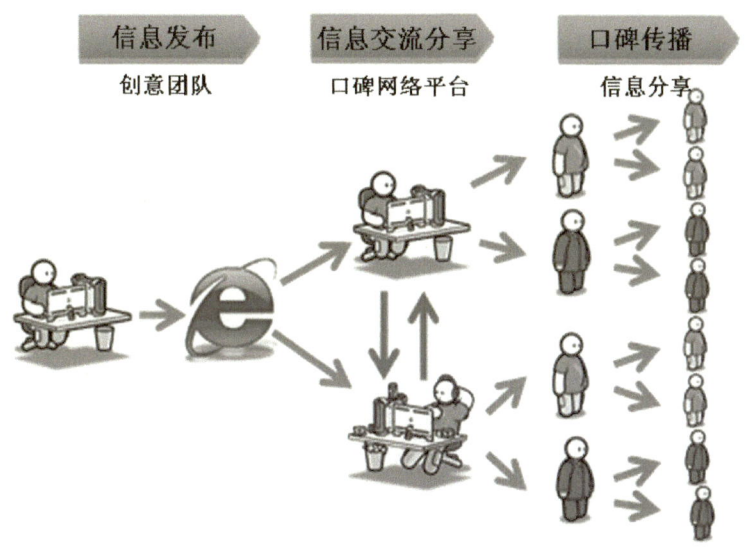

图19-1 口碑营销

由图19-1可见，在网络营销中，口碑营销的核心在于"网民"。企业只要吸引住了网民的眼球，慢慢就能形成一个巨大的讨论区域，随时随地聚集各地的网民参与话题讨论，从而把企业品牌或产品变成茶余饭后不可缺少的话题。

网络营销中的口碑营销，既传播了企业的相关信息，打造网络好口碑，又提升了企业的形象，增加网络的曝光量，吸引用户关注企业的产品和服务。

19.1.2 口碑营销四大原则

美国作家安迪·塞诺威兹的《做口碑》一书中，提到了口碑营销的四大原则（四T原则），即谈论者（talkers）、话题（topics）、工具（tools）和参与（taking part）。

1. 谈论者

谈论者对于企业来说是运行口碑营销的起点。企业首先需要考虑谁会主动谈论自己的产品，是产品的粉丝、用户、媒体、供应商、员工或是经销商？

目前的口碑营销往往都是以产品使用者的角色来发起，以产品试用为代表。其实，如果将产品放在一个稍微宏观的营销环境中，还有很多角色成为口碑营销的起点，只要很好地满足这些角色的要求，他们就会为企业开启口碑营销。

2. 话题

人们谈论的理由一般是产品、价格、活动、代言人等。其实口碑营销就是一个炒作和寻找话题引起网民热烈讨论分享的过程，总要发现一点合乎情理又出人意料的噱头让网民们说三道四。

3. 工具

微博、微信朋友圈、QQ个性签名、论坛、贴吧、病毒邮件、网络广告等工具可以帮助信息更快地传播。是否运用好这些工具，是网络营销最具技术含量的一个环节，不仅需要全面把握不同渠道的传播特点，而且广告投放的经验对工具的选择和效果的评估起到很大的影响。

4. 参与

企业在运行口碑营销的过程中，要积极主动参与到热点话题的讨论中，只有与网民良好互动，才能实现品牌或产品口碑传播的目的。其实网络中从来不缺话题，关键在于如何寻找到与产品价值和企业理念相契合的接触点。

19.1.3 口碑营销步骤

口碑营销不管是在线上还是线下，都是企业做营销活动的好帮手。不过很多企业在运行口碑营销时，都会遇到各种各样的难题，甚至出现无从下手的情况，于是有很多企业就打了退堂鼓或是不再重视口碑营销。

这是不对的。一种营销方式的盛行，必然有它自身的优点，企业既然选择了一种网络营销方式进行营销活动，就要坚持到底并做到最好。下面介绍网络口碑营销的步骤，大家可以用来借鉴、拓宽自己的方式方法。

1. 制造一个好的引爆点

企业想要做好网络口碑营销，首先要制造一个吸引眼球的引爆点，这样才能让更多的网民关注、讨论、评论。这个引爆点只有让网民感兴趣，并自愿把这个事情告诉身边的朋友，分享到IM工具上，才有可能引发口碑传播，为企业免费宣传，甚至达到营销的最终目的。

这个引爆点往往都是从网民的需求策划的。企业要以网民关注的事、网民的心理、最想看什么、最想了解什么……总之就是以网民内心的渴望来制造一个引爆点，吸引他们的注意力。如海底捞，相信大家都不会很陌生。在海底捞吃过饭的人，应该都享受过打包就送个西瓜的服务。从这点可以发现，海底捞的核心就是口碑。它的服务非常贴合人群的心理，在外吃剩下的东西，不打包觉得浪费，可是有时候打包又觉得麻烦或者不好意思。然而海底捞用送西瓜鼓励消费者打包的行为，可以让他们解开心中的纠结，从而在网络上为海底捞宣传、传播其服务的贴心和到位。

海底捞的这一举措，使得他们自己和其他企业商家都意识到了口碑传播的强大，从而不管在线上还是线下都会开展口碑营销活动，学会制造一个好的引爆点，吸引网友们的热议和传播。

2. 利用爆点制造话题

在网络口碑营销中只有爆点是不够的，口碑营销最核心的是用户之间相互交流中的传播。所以还要有足够的可谈性话题，才能通过网民把企业传播出去。如今最好放话题的地方就是微博的"热门话题"了，企业可以利用"#热门话题#"来发布话题，只要话题新颖并与时代接轨，就能很容易地引起网民的热议。例如，最近曝光了魏晨的女友，相继就有人在微博上开设"#魏晨女友曝光#""魏晨我们挺你"等相关话题，引起无数网民热议，赚足了网友的眼球和目光，随即微博粉丝也有明显的增多趋势，喜欢他的更喜欢了，之前不喜欢的也跟着喜欢了。

再如海尔员工砸冰箱的举动，让网民热议，对于2011年来说，这是一件不可思议的事情，所以网民们忍不住讨论一番。

3. 选择合适的传播渠道

企业在做网络口碑营销的时候，应该根据自身产品、目标对象和话题选择合适的传播渠道，网络传播具有主动性，采用得当其效果是非常惊人的。同样是以一个事件为传播内容，在受众对象常出现的论坛、BBS、博客中发布信息，然后再通过意见领袖来引导传播，这些意见领袖就是可以影响传播对象的公众人物或专家。例如，传播对象是追求时尚的少女，那么一些偶像明星的言论对他们的影响就是非常大的。

4. 口碑营销监控

企业在运行网络口碑营销的过程中，要利用监控，来衡量口碑营销的效果，而监控的重点就是数据，因为数据是最能反映口碑效果的。不同的传播渠道，有不同的监控数据。例如，通过微博操作，监控的数据主要就是转发量、评论次数、点赞次数等。

除了监控数据之外，还要预防产生负面的口碑效应。每个人的看法和意见是不同的，如果发生了负面的苗头，企业就要及时想办法，尽量不让负面口碑扩大化。

19.2 病毒营销

在网络营销中的病毒营销，就是网民们将企业的热点像病毒一样不断地复制给其他网民，传播效果非常显著。这是企业常用的网络营销手段，是企业乐此不疲使用的营销好帮手。

19.2.1 什么是病毒营销

病毒营销又称病毒式营销、病毒性营销、基因营销或核爆式营销。它是指通过用户的社会人际网络，使信息像病毒一样传播和扩散，利用快速复制的方式传向无数受众。如图19-2所示。

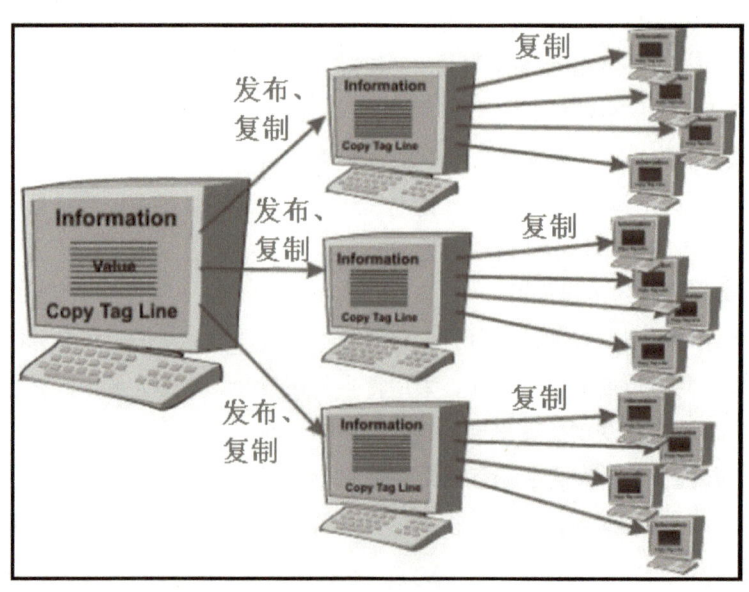

图19-2 病毒营销

简单来说，病毒营销就是通过在网络上提供有价值的产品或服务，"让大家互相告知大家"，通过网民为企业宣传，实现营销目的。病毒式营销已经成为网络营销中最为常见的手段，被越来越多的企业和网站成功利用。

19.2.2 病毒营销的特点

病毒营销具有一些区别于其他网络营销方式的特点。

1. 庞大的传播速度

病毒营销是扩张性的信息推广，它是通过类似于人际传播和群体传播的渠道，将产品和品牌信息由网民递给那些与他们有着某种联系的个体。例如，一个网民在微博上看到了一条有趣的微博，他的第一反应或许就是转发这条微博并@好友或私信好友，无数个参与的"转发军团"就构成了庞大的传播主力军。

2. 轰炸式接收

病毒营销主要就是提高企业的知名度。起初有很多企业不顾网民的感受，轰炸式地发给网民观看，很容易让网民反感。随着网络营销的快速发展，企业也注意到了这一问题，现在几乎没有企业不考虑网民的感受轰炸式地逼着他们违愿接收。

病毒营销的"病毒"很多都是受众从熟悉的人那里获得或是主动搜索而来的，在接收过程中自然会有积极的心态；接收渠道也比较私人化，如手机短信、电子邮件、封闭论坛等，存在几个人同时阅读的情况，这样就扩大了传播效果。

3. 利用热情的病源体

病毒营销是利用目标受众参与的热情而发展壮大的，几乎不需要成本。当然渠道使用的推广成本还是需要的，只不过网民受企业的信息刺激自愿参与到后续的传播过程中，企业推广成本相对其他营销手段要少一些。

网民们为什么会傻傻地帮企业打广告呢？原因是第一传播者传递给网民群的信息是经过加工的、具有很大吸引力的产品和品牌信息，而不是赤裸裸的广告信息。正是在广告信息外面的漂亮外衣，突破了消费者的心理防备，从而实现了"病毒"的肆虐。最重要的是，网民可以将这些有趣的广告复制分享到网络平台上，增加自己的人气和粉丝。

网络上盛行的"暴走漫画表情"证明了"信息伪装"在病毒式营销中的重要性。暴走漫画画面饱满，形象简单，故事凝练，表情夸张、粗糙却通俗易懂，首幅图色彩鲜明，有强烈的视觉冲击感，令人印象深刻，强烈的对比让简短的故事跌宕起伏，充满故事性。人物的话用特写镜头，将最能表现其特色或者气场的部分画下来。题材往往是贴近生活的糗事，也有少量讽刺性和严肃的反思题材。这些大受网民的喜爱，网民纷纷传播。随后暴走漫画表情相继出现在了各大网络社交工具中，如QQ、微信、论坛等，成为成功的病毒营销案例。如图19-3所示。

图19-3 暴走漫画

4．更新速度快

网络产品有自己独特的生命周期，一般都是来得快去得也快。病毒式营销的传播过程通常呈S形曲线，即在开始时很慢，当其扩大至受众的一半时速度加快，而接近最大饱和点时又慢下来。针对病毒式营销传播力的衰减，只有在受众对信息产生免疫力之前，将传播力转化为购买力，方可达到最佳的销售效果。

19.2.3 病毒营销与口碑营销

很多人都会把病毒营销和口碑营销混淆在一起，其实它们还是有一些区别的，不要看它们都是利用网民互相传播就混为一谈。

病毒营销能提高企业知名度，通过高爆光率达成广泛认知，不代表达到人们心中的信任；而口碑营销能提高企业美誉度，通过推荐现身说法达到信任认可。

口碑主要解决企业美誉度问题。例如，之前盛传肯德基的变种鸡有6只翅膀，或者日本车省油、美国车耐撞，都是美誉度问题。韩国三星公司就利用了病毒营销，做出了一个创意的视频：他们找了几位使用三星Galaxy A的年轻用户，一个个地询问他们想去哪里旅游，并且提出只要他们允许将手机给其他人浏览10分钟，就有可能实现旅游的愿望。年轻人都犹豫不决，不过最后还是答应了。可是让他们没有想到的是，所谓的其他人，就是他们自己的父母，当父母看到他们手机里的小秘密时，他们都不自觉地害羞起来。视频最后以Gakaxy X的广告语"The way you are"（这就是你，做真实的自己）结束。如图19-4所示。

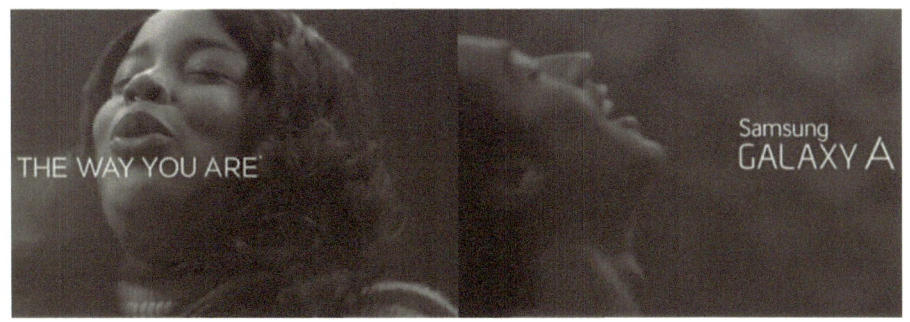

图19-4　三星Galaxy A病毒营销

这个视频广告一经发布，就备受网友的喜爱，只是用创意视频的方式，就引起网友的注意，并复制分享给其他网友知晓，像病毒一样传播到每个网民的面前，从而实现了病毒营销的效果。

19.3　饥饿营销

饥饿营销在网络营销里是一把双刃剑。如果企业将饥饿营销的技巧运用得当，则会名声大振，获得意想不到的收获；如果企业滥用饥饿营销，一旦被网友发觉，就会身败名裂，只会受到网民的唾弃与不屑。

19.3.1　什么是饥饿营销

饥饿营销是很多企业惯用的营销手段，它是指商品提供者有意调低产量，以期达到调控供求关系，制造供不应求"假象"，推出抢购，以维护产品形象并维持商品较高售价和利润率的营销策略。国内很多企业喜欢做"抢购""限制"等营销活动来吸引网民的关注，吊足他们的胃口。如图19-5所示。

图19-5　饥饿营销

国内的一加手机也把饥饿营销玩转到了国外，一加在饥饿营销里的突出特点是只限邀请购买。最初，一加公司只面向参加比赛或者促销活动的消费者提供购买手机的邀请码。不过从2015年2月开始，每周定期在网上零售。

这种只限邀请购买的机制可以渐进式地满足用户需求，同时消费者总是处于一种期待当中。从数据上来看，一加手机三分之二销量来自海外，其中包括美国、英国和印度。由此可见，饥饿营销是不分国界的，只要运用得当，不管是哪里的网民，都会被吸引住。

在众多奢侈品中，Hermes是把"饥饿营销"理念做到极致的品牌。Hermes一直声称受制于生产能力，定价几万到几十万的经典款式Birkin和Kelly长年都处于缺货状态，长长的等候名单更加刺激人们对它的渴望，且一般订购这两款包包要排队等上三五年都是家常便饭。

19.3.2 饥饿营销的步骤与技巧

饥饿营销的步骤如下。

1. 引起关注

企业想要实施饥饿营销，首先要加大网民对产品的关注，通常"免费"和"赠送"是最能吸引用户的手段。例如，小米手机一直都拿供货紧张来作为饥饿营销的方式。小米手机上市之初，按照公司之前发出的公告，首批成功预定小米手机的用户将根据排位顺序支付。

小米手机的定价一般都比其他国产手机低一些，这些个定价也只是为了吸引别人关注。等网民都关注小米手机的时候，宣布供货不足，这在小米论坛上炸开了锅，很多网友在发求预定号的相关帖子。

由此可见，小米手机饥饿营销的目的达到了。它前期在网络上大肆宣传手机的好处，等到网民有兴趣想购买时，再宣布供货不足，引起那些想买小米手机的"米粉"出现恐慌，从而想尽一切办法购买。

2. 建立需求

企业在做网络饥饿营销的时候，只引起网民的关注是不够的，如果网民只关注而不购买，那么这个饥饿营销也没有什么意思。所以，企业在引起网民的关注铺垫下，还要建立起网友对产品的需求。

例如，企业要推出一款新产品，需要按实际情况来介绍产品，然后再推送有价值的礼物、代金券等，利用网民喜欢占便宜的心理，就能有效地调动他们的购买欲望。

3. 建立期望值

企业在成功引起用户的关注、建立需求后，还要加一把火，帮助用户建立一定的期望值，让用户对产品的兴趣和拥有欲越来越强烈。

有很多卖场主持人在成功给出第一份礼物之后，就会详细介绍公司的产品，这个过程可能会比较长，这一来可以筛选掉那些没有耐心和诚意的人，二来就是给大伙介绍公司的产品。当然这时的介绍需要主持人滔滔不绝和眉飞色舞的讲解，让大家感觉到现场的火爆气氛，再加上主持人极具煽动力的语言，很多消费者在瞬间失去了免疫力，想得到商品的欲望就会越来越强烈。

企业除了掌握饥饿营销的步骤，还要掌握其技巧，这样在运行饥饿营销的时候就比较轻松，效果也提高了很多倍。饥饿营销的技巧如下。

- 明确客户群体，研究潜在客户群体特征，了解客户想得到的内容，为创建内容提供方向。
- 针对用户群体的特点，创建高质量内容，能迅速满足用户需求。
- 文字、图片、视频、动画、漫画、游戏等都可以作为内容的载体，将创建的高质量内容主题分布在不同的载体，以便于大规模传播。
- 高质量内容，不愁没人观看。为了更好、更快地传播，可以在多个媒体源发布内容，吸引更多网站转载和更多的人点击。

19.4 SEM营销

在网络营销中，SEM营销不是一个个体结构，不了解它的人只会认为这是一种营销方法，了解它的人就会知道，它是一个整合型的营销利器。它可以把网络营销推广方式和营销方法整合在一起，以最少的利润，为企业谋取大的效益。

19.4.1 什么是SEM营销

SEM营销又可称为网络整合营销，它是一种全新的互联网资源整合营销模式。它整合了百度、搜搜、搜狗等几大常用搜索引擎营销，综合性大型B2B平台阿里巴巴、58同城、当当等多家知名网站，并以优化、视频、微博、论坛等网络营销推广手段来推广产品。

它能有效地解决企业开展难、成本高、推广平台单一等网络营销瓶颈。SEM营销能让企业利用新型的网络营销模式不断提升企业知名度和品牌美誉度，让企业用户走在网络营销的前沿。

19.4.2 SEM营销5大关键

企业想要做好SEM营销，就要注意以下5大关键点。

1. 细分用户

不管是线上还是线下，企业在做营销活动之前要了解客户、找到客户。在互联网时代中，网络用户定时迥异不同，存在差异。企业要想最大化地实现可持续发展和长期利润，就要在网络上只关注正确的用户群体。

虽然SEM营销相对于一些传统营销方式成本要小很多，不过企业在获取每一个网络用户之前，都要付出一点投入，而这种投入只有在企业赢得网络用户的忠诚后才能得到补偿。

因此，企业想要将SEM营销变成一种有价值的营销方式，就要对用户进行细分，找出哪些网络用户能为企业带来利润，并锁定那些高价值用户，这样企业才能有效地进行SEM营销，让企业的投入不白费，可以从中获得长期利润，培养网络用户的忠诚度。

2. 精准锁定

企业在做SEM营销的时候，一定要以网络用户为核心，精准锁定目标用户，只有跟着目标客户走，才能使营销活动变得有意义。

企业应该根据用户属性来选择推广手段进行组合。例如，卖化妆品，企业可以利用视频、微博、搜索引擎等组合开展营销活动。如果把化妆品放在58同城上做营销活动就不怎么合适了，毕竟58同城主要是招聘的；企业还可以根据用户行为制定投放平台、区域及时段三维度相结合的投放策略，实现主动搜索和品牌强化的双向营销，这样就算是一种保险的营销方式了。

3. 生动传播

企业可以利用SEM营销的整合性，制造网络营销活动，实现品牌的迅速传播。那么企业如何才能把SEM营销做出亮点呢？下面总结了5种方法。

- 利用不同的网络媒介传播一致的信息，互相配合，实现媒介整合。
- 利用网络文字、图片、视频、手机等多种广告形式，满足不同用户心理需要。
- 在不同的时间、不同的阶段，向网民传播协调一致的信息，实现时间的整合。
- 以企业用户搜索内容偏好度为基础的广告创意，促进企业品牌的迅速传播。
- 不同区域的品牌营销推广，传播统一的定位和形象，实现空间的整合。

4. 主动点击

企业在做SEM营销的时候，只有让网民主动点击、关注企业的营销活动，才算是一个稍微成功的网络营销。所以网民的主动点击率尤为重要。那么如何使网民主动点击呢？

- 通过多款免费在线沟通工具，诱发与消费者的双向沟通。
- 基于用户搜索行为习惯的URL布置，为企业带来更多点击量。
- 基于用户搜索内容的偏好，找准热门关键词，或者根据不同用户的口味来制定富有创意的营销活动。

5. **效果监测**

企业在网络营销里，最重要的就是效果监测。它能使企业了解网络营销活动的现状，根据现状修改网络营销策略，合理优化营销的模式，合理调整策略。企业可以使用各媒介自带的专业监测统计分析工具或者站长工具之类的工具来监测效果，这样效果就一目了然了。

19.5 SEO营销

对于网站的运行来说，SEO营销非常重要，利用SEO营销，企业能更全面地挖掘出网站的优缺点，增强网民的网站体验度，从而提高品牌利益。

19.5.1 什么是SEO营销

SEO（Search Engine Optimization）又称为搜索引擎优化，是企业利用搜索引擎的搜索规则来提高企业网站在有关搜索引擎排名的方式。SEO营销，为网站提供自我营销解决方案，让网站在行业内占据领先地位，从而获得品牌收益。它也是近年来较为流行的一种网络营销方式。

SEO的主要工作是通过了解各类搜索引擎如何抓取互联网页面、如何确定其对某一特定关键词的搜索结果排名等技术来对网页进行相关的优化，提高网页的搜索引擎排名、提高网站访问量和点击率，最终提升网站的销售量。

19.5.2 SEO营销的步骤

SEO营销的步骤如下。

1. **熟悉企业行业**

企业不管做哪种营销活动，首要任务都是熟悉企业网站的行业特征、竞争对手、针对人群、该人群的网络习惯等，这样才能有针对性地做出营销策略。

2. 分析关键词

分析关键词是企业进行SEO营销的重要环节，几乎所有的营销活动都是围绕关键词进行的，选择好的关键词能让企业网站获得更多、更好的流量。

要选择符合企业实际情况的关键词，不要一味跟风，如果哪些关键词搜索量最多就只选择那些关键词，效果不会太明显。

 专家提醒

关键词分析包括：关键词关注量分析、竞争对手分析、关键词与网站相关性分析、关键词布置、关键词排名预测。

3. 网站诊断

企业首先分析自己的网站结构是不是符合"蜘蛛"的爬行习惯（扁平结构与树形结构），尽量列出网站哪些方面需要优化，然后从页面布局、网站链接等方面进行优化，剔除阻碍SEO营销的问题。

4. 进行网站优化

企业根据之前的网站诊断报告，对网站进行修改、优化。总之，发现问题就要解决，千万不要觉得问题不是很明显，就把它忽略掉，那样SEO营销是不会成功的。企业要秉持不放过一点瑕疵、造就一个精美而又有内容的网站，才能引起网民的注意。

5. 网站提交

企业把网站做好了，就要把网站提交到搜索引擎上，使其收录，那样搜索引擎的"蜘蛛"才能更容易地抓取到企业的网站，才会有更多的机会出现在网民面前。以百度为例，介绍网站的提交。

（1）在百度上搜索"百度收录提交入口"并点击。如图19-6所示。

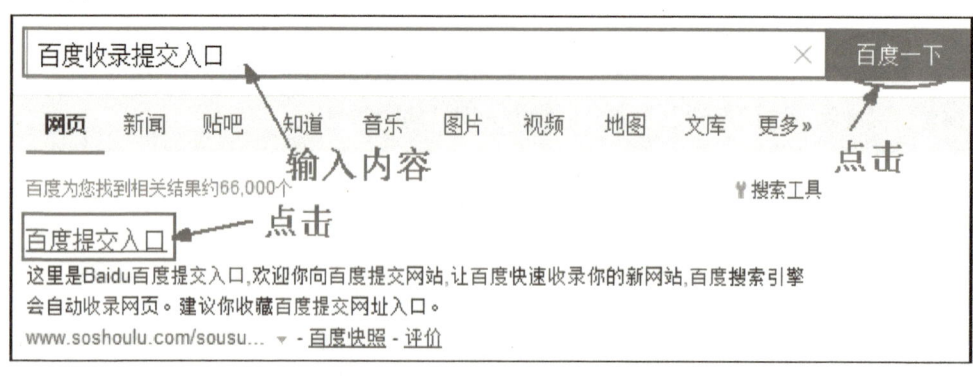

图19-6 点击"百度提交入口"

(2) 点击进去后填写自身网站的网址，如www.baidu.com，然后点击"提交"即可。如图19-7所示。

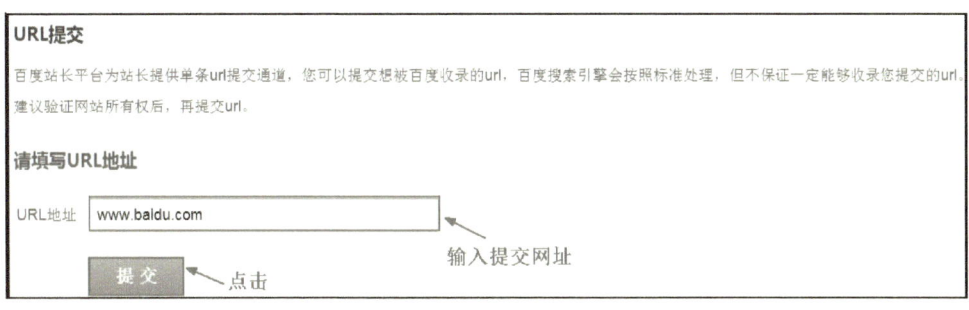

图19-7 提交网址

6. 反向链接和排名优化

企业网站最好勤做反向链接，这样可以为网站导入大量优质的外表链接，提高网站的访问量。还要制定有效的优化策略，来提高网站主要关键词以及相关关键词在搜索引擎上的排名。

7. 搜索引擎排名维护

SEO营销是一个持久的过程，必须长期坚持去做。搜索引擎是不断发展的，随时都有新算法注入，也就相应地会有算法更新，连带排名收录等都会改变。这时企业就要根据搜索排名算法的变化，作出相应调整，维护网站的排名。

19.6 电子邮件营销

电子邮件营销（email direct marketing，EDM）是通过电子邮件的方式向目标用户传递信息的一种网络营销手段。电子邮件营销是利用电子邮件与目标用户进行商业交流的一种直销方式，也广泛应用于网络营销领域。电子邮件营销有3个基本因素。

- 用户许可。
- 电子邮件传递信息。
- 信息对用户有价值。

这3个因素缺少一个，都不能称之为有效的电子邮件营销。

19.6.1 电子邮件营销的特点

电子邮件营销虽说是一种"古老"的营销方式，但地位却一直是不可动摇的。随着互联网的发展，形形色色的网络营销方法随之推出，那么电子邮件营销为什么能一直保持在企业心中的地位呢？下面介绍电子邮件营销的特点。

1. 营销范围广

现在几乎每个网民都会有2个以上的邮箱。由此可见，电子邮件用户群的巨大，电子邮件营销可以在很短的时间内向数以万计的目标用户发布营销信息，营销范围非常浩大，甚至可以覆盖全球。

2. 易操作

只要是稍微懂一点计算机知识的人都能操作电子邮件，不需要烦琐的制作及发送过程，其操作很简单，只需发送邮件即可，一天内就能发送很多封营销邮件给全国各地的用户。

3. 成本低

电子邮件营销是一种低成本的营销方式，成本比传统广告形式要低得多，企业无需在电子邮件营销上花费太多的时间来制定营销预算。

4. 针对性强

电子邮件营销具有针对性强的特点，可以向特定的人群发送特定的营销邮件。企业可以根据行业或地域等对用户进行分类，然后针对目标用户群发营销邮件，使宣传一步到位。

5. 精确度高

由于电子邮件营销的用户针对性很强，所以可以达到高精准传播。例如，企业可以针对具有某一特点的人群发送特定邮件，也可以根据需要按行业、地域等进行用户分类，利用群发的方式，向目标用户精确地推送营销内容。

6. 适合各行各业

电子邮件营销适合各行各业，营销内容不受限制，信息量大、保存期很长，具有长期的宣传效果。

19.6.2 电子邮件营销的技巧

电子邮件对于如今的人来说是一种很重要的交流工具，它便于接收信息、注册账号等。对于企业来说，也是便于接近目标用户的一种网络营销方式。大多数人每天都会查看他们的邮箱，但即使他们只是浏览一下标题，也有不少的企业在电子邮件营销中得到了不菲的好处。那么企业该怎样才能运作电子邮件营销呢？下面介绍电子邮件营销的技巧。

1. 吸引眼球的主题

如今人们只会关注自己感兴趣的东西，如果企业的电子邮件主题不能引起人们的兴趣，就只会换来关闭或者删除的结果。因此，邮件标题或者摘要，务必要一针见血地说明企业邮件对目标用户有什么好处，如一些折扣信息和推送目标用户所关注的其他信息，当然要确保邮件的主题与企业开展的营销活动相关。

2. 不要频繁发邮件

企业在运行电子邮件营销的过程中，不要过于频繁地发邮件给目标用户，不然很容易被用户当作垃圾邮件。最好是一周两次，这样既不会与用户沟通得太少，又不会让用户反感，便于增加二次购买率。

3. 设计简洁

企业在设计电子邮件营销的邮件结构的时候，不要过于放置色彩鲜艳的图片或颜色，那样会让用户关注点产生变化而忽略邮件的主题内容。正确的邮件设计应该是简洁的文字加以适当的图片。

4. 投其所好

在投放营销邮件之前，企业应该做一个用户兴趣调查问卷，来挖掘潜在用户的兴趣。注意，问卷的问题不要太多，否则用户是不可能有耐心完成的，最好是用户在企业网站注册后，过几天发送一个调查邮件，询问他们的职业和兴趣爱好。

企业的用户出现了不同的兴趣爱好后，企业应该将用户分组，有针对性地发送相关邮件信息。还可以根据用户在网站上的最近浏览或购买的物品，逐个进行针对性的网络营销。

5. 标题醒目

人们第一眼看的就是标题。如果没有醒目的标题，用户是不会打开邮件的。企业营销选择一个特定的、简洁的标题，突出最关键的邮件信息，如新春热购、全场5折。

6. 不要有太多的广告

为了避免企业发出去的邮件让用户当成骚扰信息，不要一次性把广告做得太足了。投放一些对用户有用的邮件信息。例如，企业是销售衣服的，可以提供一个季节性的潮流风格搭配指南。

7. 放置"是否订阅"

企业在做电子邮件营销的过程中，应该在邮件主题的最后放置"是否订阅"的按钮，供用户选择，如果用户点击了"否"，企业就没有必要再向这位用户投放信息了。企业如果执意投放，那么会降低企业在用户心目中的形象，甚至流失用户。

8. 收件人只有一个

企业要保证收件人一栏的名字只有目标用户的名称，要做到唯一，不能出现很多的抄送地址，否则就很明显地告诉收件人邮件是群发的，显得特别不真诚。

也许以上的电子邮件营销技巧不是完整的，不过对于企业运行电子邮件营销还是有很大启发的。现在的互联网不断发展，而网络营销也会随之变化，甚至会出现更多新颖的营销方式和推广手段，这些都是需要企业在运行网络营销的过程中自我挖掘和创造的。

总之，企业在网络营销中遇到困难不要气馁，应该勇往直前、坚持不懈地走下去，这才能在网络营销里取得意想不到的利益！

19.7 微视频营销

笔者已经不记得微视频营销是什么时候出现的，只知道微视频营销就这么悄然来袭，以草根崛起的方式，使网络营销重新洗牌。

19.7.1 什么是微视频营销

微视频营销是指个体通过手机、摄像头、MP4等多种视频终端上传到互联网上、达到一定宣传目的营销手段。其中微视营销时间有限制，短则30秒，长则20分钟，其内容广泛，形态各异，涵盖小电影、纪录短片、广告片段、视频剪辑等。

微视频营销实现了营销信息从个人计算机向多元化的移动终端的转换，而且随着网络成为很多人生活中不可或缺的一部分，各种手段层出不穷。4种最受企业看重的微视频营销方式如图19-8所示。

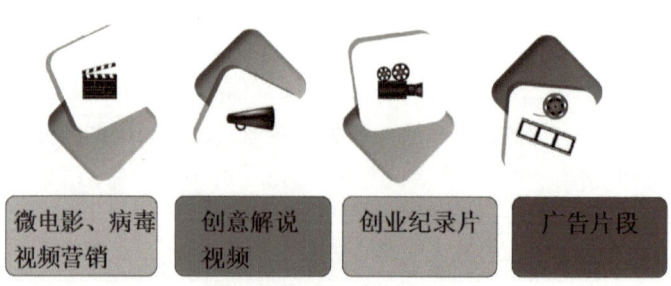

图19-8 微视频营销方式

- 微电影、病毒视频是如今各大网络视频平台喜爱的一种微视频营销方式。它们运行利用浓缩的电影叙述将新时代人们的感情诉求和营销完美结合，扩大了企业品牌宣传效果。
- 创意解说视频是众多企业青睐的营销形式，它以轻松并富有说服力的气氛受到广大网民们的喜爱。这些创意解说视频一般都会把产品融合到视频里，甚至直接拿产品作为视频解说主题。
- 创业纪录片是将一些成功人士的创业历程做成纪录片的方式，提高企业知名度，使网络观众从视频中就能读懂一个人、一个企业的内涵和魅力。
- 广告片段与电视广告的形式相同，只是改变了其投放的地点。

19.7.2 微视频营销的技巧

微视频营销的兴起，给网络营销带来了不少的冲击，企业相继运用微视频营销，希望从中得到一定的收获。但是经常观看视频的人都会发现，视频的点击量有多有少，如何才能获得高的点击量呢？下面介绍微视频营销的六大技巧，供企业参考。如图19-9所示。

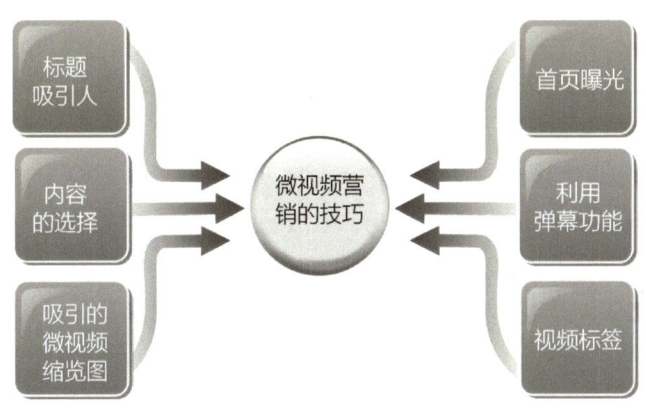

图19-9 视频营销的六大技巧

1. 标题吸引人

标题在很多网络营销方式中占据了重要的位置，在微视频营销中也是不可缺少的。一个具有吸引力的标题，能为微视频营销带来不少的网络用户关注度。企业在设置微视频标题的时候需要注意以下事项。

- 标题要与内容相符，不要做标题党。

- 标题要像关键词一样，点明视频的主要内容，具有代表性。
- 标题最好不要超过17个字符。
- 如果标题能用轻松搞笑的形式出现，就能轻而易举地引起网民的注意。

2. 内容的选择

微视频营销的关键还是在于视频内容的本身，它的内容可以决定营销传播的广度。而具有吸引力的内容通常是有趣、搞笑、经典、惊奇的视频，这些视频会让用户不由自主地转发、评论，使得微视频带着企业的信息在互联网上以病毒扩散的方式蔓延。

3. 吸引的微视频缩览图

要想要在移动互联网视频平台上的多个视频中脱颖而出，就要设置一个吸引人的微视频缩览图。企业必须在上传视频的时候，要确保视频缩览图生动有趣、具有真实性。如果企业为了吸引眼球而放置不真实的缩览图，会引起用户反感，影响营销效果。

4. 首页曝光

企业的微视频在各大移动互联网视频平台首页的曝光率是非常高的。将微视频放置到平台首页有以下两种方法。

- 通过付广告费的方式，把企业微视频放置在首页或热门推荐频道中。
- 当然如果企业的微视频是比较有趣、搞笑、点击率高的，那么视频网站会自动将视频放于首页。

5. 利用弹幕功能

如今视频弹幕功能运用非常广泛，是网民之间互动的好工具。企业与其等待网民被动接收视频信息，不如让网民主动参与到传播的过程中，这样更有利于提高微视频营销的传播效率以及更进一步达到营销目的。如图19-10所示。

图19-10 视频弹幕

专家提醒

网民在观看视频的过程中，利用弹幕功能发表自己的看法，正在观看视频的其他人可以同步看到。视频发布者想要达到一定的营销效果，可以充分利用这一功能，与线上的用户形成互动。

6. 视频标签

很多视频网站都允许以关键词作为视频的标签，以提高搜索排名，让视频出现在相关的搜索中。初期的时候，可以选择三到四个具有独特个性的标签，视频上传一段时间后，再添加一些更普通的关键词标签。如图19-11所示。

图19-11 设置优酷视频搜索标签

实战篇

第20章

实战案例——《APP营销实战》图书的推广与营销

学前提示

前面章节介绍了很多网络营销方式,本章以案例实战的方式,整合前面的推广和营销方法,读者学后,可以融会贯通,举一反三,这样推广其他的产品或公司就得心应手了。

要点展示

- 百度推广
- 问答推广
- 论坛推广
- IM推广
- 软文推广和营销
- O2O营销
- 微信营销
- APP营销
- 微博营销
- 二维码营销
- 大数据营销

【案例介绍】

在前面的章节中介绍了很多种推广方式和营销方法，但在选择网络营销推广方式和营销方法的时候，却不知如何选择。不能运用单一的推广方式和营销方法，应该综合运用适合自己的方法，那样才保险，效果才强大。

下面以推广图书《APP营销实战：抢占移动互联网第一入口》为案例，带领读者实际操作，整合各种推广和营销方式，玩转网络营销。

在做营销推广之前，首先要了解产品的内容，如果连推广者都不了解内容，那又如何说服别人购买产品呢？下面是该图书的主要内容。

《APP营销实战：抢占移动互联网第一入口》紧扣"实战"，通过APP营销比较成功的20多个行业、70多家企业的100多个实战案例，向大家介绍APP营销方法；深入剖析APP营销的优势亮点、营销模式、设计技巧、创意路径、微信/O2O/二维码的互动营销等，帮助读者彻底认识和玩转APP营销。

《APP营销实战：抢占移动互联网第一入口》共分为9章，具体章节内容包括：APP为什么火爆，如何营销APP，如何设计APP，如何找准APP客户，如何进行APP推广，APP的营销创意，微信的营销实战，O2O、大数据助力APP营销，APP行业实战案例。

《APP营销实战：抢占移动互联网第一入口》同时还适合营销专业的初学者或具有一定传统营销经验的人员用以提升自己的营销能力。

接下来，最重要的便是根据产品选择适合的推广和营销方式。切记，不论推销的是产品、公司，还是其他，推广营销的对象是固定的，而营销方式是灵活的，前面的推广和营销方式尤如十八般兵器，最后要根据产品对象的特点来选择最适合的兵器，这样才能克敌制胜，所向披靡。

针对图书的特点，笔者选用的推广和营销方式为：百度推广、问答推广、论坛推广、IM推广、软文推广和营销、O2O营销、微信营销、APP营销、微博营销、二维码营销、大数据营销。

20.1 百度推广

对于图书来说，百度百科是一个很适合做推广的地方，毕竟百度百科的东西有很多是具有权威性的，大家比较信赖。下面介绍具体的推广方法。

首先，进入百度百科官网，找到"注册"并点击，注册一个百度账号。有了账号之后，在百度搜索条中输入书名点击"进入词条"，然后点击"我来创建"，就可以创建一个词条了。如图20-1所示。

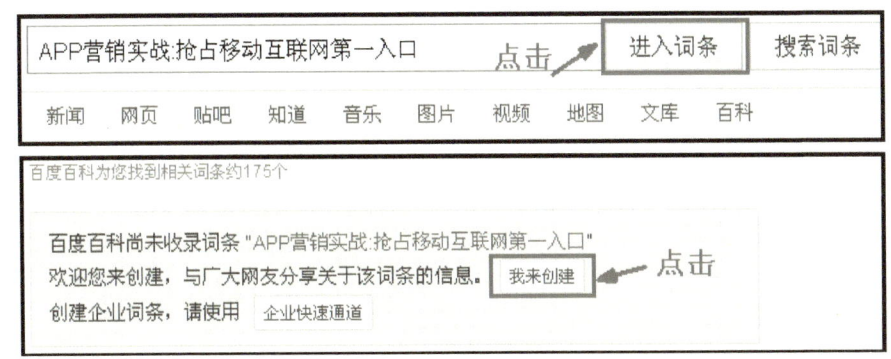

图20-1 搜索书名并创建词条

1. 撰写概述

选择一个"书"的模板，在上面编辑图书，然后开始撰写概述。概述一定要突出本书的特征，才能让读者有往下读的兴趣，如果有图最好加上图，图文并茂能让读者更直观的感受本书的魅力。输入本书的概述：

《APP营销实战：抢占移动互联网第一入口》紧扣"实战"，此书通过APP营销比较成功的20多个行业、70多家企业的100多个实战案例，向大家展示APP营销方法；深入剖析APP的优势亮点、营销模式、设计技巧、创意路径、微信/O2O/二维码的互动营销等，帮助读者彻底认识和玩转APP营销。

然后上传一张书的封面。如图20-2所示。

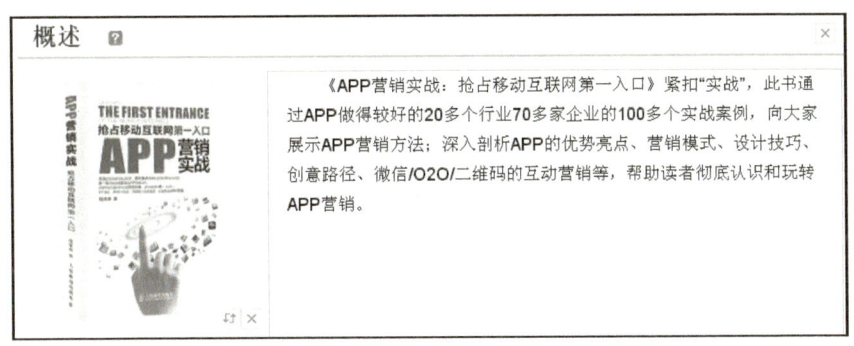

图20-2 撰写书本概述

2. 填写基本信息栏

在填写基本信息栏的时候，一定要抓住人们关注的重点，而图书，一般读者都关注书名、作者、页数、定价、字数、出版时间、出版社、开本、IBSN等信息。在百度百科的基本形象栏填写这些信息，注意越详细越好，这样读者能一目了然。如图20-3所示。

基本信息栏			
作品名称	APP营销实战：抢占移动互联网第一入口	页　数	246页
作　者	胡宝坤	字　数	312千字
出版社	人民邮电出版社	开　本	小16
出版时间	2015年1月1日	IBSN	9787115372765
定　价	49元	纸　张	胶版纸

图20-3 填写书本基本信息栏

3．填写内容

要抓住"编辑推荐""内容推荐""作者简介""目录"等模块来完善图书在百度百科中的内容。

（1）编辑"编辑推荐"。概括这本书的亮点或特色，让读者有看下去的欲望。这里输入"面对跨界浪潮，只有抢占移动端入口，用户在哪里，APP营销就在哪里。资深移动互联网培训讲师，国内首批苹果认证培训师倾力打造，第一部全面讲解移动APP营销力作"。如图20-4所示。

编辑推荐
面对跨界浪潮，只有抢占移动端入口，用户在哪里，APP营销就在哪里。资深移动互联网培训讲师，国内首批苹果认证培训师倾力打造，第一部全面讲解移动APP营销力作。

图20-4 填写"编辑推荐"

（2）编辑"内容推荐"。这里可以放置本书的内容提要，提取本书的精华内容。如图20-5所示。

内容推荐

在移动互联网时代，谁先占领用户的手机桌面，谁就是"明日霸主"。可以说，APP已成为移动互联网时代营销的第一入口。

《APP营销实战：抢占移动互联网第一入口》紧扣"实战"，从两条线专业、深层讲解APP营销，一条是横向案例线，通过APP做得较好的20多个行业70多家企业的100多个实战案例，向大家展示APP营销方法；一条是纵向经营线，深入剖析APP的优势亮点、营销模式、设计技巧、定位客户、品牌推广、创意路径、微信/O2O/二维码的互动营销等，帮助读者彻底认识和玩转APP营销。

《APP营销实战：抢占移动互联网第一入口》共分为9章，具体章节内容包括：APP为什么火爆；如何营销APP；如何设计APP；如何找准APP客户；如何进行APP推广；APP的营销创意；微信的营销实战；O2O、大数据助力APP营销；APP行业实战案例。

各行各业需要通过APP进行营销的行业与公司，以及各个岗位专门从事宣传、营销、推广的APP人员都可以通过本书获得较为全面的关于APP营销方面的知识。《APP营销实战：抢占移动互联网第一入口》同时还适合营销专业的初学者或具有一定传统营销经验的人员用以提升自己的营销能力。

图20-5 填写"内容推荐"

（3）编辑"作者简介"。尽量凸显出作者的权威性，这样才能让读者有信服感，安心地觉得这本书的内容是真的针对APP营销，并且对读者有很好的启发。如图20-6所示。

作者简介

胡保坤，资深移动互联网培训讲师，国内首批苹果认证培训讲师。毕业于浙江大学CAD&CG国家重点实验室，主要从事移动互联网方面的应用研究，包括手机拍照识别和手机APP应用研发，参与了数十款APP的研发和运营。现在杭州师范大学苹果实验室从事苹果APP的教研工作。

主要荣誉

2012年，中国地理信息协会"最佳车联网应用"单项奖；

2011年，浙江大学国家大学科技园"创新创业之星"；

2011年，赛伯乐创业大赛二等奖；

2010年，中国科技创业大赛三等奖；

2010年，美国高通"Qprize"无线应用大赛中国8强。

图20-6 填写"作者简介"

（4）将本书的所有章节放置到"目录"上，让读者对本书的大概内容一目了然。在文中选择几个关键词加入内部链接，这样就有可能使用户在其他有这些关键词的词条中点击内部链接到创造的词条中，加大了推广范围。需要注意的是，在百度百科创建词条后，需要加入"参考文献"以证明此书的权威性和真实性，如果没有加入"参考文献"，就不能通过审核。

完成以上步骤并通过审核后，就可以在百度百科上找到自己的词条，后期不需要花费很多的时间来维护，甚至可以不用打理它。

总的来说，百度百科推广是持久性的，审核通过后，只要内容完整，就无需再打理，是一种很省时间并且不需要花费太多精力的一种推广方式。

20.2 问答推广

问答推广现在比较流行，最常见的就是有人遇到困难，就借用网络各种平台提问，希望有经验的人解答。对于企业来说，这应该是非常好的推广方式。

下面以"搜狗问问"为例，简要介绍如何进行问答推广。这里只介绍共性方法，具体操作步骤就不介绍了。

在做问答推广之前，先做好前期准备。第一，设置好问题："什么是APP营销""APP营销案例""谁能推荐几本学习APP营销的书籍"等。总之，问题的设置追随大众的搜索习惯即可；第二，多准备几个马甲，可以自己多注册几个或者向朋友借几个使用，马甲的级别越高越好；第三，多选择几个问答平台投放问题。这里选择搜狗问问来讲解。

（1）注册几个搜狗问问账号，然后在搜狗问问上提交问题，过两天后用不同的账号在另一台计算机上回答自己的问题，再过几天就将自己的答案设置为最佳答案。如图20-7所示。

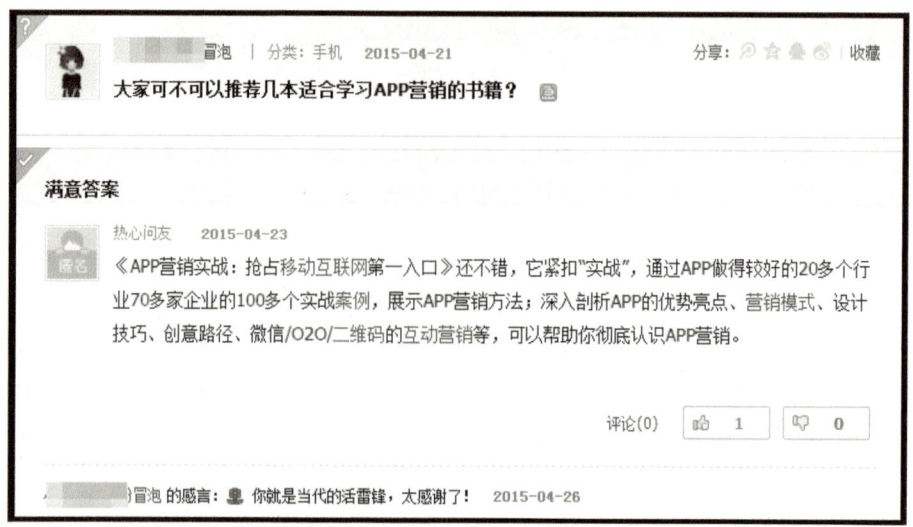

图20-7 搜狗问问问答推广

（2）用5个左右的固定搜狗问问账号，每个账号大概一个星期投放2~4个问题，然后用5个账号专门作为回答的账号。这些账号不只是回答自己的问题，还可以在搜狗问问的"艺术/人文"栏目上筛选出关于APP营销的问题来作为答案，提升自己账号的等级，还可以推广自己的图书。

20.3 论坛推广

论坛一直都是人气火爆的地方。下面以典型的论坛——"百度贴吧"为例，介绍论法推广方式。

（1）注册几个百度账号，然后在百度贴吧里寻找关于APP信息的贴吧，尽量选择人气比较高的贴吧。这里选择"APP吧"，因为吧内主题数和帖子数都非常高。

（2）进入"app吧"后，在页面的底端发帖子，设置标题为"【APP 帮助】你有什么想知道的APP案例都来问我"，设置内容为"只要你敢问，楼主就能回答，楼主历经千辛万苦，才把各大APP营销案例搜集到兜里，突然心情大好，全拿出来与大家分享！！！"然后加一张图片来丰富内容，设置完成后点击"发表"按钮即可。如图20-8所示。

图20-8 百度发帖过程

（3）发布后立即可以在"app吧"首页看到自己发布的帖子，接着可以开始自己暖帖子，用自己的小号开始回复。如图20-9所示。

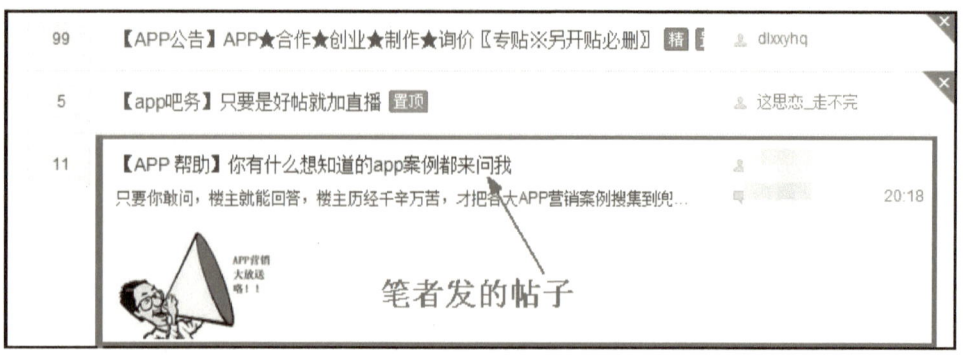

图20-9 百度发帖成功

注意，由于贴吧中的回复不好放置链接，有时候需要与其他会员私信，告诉他们一些APP书籍的购买地址，在回复的时候建议可提供他们一些可以学习APP的书籍和网站。

论坛推广最重要的一点，就是坚持不懈，因为起初是没有人会注意到帖子的，需要用自己其他账号回复自己的帖子，慢慢把帖子炒得看似很火爆，才会有网民来讨论和提问。

20.4 IM推广

QQ作为一种火爆的IM聊天工具，推广者一般都不会错过。下面简要介绍IM推广的方法。

（1）注册几个QQ号码，然后将其中一个QQ号码设置为推广的主号码，昵称改为"APP营销"，头像可以放置本人的头像，QQ签名设置为"提供专业的APP营销书籍，现热推《APP营销实战：抢占移动互联网第一入口》"。如图20-10所示。

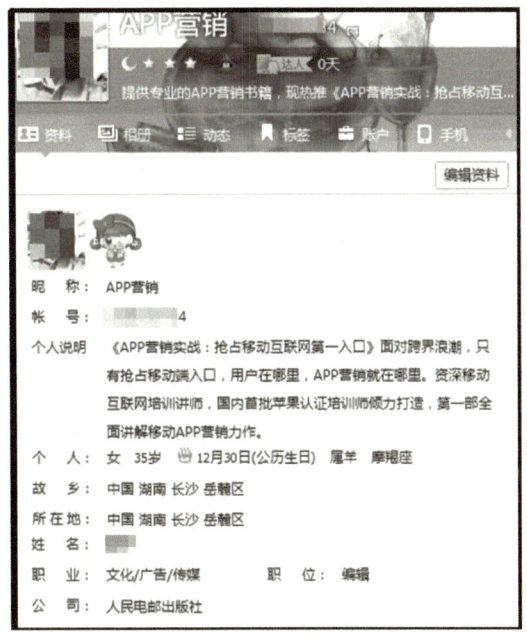

图20-10 设置QQ资料

（2）在QQ上寻找关于APP的QQ群并加入，在群里活跃气氛，与群内人员交流和讨论，与群内人员加好友，私下聊天建立感情。

在前不久，就有一位QQ好友主动询问笔者学习APP营销相关的问题，笔者在回答他的问题的过程中就掺杂了这本书的推广。如图20-11所示。

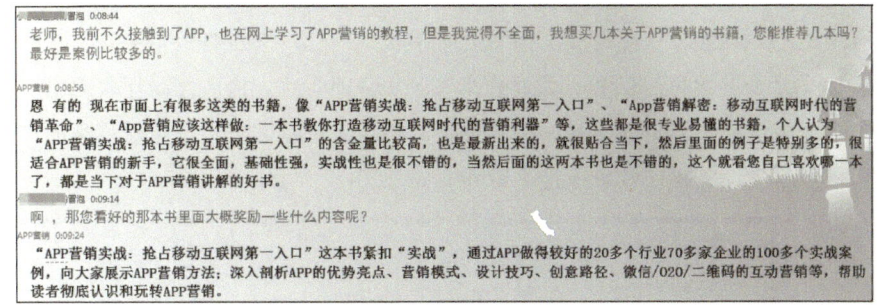

图20-11 QQ好友主动询问

在笔者的耐心解答下，这位QQ好友终于询问笔者购买书籍的链接，笔者就把当当网的链接发给他，最后他成功购买了这本书。

总之，只要耐心地回答QQ好友的问题，然后在回答问题的过程中，植入本书的推广，一般都能获得好的效果，从而达到推广目的。

还可以在QQ空间创建一个相册，并取一个适合的相册名称，如"今日推荐""对我来说最实用的书籍"等。在相册中放置图书的封面或者图书内页的图片。在QQ好友逛空间的时候，就可以看到这些信息，有的好友还会点击查看并评论，甚至还有好友询问书本的具体内容和购买地点等信息。

总的来说，QQ推广的核心在于与QQ好友耐心交流，只要有恒心，并拿出真诚的姿态面对QQ好友，就能很好地运行QQ推广。

20.5 软文推广和营销

大家都知道，在网络营销中离不开软文推广和营销。下面简要介绍软文推广和营销方法。

（1）在建立营销活动之前先写一篇好的软文，软文的形式根据推广产品选择。笔者基本用故事型的软文来推广这本书。

（2）软文的标题很重要，需要写出一个吸引人的标题。标题的字数最好控制在12～15个字符，如"我终于学到了APP！""APP营销其实一点都不难""APP是我人生的另一条捷径"等。

（3）内容最好煽情一点，如果能引起读者的共鸣，就离软文营销成功迈进了一大步。最好是以自身的经历说事，这样显得特别真实，自己也能更好地把握软文的走势，从而不会出现软文结构混乱的情况。

（4）选择网络平台投放，应该选择目标用户群比较多的网络平台栏目进行投放，那样才会有效果。例如，需要推广《APP营销实战：抢占移动互联网第一入口》这本书，就选择天涯论坛里的"关天茶舍"栏目进行软文推广，经过不断地在论坛中更新这类软文，其推广效果还是不错的。如图20-12所示。

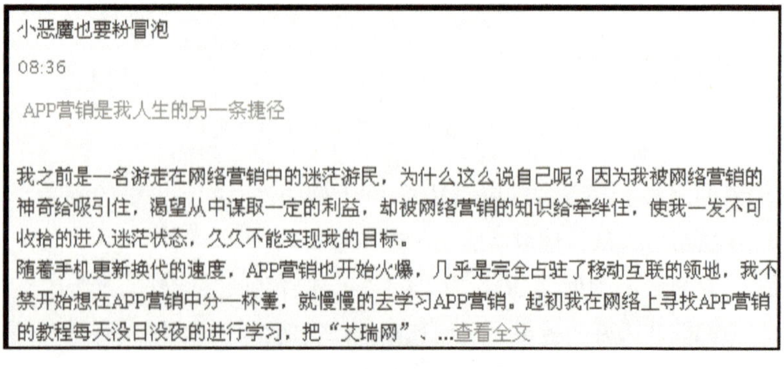

图20-12 在论坛投放软文

软文推广与营销主要有三点技巧：其一，软文吸引人；其二，投放找对"家"；其三，耐心成就大事业。只要掌握了这三点，就不怕软文推广与营销没有显著效果。

下面就是笔者在论坛上推广发布的一篇软文，仅供大家参考。

APP营销是我人生的另一条捷径

我之前是一名游走在网络营销中的迷茫游民，为什么这么说自己呢？因为我被网络营销的神奇给吸引住，渴望从中获得一定的利益，却被网络营销的知识给牵绊住，使我进入迷茫状态，久久不能实现我的目标。

随着手机更新换代的速度加快，APP营销也开始火爆起来，几乎完全占驻了移动互联网的领地。我不禁开始想在APP营销中分一杯羹，就慢慢地学习APP营销。起初我在网络上寻找APP营销的教程每天没日没夜地学习，把"艾瑞网""推一把""虎嗅网"等具有APP营销知识的网站都翻了个遍。经过几个月的学习之后，我开始自己策划APP营销的运行方案，整整策划了一个多月，才将自认为满意的方案拿给我的网络营销启蒙老师参谋。老师随意地翻了几页就指出我无数的不足，以"不成熟"来判我的"死刑"，最后还说我根本就没有弄清什么是APP营销。

这对于我来说无疑是晴天霹雳，感觉"都不会再爱了"。在那之后我真的是心灰意冷，于是开始怀疑自己的到底是不是做网络营销的料，开始迷茫、打退堂鼓。

直到有一天，老师拿着一本《APP营销实战：抢占移动互联网第一入口》的书，站到我面前跟我说："如果你能认真地把这本书看明白并且深深地印在脑海里，我就带着你做APP营销。"当时我觉得自己又看到了曙光，立马答应并废寝忘食地啃书。我以为这本中所说的跟我之前在网上学习的是一样的，可是令我惊讶的是，这本书真的是一本学习APP营销的"神器"，里面讲述了APP营销中的所有基础知识，比网络上的教程还要详细。它紧扣"实战"，通过APP做得较好的20多个行业、70多家企业的100多个实战案例来展示APP营销方法。我觉得非常实用，它深入剖析APP的优势亮点、营销模式、设计技巧、创意路径、微信/O2O/二维码的互动营销等，让我彻底认识了APP营销。

在深入学习这本书之后，我同样花费了一个多月的时间策划出了一个APP营销方案给老师参谋，结果老师大大夸奖了我，并且答应带着我做APP营销。从此，我不再迷茫，利用网络营销成就了一番大事业，也为家人造就了一个温馨的家庭。

如果说APP营销是我人生的另一条捷径，那么《APP营销实战：抢占移动互联网第一入口》这本书就是我的启蒙老师，而我的老师就是我人生中不可或缺的导师和战友。如今能有不为温饱而伤脑、不用为钱财而苦恼的生活，全靠APP营销为我开辟了一条人生中成就事业的捷径！

建议大概一个星期写4篇软文，不定期地在各大网络平台上推广，日积月累，就会有不错的营销效果。

20.6 O2O视频营销

O2O营销现在是全民皆知，但要落地到具体行动上，还是需要方法的。O2O营销的核心是线上与线下营销的互动。目前的图书一般在实体店，或当当、京东这类电商平台销售。如何在线上与线下互动，进行营销，笔者选择了以视频的方式在网上展示，以便线下的网民上网时能接触、阅读到，扩大这本书的知名度。简要操作方法如下所示。

（1）选择几个视频网站进行注册，然后用手机录制一段视频，视频的内容形式就像如今很火的"逻辑思维"网络节目一样。在视频中以讲故事的形式讲述《APP营销实战：抢占移动互联网第一入口》中最吸引人的内容，使网民有兴趣看下去。

（2）在视频的最后提到："大家如果想要更细致地了解书中的内容，那么可以去当当网查看《APP营销实战：抢占移动互联网第一入口》一书内容，深入了解APP营销，肯定会让大家受益匪浅的！"

（3）做好视频内容之后，可以选择优酷、爱奇艺等视频平台上发布。以优酷为例，首先注册一个优酷账号，然后把鼠标指针放在"上传"上，点击"上传视频"，再点击"上传视频"。如图20-13所示。

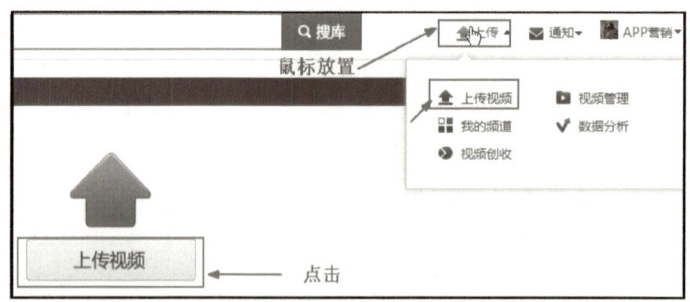

图20-13 点击优酷"上传视频"

（4）点击"上传视频"之后上传本地视频，然后设置视频标题为"揭秘APP营销实战"、简介为"这本书有两大优点,第一横向案例线,主要讲了20多个行业、70多个企业的100多个案例。第二是纵向经营线,讲了营销技巧、品牌推广以及二维码结合、互动营销等"。分类选择"其他",标签选择比较贴合书主题的标签"营销""实战""揭秘"等,设置好以上信息之后,点击"保存"。如图20-14所示。

图20-14 填写视频信息并点击"保存"

(5)点击"保存"之后,审核视频转码,转码审核通过以后,就可以在优酷视频平台上看到自己的视频了。如图20-15所示。

图20-15 视频上传成功

刚开始发布视频的时候,一般情况下很少有人观看,需要在各大交友工具上发布关于视频的信息,引导网民观看,久而久之,就会有感兴趣的网民去当当网查看与购买本书。

20.7 微信营销

随着微信的火爆热度,相继出现了各种微商,特别是美容行业,其商机特别显著。下面还是以《APP营销实战:抢占移动互联网第一入口》这本书为例,介绍如何进行微信营销。

(1)将之前的QQ好友、微博好友等一些对APP营销感兴趣的朋友都加进微信中。

(2)设置微信信息,昵称设置为"APP营销";头像放置了笔者自己的头像;地区设置为"湖南长沙";个性签名设置为"这里提供最适宜的APP营销书籍,欢迎大家购买,价格绝对是实惠的"。如图20-16所示。

图20-16 设置微信营销个人信息

1. 朋友圈的发布

设置完个人信息之后,就可以在朋友圈发布营销信息了。笔者一般以推荐的方式来展现给大家的,这样没有很重的营销意味,可以很好地与微信好友进行推广和交流。如图20-17所示。

图20-17 微信朋友圈营销

2. 漂流瓶的发布

建立每天扔5~10个漂流瓶，在漂流纸上用语音、文字的方式推广《APP营销实战：抢占移动互联网第一入口》，推广内容可以直白一些，没有软文那么多的要求。如图20-18所示。

图20-18 微信漂流瓶营销

3. 摇一摇的利用

建议每天都利用摇一摇来推广这本书，摇到的人可以通过个性签名，看到这本书的推广信息，也可以主动向摇到的用户打招呼并发送推广信息。虽然效果不是很好，但只要坚持，总会摇到一部分兴趣相投的好友。如图20-19所示。

341

图20-19 微信摇一摇营销

总的来说，微信营销对于广交好友来说非常有效，对于营销来说，就需要时间的积累才能达到显著的效果。大家要记住"只要有恒心，铁杵也能磨成针"！

20.8 APP营销

随着数字时代的发展，很多企业都开始把目光投放到手机APP软件上，有能力的甚至自己制作一个APP软件，如"KFC""杜蕾斯""星巴克"等企业都制作了手机APP软件，受到大众的喜爱。

这里利用APP进行两方面的推广，一方面把书本投放到已有的阅读APP上，另一方面自己制作一款免费的APP软件。

前者的具体操作为：选择要投放的阅读APP平台；联系其中的客服，与他们商量投放事宜；选择提供前30~50页免费观看；后面的用户可以采用在线支付1元钱看10页的方式进行营销等。后者的操作，就是制作一个免费的APP软件。

（1）在百度上搜索"在线制作APP软件"，找一个免费的制作链接。如图20-20所示。

图20-20 搜索"在线制作APP软件"并点击

（2）点击进去之后注册一个账号，账号注册完毕后点击"免费制作"，选择自由模式，并点击"立即制作"。如图20-21所示。

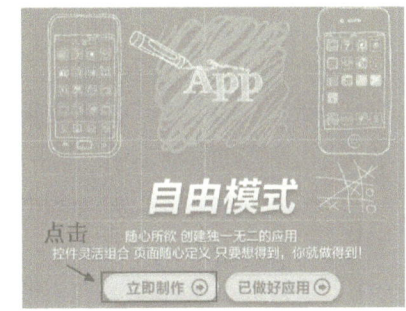

图20-21 点击"免费制作"和"立即制作"

（3）把之前想好的APP软件名字"APP营销阅读"填到"应用名称"处，然后上传之前做好的APP软件图标和启动页，上传完成后点击"保存&制作"。如图20-22所示。

图20-22 上传应用名称、图标、启动页并点击"保存&制作"

（4）开始建立APP软件中的页面，点击"新建页面"，填写页面的"页面名称"（APP营销）、"显示名称"（APP营销）、"选择分组"（默认组）、"设置密码"（无），设置完成之后点击"确定"。如图20-23所示。

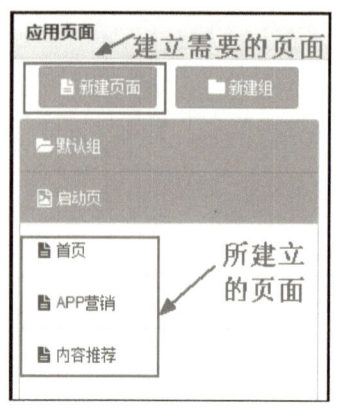
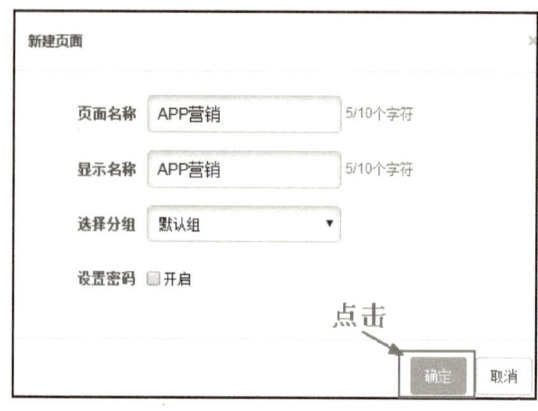

图20-23 新建页面

（5）新建页面之后开始编辑页面内容，选择合适的基础控件，这里选择"列表"控件，把它拖进模拟器中。如图20-24所示。

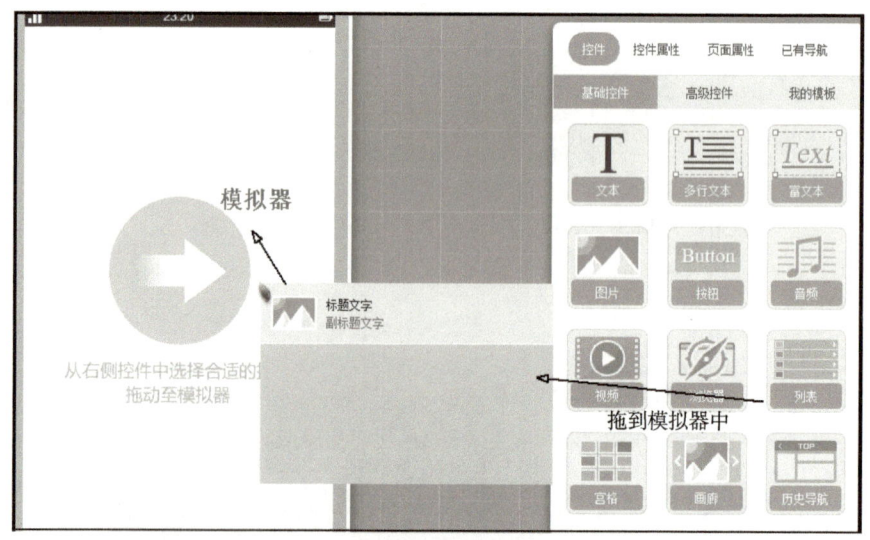

图20-24 选择基础控件并拖进模拟器中

（6）点击"页面属性"，添加背景图片，点击"添加图片"，选择一张适合的图片作为背景图片。如图20-25所示。

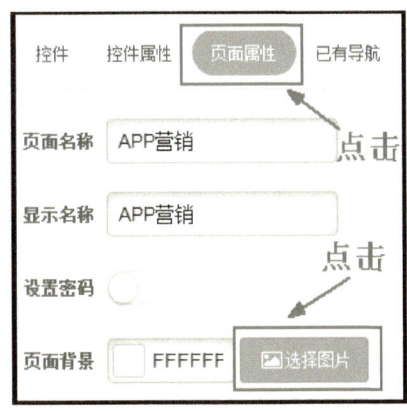 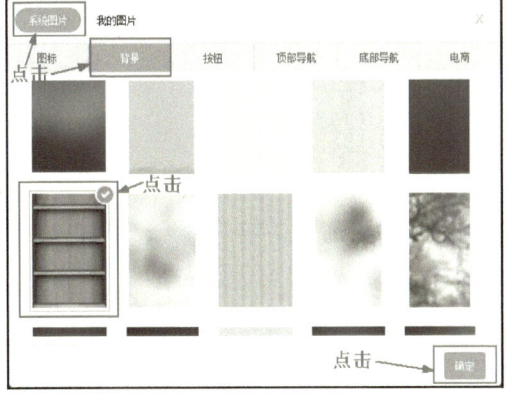

图20-25 添加背景图片

（7）添加背景图片以后，点击"控件属性"，再点击"控件样式"，把标题字号设为19号，字体颜色为白色；图片宽度为45、高度为44；背景、行背景、间隔背景颜色均设置为透明色；行高为45，间隔高为1。如图20-26所示。

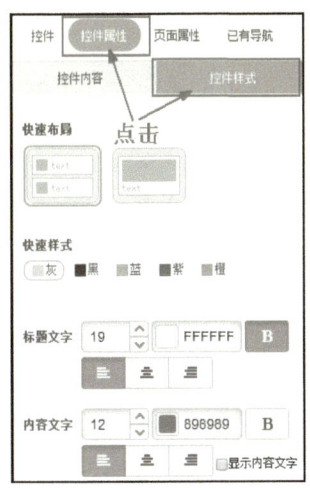 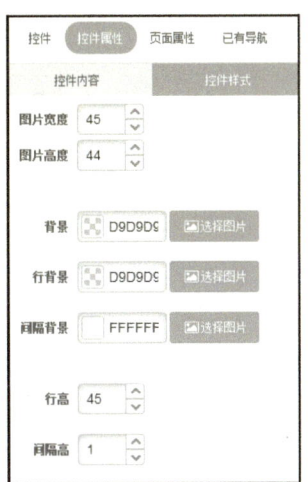

图20-26 设置列表控件样式

（8）设置好列表控件样式以后，点击"控件内容"，把标题设置为"第一章 APP为什么这么火爆"，上传图片，便可完成一个列表。如图20-27所示。

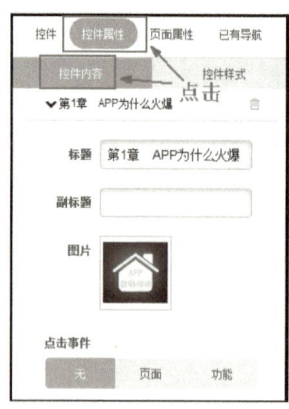 

图20-27 设置控件内容

（9）再新建一个页面，并命名为"APP为什么火爆"，然后选择"多行文本"控件并点击"控件样式"，把字号设置为17号，背景为白色，点击"控件内容"，在"文本内容"处输入《APP营销实战：抢占移动互联网第一入口》第一章的内容"1.1APP营销时代来临"。如图20-28所示。

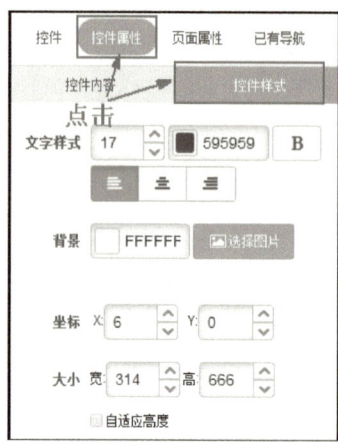 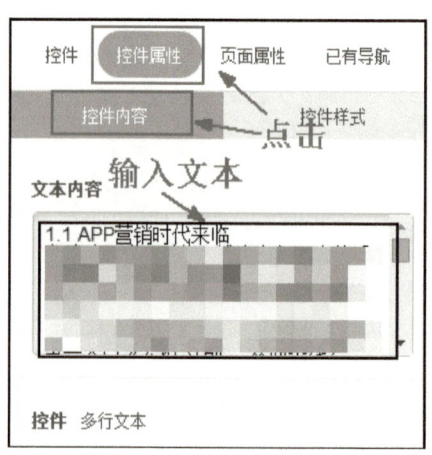

图20-28 设置多行文本的"控件样式"和"控件内容"

（10）把"APP为什么火爆"页面设置好后，点击保存，返回"APP营销"页面，在"控件内容"下方点击"页面"设置链接页，选择链接至"APP为什么火爆"，接着点击"保存页面"即可。如图20-29所示。

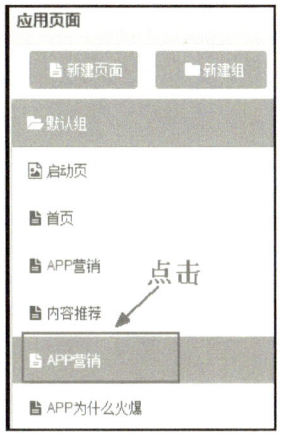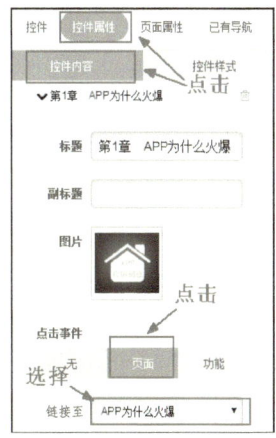

图20-29 回到"APP营销"页面并设置链接页

（11）按照以上步骤制作其他页面，直到把9个章节都做完后，点击"生成"。如图20-30所示。

图20-30 完成所有页面后点击"生成"

（12）等待生成，生成完成之后弹出一个提示框，询问是否上架，点击"确定"，跳转到提交申请页面，把需要填写的信息完善后，点击"提交申请"。如图20-31所示。

347

图20-31 点击"提交申请"

大概等待3～5天,就审核通过了,然后就可以在"应用公园"里的"应用广场"找到"APP营销阅读"软件。

20.9 微博营销

微博是互联网中最能聚集网民的话题圈,热门话题几乎都是从微博上流传出去的,很多企业看中了微博营销的圈子,都纷纷运用微博来开展营销活动。微博营销的操作方法如下。

(1)微博账号设置得好一些,微博个人信息跟自己微信账号设定的个人信息是一致的,在微博里找一些搞笑的、权威的微博进行转发并评论,日积月累,账号等级就上升了。在这期间，建议广加好友，等好友达到一定数量的时候，开始筛选出一些无价值的好友并取消关注。

（2）慢慢地发布一些微博营销信息，建议在微博上先给博友们提供一些APP营销技巧，然后引出《APP营销实战：抢占移动互联网第一入口》这本书，甚至可以加上链接和图片来丰富微博内容。

（3）建立登录微博首页，开始发一篇营销博文，写好内容之后点击"发布"。如图20-32所示。

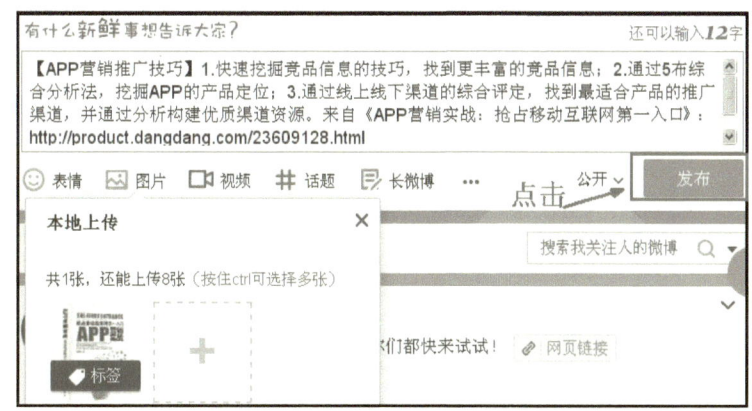

图20-32 微博营销发布

（4）确定微博发出去以后，开始逛微博，看看当天的热门话题，然后选择人气最高的几个热门话题参与讨论和发布自我观点，从而提升账号的等级和引起博友们的关注。如图20-33所示。

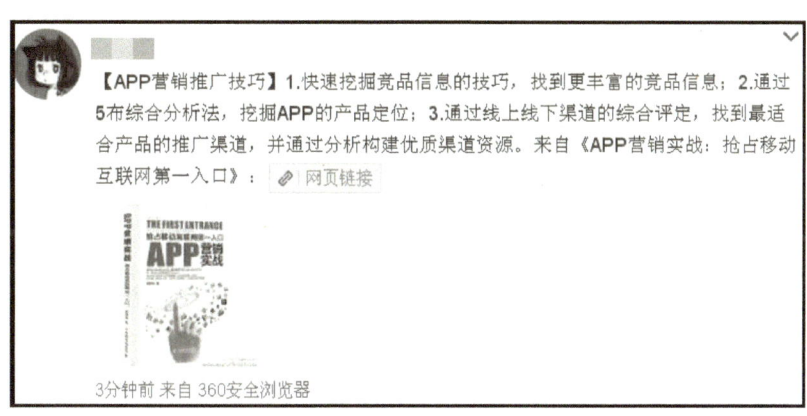

图20-33 微博营销发布成功

微博营销面对的人群非常广泛，要善于发现好的微博并进行转发和评论，多多与网友们互动，但是微博内容不要经常围绕营销信息，这样很容易让网友反感。要善于利用微博100多字的可输入内容，多发布一些有价值的内容，从而达到营销目的。

20.10 二维码营销

如今，二维码营销是企业做营销活动的宠儿，二维码随处可见，人们已经不能屏蔽二维码营销的攻击了，并且还乐于享受二维码带来的便利。

由此可见，二维码营销已经与人们的生活密不可分了，企业可以在百度上搜索"二维码在线制作"并点击进去。如图20-34所示。

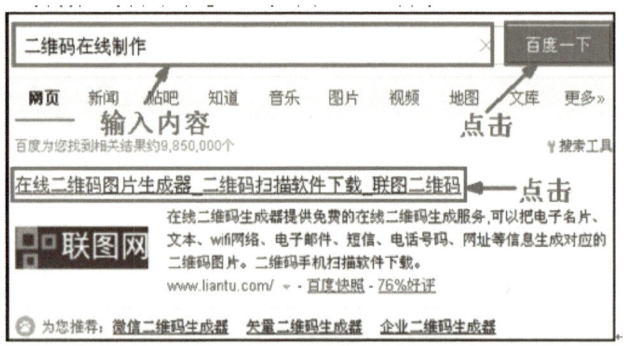

图20-34 搜索在线制作二维码并点击

（1）可以选择"网址"制作方式，这里放置《APP营销实战：抢占移动互联网第一入口》这本书在当当网的网址，生产二维码，使人们看到此二维码，只要扫描，就可以在指定的网站在线购买。如图20-35所示。

图20-35 制作网址二维码

（2）放好网站之后，可以自行调整二维码的外观、状态（液体、直角、圆角）。这里选择平常的直角，然后调整二维码的颜色（前景色、渐变色、背景色、点位外框的颜色、点位内点的颜色），以书本封面体现的颜色（蓝色和黑色来做渐变色）来设定二维码的颜色，并且在二维码中嵌入书本的封面，以凸显二维码的内容。如图20-36所示。

图20-36 购买《APP营销实战：抢占移动互联网第一入口》网址的二维码

设置好二维码之后，把二维码做成图片放置到各大社交平台的相册中，如QQ空间相册、微博相册、微信朋友圈等。如图20-37所示。

图20-37 二维码营销图片

总的来说，二维码制作还是非常简单的，二维码营销的效果还要取决于投放渠道，一般的社交平台都可以利用，如果资金比较充裕，把二维码放到报纸、杂志或宣传单上，效果就会更加显著。

20.11 大数据营销

如今是一个数据化的时代，如果没有数据也许就不会出现这么多丰富多彩的产品和软件。以《APP营销实战：抢占移动互联网第一入口》这本书为例，想办法利用网络数据、作出最理想的营销方法。

刚开始，笔者在一些与APP营销相关的网站分析用户信息数据，可是发现查找的过程非常吃力，甚至找不到符合自己产品的数据。因此，笔者开始放弃自己查找数据，考虑运用百度数据库来做大数据营销推广。大致操作如下。

（1）提供一些关键词给百度数据库，如"APP营销""APP营销实战""学习APP营销"等。

（2）百度数据库运用自身热点抓取等办法，搜索并分析这类关键词的用户信息，如用户特征、年龄、职业、搜索时间等有效信息，这时就可以再利用这些数据来定位目标用户群，开展营销活动。

（3）还可以借用百度数据库，把《APP营销实战：抢占移动互联网第一入口》这本书的主要信息，在用户搜索所给的关键词之后，推送给用户，从而达到精准营销目的。

大数据营销的大致流程如图20-38所示。

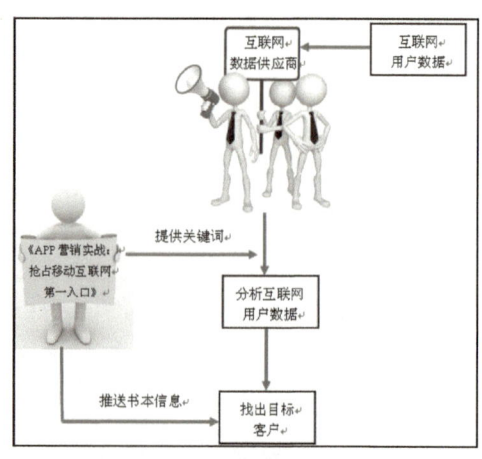

图20-38 大数据营销大致流程

以上只是应用大数据的一个方面，随着大数据营销越来越能契合进消费者对产品的想法，大数据的精准营销与客户定位必将更加火热，大家可以系统学习这方面的知识，应用到以后的网络营销中。

【总结扩展】

至此，《APP营销实战：抢占移动互联网第一入口》这本书的营销告一段落。很显然，关于这本书的营销方式还有很多，绝不仅限于以上的几种。笔者在该章更多地是与读者探讨，无论是推广一种产品，或是营销一个公司、品牌，最重要的是根据自己营销的对象，采用多种适合的营销方式并进的方法，打组合拳，才能起到更好、更广的效果。笔者在此算是抛砖引玉，希望大家在以后的营销活动中能找到适合自己产品的方式，收获更好的营销效果。

【练习项目】

下面列举由人民邮电出版社出版的几本图书，感兴趣的读者可以尝试以上或书中的方法，进行演练。

《软文营销从入门到精通》在当当网的封面与介绍。如图20-39所示。

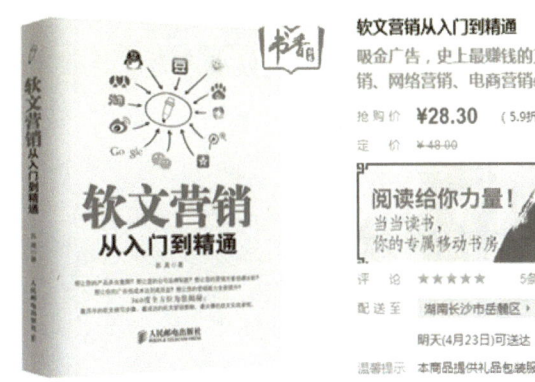

图20-39 《软文营销从入门到精通》图书介绍

《赢在移动端》在当当网的封面与介绍。如图20-40所示。

图20-40 《赢在移动端》图书介绍

《O2O营销实战宝典》在当当网的封面与介绍。如图20-41所示。

图20-41 《O2O营销实战宝典》图书介绍